U0464053

法律职业伦理

李鑫 著

四川大学出版社
SICHUAN UNIVERSITY PRESS

图书在版编目（CIP）数据

法律职业伦理 / 李鑫著. -- 成都 : 四川大学出版
社，2024. 11. --（四川大学精品立项教材）. -- ISBN
978-7-5690-7365-2

Ⅰ. D90-053

中国国家版本馆 CIP 数据核字第 2024JR4278 号

书　　名：法律职业伦理
　　　　　Falü Zhiye Lunli
著　　者：李　鑫
丛 书 名：四川大学精品立项教材

选题策划：李思莹　李金兰
责任编辑：罗　丹
责任校对：张宇琛
装帧设计：墨创文化
责任印制：李金兰

出版发行：四川大学出版社有限责任公司
　　　　　地址：成都市一环路南一段 24 号（610065）
　　　　　电话：（028）85408311（发行部）、85400276（总编室）
　　　　　电子邮箱：scupress@vip.163.com
　　　　　网址：https://press.scu.edu.cn
印前制作：四川胜翔数码印务设计有限公司
印刷装订：成都金龙印务有限责任公司

成品尺寸：185 mm×260 mm
印　　张：13.25
字　　数：322 千字

扫码获取数字资源

版　　次：2024 年 12 月 第 1 版
印　　次：2024 年 12 月 第 1 次印刷
定　　价：48.00 元

四川大学出版社
微信公众号

前　言

　　法律职业伦理教育在我国法学教育体系中的地位正在快速提升。2016 年，我开始讲授法律职业伦理课程时，它是一门专业选修课，而现在它已成为一门专业核心必修课，并分别在法学本科、法学双学位、法律硕士的培养过程中开设，这就给我了一年至少 5 次讲授这门课的机会。

　　法律职业伦理这门课是我在学界前辈成果的基础上，加入自己的思考一点点、一步步打磨出来的。本书没有力求覆盖所有法律职业，而是选取了法官、律师和检察官三种在我国最具代表性的法律职业及其职业伦理来重点展开，并采取了专题式的写作模式，因此本书所有章节既相互独立，又可以构成一个整体。

　　四川大学精品立项教材建设给了我一个契机，可以对自己 8 年的法律职业伦理教学工作进行一次回顾和反思。短时间内能顺利地做好这门课的教学工作，离不开三方面的支持。第一，我的博士生导师顾培东教授、硕士生导师李平教授，从他们身上，我不仅初步学会了如何教书育人，还学会了关于法律职业的很多道理。第二，我在法理教研室的同仁们，他们可爱且有爱。第三，法律职业伦理教学的前辈们。2018 年初，我参加了教育部高等学校法学类专业教学指导委员会举办的首期"法律职业伦理骨干教师培训班"，结识了众多法律职业伦理教育领域的前辈。承担这门课的教学工作后，我也时常参考和学习诸多前辈撰写的教材。教学是教师最重要的工作，同时也是一个自我塑造、完善和反思的过程，此过程越是推进和深化，就越是能够知不足。尤其是法律职业伦理的教学，塑造的不仅是自己的教学能力，还有关于法律职业及其追求的本质化思考。

　　无论是法律职业，还是法律职业伦理，都是在不断变化的。每一学年我讲授法律职业伦理的时候，都至少做了 20% 以上内容的修改，但本书仍然有许多可完善之处，也敬请批评和指正。

　　本次教材的撰写和出版得到四川大学教务处的资助，得到四川大学出版社的大力支持。我的学生刘沛琦、王祥龙、张敬悦、蒋胜川、黄紫韵为本书的撰写提供了大量帮助。在此深表感谢！

李　鑫

二〇二四年九月十九日

目　录

第一章 导 论

第一节 法律职业概述

一、法律职业的概念

法律职业是指基于法律相关的知识背景、专业技能和思维方式，以研究、应用和发展法律为工作的职业类型。狭义上的法律职业仅指需要经过专门法律专业训练，具有较高法律工作技能，在专门法律机构，以处理法律事务为工作内容的专门工作。广义上的法律职业是指以法律为工具的，具有确定性质的专业化工作，它包括一切有关法律方面的工作。

2015 年，中共中央办公厅、国务院办公厅印发《关于完善国家统一法律职业资格制度的意见》，明确了我国法律职业的范围，即"法律职业人员是指具有共同的政治素养、业务能力、职业伦理和从业资格要求，专门从事立法、执法、司法、法律服务和法律教育研究等工作的职业群体"。该意见在司法考试制度确定的法官、检察官、律师和公证员四类法律职业人员基础上，将部分涉及对公民、法人权利义务的保护和克减，具有准司法性质的法律从业人员纳入了法律职业资格考试的范围。① 因此，我国法律职业主要包括法官、检察官、律师、公证员、仲裁员，以及行政机关中从事行政处罚决定审核、行政复议、行政裁决、法律顾问的公务员等。根据法律规定，法律职业人员应当通过国家统一法律职业资格考试，取得法律职业资格。

法律的生命在于实施。明代名臣海瑞曾言，"得其人而不得其法，则事必不能行；得其法而不得其人，则法必不能济。人法兼资，而天下之治成"，可见人对于法律实施的重要作用。法律职业的发展程度体现了一国的法治理念与法治追求。由法律职业人士构成的职业群体，被称为法律职业共同体，在我国也被称作"法治工作队伍"。法治工作队伍为建设社会主义法治国家提供了强有力的组织和人才保障。

---

① 参见新华社：《中办国办印发〈意见〉完善国家统一法律职业资格制度》，载《人民日报》2015 年 12 月 21 日，第 1 版。

二、法律职业的特征

（一）政治性

法律制度是上层建筑的重要组成部分。习近平总书记指出："法治当中有政治，没有脱离政治的法治。""每一种法治形态背后都有一套政治理论，每一种法治模式当中都有一种政治逻辑，每一条法治道路底下都有一种政治立场。"[①] 纵观当今世界，法律与政治之间的关系愈加地密切，法治总是同一定国家的政治制度相联系。"政治为法治提供方向，政治变化会引起法律的相应调整。因此，法治必须放到整个国家的政治背景中加以考察，脱离政治的法治是空中楼阁。"[②] "一个国家的法律职业人员必然要服从于这个国家的政治要求，体现统治阶级的根本利益。"[③] 因此，法律职业人员要做好工作，就不能只关心纯粹的法律条文。法律职业人员必须审时度势，紧扣国家治理现代化、法治化对法律职业提出的实际需求，更好地服务党和国家大局，满足人民日益增长的美好生活需要。

（二）公共性

法律是一种社会公共产品，法律职业同样具有公共属性。首先，法律职业与公共价值的实现密切相关。法律职业人员为社会公共生活提供法律服务，正确实施法律，秩序、自由、正义等公共价值才可能由理想的应然转化为实然。在具体案件中，法律职业人员是当事人合法权益的捍卫者，从社会整体来看，法律职业人员还是公共利益的维护者。其次，法律职业更多地担负着社会使命。在法治实践中，法律职业人员需要秉持公共精神，以公共利益为导向，维护社会公平正义。此外，法律职业的公共性还具体体现为其所承担的社会公益责任。《中华人民共和国律师法》（以下简称《律师法》）规定："律师、律师事务所应当按照国家规定履行法律援助义务，为受援人提供符合标准的法律服务，维护受援人的合法权益。"在进行价值选择时，法律职业人员应以公共利益为先，在实现社会价值中实现自我价值。

（三）专业性

现代社会中，法律职业具有很高的专业化程度，这也是法律职业区别于其他社会职业的一个特征。具体而言，包括几个方面：一是以法律工作作为职业内容，二是经过严格的法律专业训练，三是具有较高水平的法律专业技能，四是拥有良好的法律道德修养，五是通过特定的专业资格认定。法律职业作为一项兼具法律性与综合性、理论性与实践性的工作，需要法律职业人员有足够的专业能力作为支撑。专业的理论知识和实务技能

---

① 习近平：《在省部级主要领导干部学习贯彻党的十八届四中全会精神全面推进依法治国专题研讨班上的讲话》（2015年2月2日），载中共中央文献研究室编：《习近平关于全面依法治国论述摘编》，中央文献出版社2015年版，第34页。

② 柯华庆：《正确理解法学的政治性与科学性》，载《人民日报》2018年8月27日，第16版。

③ 江国华、彭超、周紫阳编著：《法律职业伦理》，武汉大学出版社2020年版，第17页。

是法律人的安身立命之本，因此法律职业人员首先应当接受系统的法学教育，夯实基础知识。在此基础上，许多国家对法律职业都设置了准入门槛，将通过法律职业资格考试作为从业要求，通过科学严格的考试选拔法律专业人才，以确保法律职业人员具备从业所必需的专业素质和技能，为社会提供高素质的法律职业人才保障。

（四）独立性

法律活动有其独特的客观运行规律，具有相对独立性，这是法治建设必须尊重和遵循的客观规律。法律职业的独立性是指法律职业人员不受外部非法律因素的影响和干预，依照法律规定并以自身专业能力独立地开展工作，维护法律正确实施，从而实现社会公平正义。《中共中央关于全面推进依法治国若干重大问题的决定》明确要求，"任何党政机关和领导干部都不得让司法机关做违反法定职责、有碍司法公正的事情，任何司法机关都不得执行党政机关和领导干部违法干预司法活动的要求"①。需要注意的是，依法独立公正行使审判权、检察权，是指司法机关行使权力的方式，与西方意义上的"司法独立"有着本质区别。党的领导是中国特色社会主义法治之魂，为新时代全面依法治国提供根本保证。律师职业的独立性主要表现在两个方面：一是与国家机关保持相对独立，并在执业过程中受到相应保障；二是与当事人保持相对独立，律师是当事人的代理人或辩护人，并非对当事人唯命是从，律师有权拒绝当事人提出的非法要求，在司法过程中依据事实和法律独立发表意见。总的来看，无论是法官、检察官还是律师及其他法律职业，独立性主要源自其所具备的专业知识和技能。

（五）伦理性

法律职业具有伦理性。法律职业人员不仅需要掌握专业法律知识和技能，还需要具备高尚的职业道德和良好的职业操守。法律职业伦理是法律职业的重要组成部分，它规范着法律职业人员的行为。"法律职业伦理成为共同体内部的职业习惯、行为方式和内心信仰，从而维系着这个共同体的成员，克服职业技术理性所带来的职业弊端，并提升共同体的社会地位和声誉。"② 对于法律职业人员而言，一方面要通过不断学习、实践和反思，提升自己的职业素养和职业操守，同时深化对法律职业伦理的认知，并将这种认知转变为行动自觉，将职业伦理和操守融入自己的日常工作中；另一方面，法律职业人员要在法治实践活动中增强理想信念，树立正确的价值观，坚持法治信仰，尊重法律权威，维护法律尊严，做到公正廉洁，在服务大局、服务群众的实践中，不断提高自己的综合素质和职业素养，为法治建设贡献自己的力量，在创造社会价值中实现个人价值。

---

① 《中共中央关于全面推进依法治国若干重大问题的决定》，2014 年 10 月 23 日中国共产党第十八届中央委员会第四次全体会议通过。

② 张文显主编：《法理学（第五版）》，高等教育出版社 2018 年版，第 274 页。

三、我国法律职业的分类

（一）法官

法谚有云："法官乃会说话的法律，法律乃沉默的法官。"法官是指拥有专业法律知识，掌握一定审判经验，依照特定程序产生，代表国家依法行使国家审判权的公职人员。中国历史传说中的部落首领皋陶，被后世尊为"中国司法的鼻祖"。清末修律运动后，中国现代意义上的法官职业开始萌芽。民国时期，国民政府确立了"三级三审"的司法制度，"法官"的称谓也随之确定下来。新中国成立时，最高人民法院设在中央人民政府之下，到1995年，我国通过了第一部《中华人民共和国法官法》（以下简称《法官法》），标志着我国法官制度的正式确立。我国现行的《法官法》于2019年修订通过，《法官法》第二条规定："法官是依法行使国家审判权的审判人员，包括最高人民法院、地方各级人民法院和军事法院等专门人民法院的院长、副院长、审判委员会委员、庭长、副庭长和审判员。"我国法官的遴选采取员额制，它是指在我国现有国情下，根据经济发展程度、人口状况、区域发展水平以及区域内案件数量等因素，按照一定比例确定法官的员额，从而形成更加高效、专业的审判团队。员额法官通常从具备法官任职条件的法官助理或其他人员中遴选产生。省、自治区、直辖市设立法官遴选委员会，负责初任法官人选专业能力的审核。初任法官一般到基层人民法院任职，上级人民法院法官一般逐级遴选。员额法官实行退出机制。例如，法官经任职法院法官考评委员会考核认定为"办案业绩考核不达标，不能胜任法官职务的"，应当退出员额。

（二）检察官

检察官是依法行使国家检察权的公职人员。中国近代检察制度的确立，主要参考借鉴了大陆法系法、德两国和混合法系日本的检察制度；新中国成立后，成立最高人民检察署；1954年宪法和人民检察院组织法，将人民检察署改为人民检察院，确立了审检分立，人民检察院、人民法院两院各自独立的设置。[①] 2019年修订的《中华人民共和国检察官法》（以下简称《检察官法》）第二条对检察官的概念做如下的定义："检察官是依法行使国家检察权的检察人员，包括最高人民检察院、地方各级人民检察院和军事检察院等专门人民检察院的检察长、副检察长、检察委员会委员和检察员。"检察官的主要职责包括对法律规定由人民检察院直接受理的刑事案件进行侦查；对刑事案件进行审查逮捕、审查起诉，代表国家进行公诉；开展公益诉讼工作；开展对刑事、民事、行政诉讼活动的监督工作等。与法官的选任相同，我国检察官的遴选也实行员额制。员额制改革将检察人员分为检察官、检察辅助人员和司法行政人员三类，从符合条件的检察人员中选拔出优秀的检察官入额，授予办案权限。建立检察官员额制度，有利于合理确定检察官与其他人员的比例，实现人员的精简和效率的提升。初任检察官采用考试、考核的办法，按照德才兼备的标准，从具备检察官条件的人员中择优提出人选。人民检察院

---

① 参见孙谦：《人民检察的发展历程与初心使命》，载《人民检察》2021年Z1期，第10—14页。

可以根据检察工作需要，从律师或者法学教学、研究人员等从事法律职业的人员中公开选拔检察官。省、自治区、直辖市设立检察官遴选委员会，负责初任检察官人选专业能力的审核。初任检察官一般到基层人民检察院任职，上级人民检察院检察官一般逐级遴选。

（三）律师

律师是指具备专业法律知识和技能，依法取得律师执业证书，接受委托或者通过指定，为当事人提供法律咨询、诉讼代理或辩护业务等法律服务的职业。中国古代与律师类似的职业被称为"讼师"，他们为人代写书状、调解纠纷、咨询和谋划诉讼、与官吏交涉，但实际上，中国古代的"讼师"与今天的"律师"有着很大的区别。清末到民国时期由于政局动荡，国家制度尚不完善，律师制度的发展也较为缓慢。直到1949年新中国成立后，现代律师制度才逐步在我国建立起来。中华人民共和国律师性质的确定，经历了两个阶段：20世纪50年代律师被当作国家司法干部的一个组成部分，1980年颁布的《中华人民共和国律师暂行条例》将律师定性为"国家法律工作者"；1993年司法部出台的《关于深化律师工作改革方案》，第一次把律师界定为"为社会提供法律服务的专业工作者"，这一定性在1996年颁布的《律师法》中得到进一步确认。[①] 我国现行的《律师法》于2017年修正通过，其中第二条规定："本法所称律师，是指依法取得律师执业证书，接受委托或者指定，为当事人提供法律服务的执业人员。"我国现行律师管理体制是以司法行政机关宏观管理与律师协会行业自律管理相结合的"两结合"模式。司法行政部门依法对律师、律师事务所和律师协会进行监督、指导。律师协会是社会团体法人，是律师的自律性组织。律师协会履行制定行业规范和惩戒规则，对律师、律师事务所实施奖励和惩戒，受理对律师的投诉或者举报等职责。

（四）其他法律职业

1. 公证员、仲裁员、调解员

公证员是指经法定任职程序取得公证员执业证书，符合法定条件在公证机构专门行使国家证明权，独立从事公证业务的人员。《中华人民共和国公证法》第十六条规定："公证员是符合本法规定的条件，在公证机构从事公证业务的执业人员。"公证员的主要职责是依法对当事人提交的文件、事项进行核实、确认和证明，为民事活动提供法律安全保障。公证员应严格遵循公证法律制度和职业操守准则，确保公证工作的客观性与权威性。

仲裁员是指由仲裁机构聘任，由当事人选定或仲裁机构指定，对当事人之间的合同纠纷及其他财产权益纠纷进行调解或作出裁决的人员。《中华人民共和国仲裁法》第十三条规定："仲裁员应当符合下列条件之一：（一）通过国家统一法律职业资格考试取得法律职业资格，从事仲裁工作满八年的；（二）从事律师工作满八年的；（三）曾任法官

---

① 参见顾培东：《中国律师制度的理论检视与实证分析（中）》，载《中国律师》1999年第11期，第70页。

满八年的；（四）从事法律研究、教学工作并具有高级职称的；（五）具有法律知识、从事经济贸易等专业工作并具有高级职称或者具有同等专业水平的。"仲裁员在仲裁过程中应秉持维护公正、客观中立、不偏不倚的原则，依据事实和法律对争议事项作出裁决。

调解员指在人民调解委员会担任调解民间纠纷工作的人员。《中华人民共和国人民调解法》第十三条规定："人民调解员由人民调解委员会委员和人民调解委员会聘任的人员担任。"人民调解制度是中国共产党在治国理政的实践中形成的宝贵经验制度，是具有中国特色的多元化解矛盾纠纷的方式之一。调解员来自人民群众，是调解工作的具体承担者，肩负化解矛盾、促进和谐、普法教育的职责和使命，在经济社会发展等方面发挥重要作用。

2. 行政机关中的执法人员

执法是指国家行政机关依照法定职权和程序，以国家名义从事行政管理、监督、处罚及相关工作的活动。我国有关执法人员的相关规定散见于各类行政法和行政法规中。例如，2023年新修订的《中华人民共和国行政复议法》第六条规定："国家建立专业化、职业化行政复议人员队伍。行政复议机构中初次从事行政复议工作的人员，应当通过国家统一法律职业资格考试取得法律职业资格，并参加统一职前培训。"《中华人民共和国行政处罚法》（以下简称《行政处罚法》）第五十八条规定："行政机关中初次从事行政处罚决定法制审核的人员，应当通过国家统一法律职业资格考试取得法律职业资格。"国务院各部委颁布的行政法规中也有类似的规定，例如，《生态环境行政处罚办法》第四十九条规定："初次从事行政处罚决定法制审核的人员，应当通过国家统一法律职业资格考试取得法律职业资格。"《农业综合行政执法管理办法》第十四条规定："农业综合行政执法人员应当经过岗位培训，考试合格并取得行政执法证件后，方可从事行政执法工作。农业综合行政执法机构应当鼓励和支持农业综合行政执法人员参加国家统一法律职业资格考试，取得法律职业资格。"

3. 基层法律服务工作者

基层法律服务工作者是按照司法行政机关规定的业务范围和执业要求开展法律服务、维护法律正确实施及当事人合法权益，促进社会稳定、经济发展和法治建设的人员。基层法律服务工作者依法执业受法律保护，任何组织和个人不得侵害其合法权益。基层法律服务工作者是一项符合我国国情、具有中国特色的法律职业，自20世纪80年代以来逐步形成、发展和完善。基层法律服务工作者通过基层法律服务所，面向基层社会提供法律服务，具有贴近基层、便利群众、服务便捷、收费低廉的优势，在丰富法律服务类型、优化市场供给配置、满足公民法治需求等方面具有重要意义。《基层法律服务工作者管理办法》第六条规定："申请基层法律服务工作者执业，应当具备下列条件：（一）拥护中华人民共和国宪法；（二）高等学校法律专业本科毕业，参加省、自治区、直辖市司法行政机关组织的考试合格；（三）品行良好；（四）身体健康；（五）在基层法律服务所实习满1年，但具有2年以上其他法律职业经历的除外。"对准予执业核准的申请人，由执业核准机关颁发《基层法律服务工作者执业证》。与执业律师相比，基层法律服务工作者除不能代理刑事案件外，其业务范围与执业律师基本相同，主要包括担任法律顾问，代理参加民事、行政诉讼活动，代理非诉讼法律事务，接受委托，参加调解、仲裁活动，解答法律咨询，代写法律事务文书。

此外，广义上的法律职业还包括立法工作者、监察官、法学教育和研究人员、法务人员等。2016 年，中共中央办公厅印发《从律师和法学专家中公开选拔立法工作者、法官、检察官办法》，为深化立法工作者、法官、检察官招录制度改革，推进法治专门队伍正规化、专业化、职业化建设指明了方向。该办法指出："具有立法权的人大常委会的法制工作机构、政府法制部门、人民法院、人民检察院应当将从符合条件的律师、法学专家中公开选拔立法工作者、法官、检察官工作纳入队伍建设规划，并采取切实措施予以落实。"[①] 在数字化建设如火如荼的今天，还产生了诸如法律工程师这类交叉领域的法律职业类型。因此，对于法律职业的类型我们应当保持开放的态度，这有利于法律职业之间的相互交流和人才流动，共同促进我国社会主义法治建设。

第二节 法律职业伦理概述

一、法律职业伦理的概念

（一）伦理与道德

伦理与道德分属不同范畴，是两个既有联系又有区别的概念。伦理与道德的相似之处在于，二者都蕴含了一定的价值观念，都反映一定的社会关系并表现为特定行为规范。

汉语的"伦理"一词起源较早，《礼记》记载："乐者，通伦理者也。"一般认为，这是我国最早出现的"伦理"两字并用。东汉许慎《说文解字》一书中写道："伦，辈也，从人……一曰，道也。""'伦'与'理'合起来联用形成'伦理'，指处理人伦关系的道理或规则。"[②] 详言之，伦理是特定时空范围内的社会共同体经历长期社会生活实践后，总结概括出的对该社会共同体及其成员所要求的行为规范。伦理的背后是群体间的关系，因此通常将伦理视为一种群体规范，其实质是社会共同体成员在社会生活实践中扮演诸多形态各异的角色及相应变化的合理性解释。在不同的人类历史阶段，同一伦理关系的重要性不尽相同，不同时代的伦理关系对社会个体的要求也各有差异。

道德属于上层建筑的范畴，是一种特殊的社会意识形式。它是以善恶为评价方式，主要依靠社会舆论、传统习俗和内心信念发挥作用的行为规范的总和。马克思主义道德理论第一次全面准确地论述了道德的起源问题，为正确认识理解道德本质奠定了基础。

---

① 新华社：《中办印发〈从律师和法学专家中公开选拔立法工作者、法官、检察官办法〉》，载《人民日报》2016 年 6 月 27 日，第 1 版、第 6 版。

② 李建华：《伦理与道德的互释及其侧向》，载《武汉大学学报（哲学社会科学版）》2020 年第 3 期，第 60 页。

首先，劳动是道德起源的历史前提，也是道德起源的首要前提。道德自发产生于人类劳动，具有自发性。其次，社会关系是道德赖以产生的客观条件。社会关系的形成和发展对各种关系特别是利益关系的调整提出了需要，道德正是适应社会关系调整的需要而产生的。最后，人类自我意识是道德产生的主观条件。内心信念对于维系道德起着至关重要的作用，例如，当人们谈及道德时往往强调个体内心对自己行为所作的要求，是由内向外的；而谈及伦理时则更多地意味着由社会或集体所施加的约束，是由外向内的。

（二）职业伦理

职业伦理是依据不同行业在社会中的功能定位、价值目标及实践要求等形成的，是从事某一职业的群体或个人所应遵循的共同价值准则和行为规范。从起源来看，职业伦理与职业化密切相关。"职业伦理是某种职业或专业的从业人员以伦理自然律为基础，根据本行业的专业知识，经过逻辑推演而形成的。"[①] 因此，只有出现了专业的社会分工，才可能产生特定行业的职业伦理。伴随着社会化大生产的兴起，社会分工越来越趋于专业化和多样化，职业伦理的内容也就日渐详尽具体。对此，社会学家涂尔干曾评价道："职业伦理越发达，它们的作用越先进，职业群体自身的组织就越稳定、越合理。"[②]

在现代国家中，并非所有的社会行为都通过法律规范进行调整，规范职业行为还有赖于伦理道德和行业自治。职业伦理的重要意义主要体现在三个方面。其一，引导从业人员树立正确的价值观、义利观。职业伦理教育个人在追求经济效益的同时不忘社会责任和道德义务，在追求个人利益的同时不忘社会公共利益，实现个人价值与社会价值的统一。其二，增强职业认同，减少行业内部矛盾冲突。职业伦理为从业人员提供了共同的行为准则和价值标准，有助于增强职业认同感和归属感；通过职业伦理的引导，促进行业内人员彼此相互理解与信任，营造和谐的职业氛围。其三，促进行业的自我约束和管理，提升行业整体形象。职业伦理是一种行业规范和标准，可以防止不当行为的发生，遵守职业伦理是树立行业积极形象、提升公众对行业的信任和尊重的重要保障。

有关职业伦理的规范通常由行业协会等社会团体制定。行业协会由从事特定职业的群体组成，具有了解行业规律、能够反映自身行业要求的特点，在制定职业伦理规范方面具有显著优势。同时，以行业自治的方式规范职业行为更具灵活性和针对性，能够深入职业实践的各个环节。因此，很多职业伦理规范都是通过行业协会制定和实施的。

（三）法律职业伦理

法律职业伦理是指法官、检察官及律师等法律职业人员在执业活动中所应当遵循的行为准则和价值理念的总和。法律职业伦理是法治现代化发展的结果，与社会价值取向相一致，对法律职业活动具有指导意义，目的是确保法律职业者能够献身法治、捍卫法律。法律职业人员需要践行法律职业伦理，保持良好的职业操守。近代著名的法律教育

---

① 李本森主编：《法律职业伦理》（第四版），北京大学出版社 2021 年版，第 7 页。
② ［法］涂尔干：《职业伦理与公民道德》，渠敬东译，商务印书馆 2015 年版，第 8—9 页。

家孙晓楼曾指出，"只有了法律知识，断不能算作法律人才；一定要于法律学问之外，再备有高尚的法律道德"[①]。"因为一个人的人格或道德若是不好，那么他的学问或技术愈高，愈会损害社会。学法律的人若是没有人格或道德，那么他的法学愈精，愈会玩弄法律，作奸犯科。"[②] 法律职业伦理有别于大众伦理和其他职业伦理，因为它受法律运行规律的制约和法律专业技能的影响。譬如，律师不得因嫌疑人或被告人"罪恶深重"而拒绝接受委托，法官应当平和地对待刑事诉讼活动中的被告人，在人民法院依法判决前只能对其作出无罪推定，等等，这些都显然有别于大众伦理中"疾恶如仇式"的道德逻辑。

宏观上，法律职业伦理关乎整个法律职业群体。微观上，法律职业伦理可大致分为两个部分：一是有关全部法律职业人员即法律职业共同体的基本伦理准则，它对所有法律职业人员起到约束作用。例如，所有的法律职业人员都应当忠于宪法法律、坚持公平正义等。二是根据不同法律职业类型以及具体工作要求，法律职业伦理又分为法官职业伦理、检察官职业伦理、律师职业伦理等。例如，法官职业伦理的核心是公正裁判，而律师职业伦理则侧重于维护当事人合法权益。

从我国现行有关法律职业伦理的规范体系和执业实践来看，一是立法的形式规定法律职业伦理的内容，我国已制定了《法官法》《检察官法》《律师法》等适用于不同法律职业人员的法律，并对法律职业伦理作出相应规定，同时《中华人民共和国监察法》（以下简称《监察法》）、《中华人民共和国公务员法》（以下简称《公务员法》）等法律对法院、检察院等国家机关中的法律职业人员也起到规范作用；二是各种行业性规范对法律职业人员的伦理操守和职业道德作出的规定，如《中华人民共和国法官职业道德基本准则》（以下简称《法官职业道德基本准则》）、《中华人民共和国检察官职业道德基本准则》（以下简称《检察官职业道德基本准则》）、《律师职业道德和执业纪律规范》等；三是《中国共产党党内监督条例》等党内法规的适用范围，涵盖了法律职业人员中的中共党员。

二、法律职业伦理的功能与意义

（一）法律职业伦理的功能

1. 指引功能

法律职业伦理是法律职业人员行为的规范，它以"应为"或"勿为"的机制来指引法律职业人员在执业活动中的行为。法律职业伦理指引法律职业人员不断提升道德水平以达到法律职业伦理的要求。法律职业伦理为法律职业人员在复杂环境中提供了一个走向正确道路的指引，促使他们形成对执业活动善恶对错的认知，认清自己作为法律的执行者、正义的守护者所应有的行为，使法律职业人员在面对各类价值冲突与道德困境时有作出正确选择的能力，指引法律职业人员在执业过程中为或不为一定的行为，从而保

---

①　孙晓楼：《法律教育》，商务印书馆 2015 年版，第 10 页。

②　杨兆龙：《杨兆龙文集》，复旦大学出版社 2018 年版，第 141 页。

障公平正义与法律实施。法律职业伦理规范的成文化为法律职业人员提供了具有稳定性和确定性的行为指引，避免因价值尺度不同而导致取向的差异。

2. 教育功能

法律职业的伦理性赋予了法律职业的正当性基础，法律职业伦理对塑造合格的法律人员具有内在价值，只有充分发挥法律职业伦理对法律职业人员的教育功能，才能达到建设德才兼备的高素质法治工作队伍的目标。在培养法律职业人员的过程中，法律职业伦理是一门不可被其他法律专业知识或技能所替代的课程。[①] 法律职业伦理为法律职业人员塑造优良品格提供"养分"。在法治实践中，法律职业人员的来源往往是复杂多样的，素质可能参差不齐，法律职业伦理的教育功能对提升整个法治工作队伍的伦理水平和综合素质具有重大意义，可以说它是法律职业共同体持续健康发展的动力来源。此外，法律职业伦理的教育还能够提升法律职业人员的职业认同感、社会责任感。

3. 评价功能

法律职业伦理作为一种衡量法律职业人员行为善恶好坏的标准和尺度，具有评价功能。它是指人们基于社会对法律职业需要的内在尺度，在对法律职业人员认知的基础上，将其作用于法律职业人员，从而对法律职业人员的行为进行价值评价。通过评价的方式，可以纠正法律职业人员的执业行为和日常活动，从而协调法律职业内部关系以及与外部的关系，改善法律职业人员的现有道德水平，使之达到法律职业伦理的要求。法律职业伦理的评价，有助于法律职业人员形成良好的职业声誉，从而赢得客户和公众的信任，建立稳定的客户关系，对法律职业的健康发展来说至关重要。

4. 强制功能

法律职业伦理具有强制功能，其强制力来源包括国家强制力、行业自律的强制力、社会舆论的强制力及法律职业人员内心的强制力等。法律职业伦理一旦上升为法律，就具有了国家强制力。违反法律规定的职业伦理要求，就可能受到法律的制裁。强制功能主要有三种发挥方法。一是职业纪律规范。例如，《法官职业道德基本准则》《检察官职业道德基本准则》以及《律师职业道德和执业纪律规范》分别明确了相应法律职业人员所应遵循的伦理，并提出了适用范围和处分情形。二是监督检查机制。在我国现行法律体系中，对法律职业人员的监督方式既包括审判检察的监督、纪检监察的监督，又包括社会公众的监督。三是法律约束制裁。违反法律中有关法律职业伦理的规定，必然会受到法律制裁，构成犯罪的还可能受到刑事处罚。

（二）法律职业伦理的意义

第一，构建专业法治工作队伍。习近平总书记指出，建设法治国家、法治政府、法治社会，实现科学立法、严格执法、公正司法、全民守法，都离不开一支高素质的法治

---

① 参见廖永安、刘浅哲：《论新时代法律职业伦理教育的内在价值、关键目标及内容构造》，载范九利主编：《法学教育研究》第37卷，法律出版社2022年版，第101页。

工作队伍①。法律职业伦理是法治工作队伍素质的重要组成部分,它涉及法律从业者的职业道德、职业操守和职业责任等方面。大力加强法律职业伦理建设,可以提高法治工作队伍的整体素质和职业水平,为推进社会主义法治事业提供坚实的人才保障。

第二,实现社会公平正义。法律是社会公平正义的最后一道防线,法律职业人员作为法律的守护者和捍卫者,在维护社会公平正义中扮演着至关重要的角色。法律职业人员的职业活动直接关系到法律的尊严和权威,对社会的发展和稳定产生重要影响。坚守职业伦理是法律职业人员在进行执业活动时的基本要求。如果法律职业人员背弃法治理想信念、丢掉职业伦理,就可能导致社会公平正义的缺席,使法律的尊严和权威受到冲击。因此,法律职业人员必须保持高尚的职业道德和职业操守,时刻牢记自己的职责和使命,牢牢坚守伦理底线,坚定维护社会公平正义,以身作则,成为社会中尊崇法治的榜样和引领者,为构建法治社会、实现全面依法治国贡献自己的力量。加强青年群体的法律职业伦理教育也十分重要,"因为青年的价值取向决定了未来整个社会的价值取向,而青年又处在价值观形成和确立的时期,抓好这一时期的价值观养成十分重要"②。

第三,促进个人职业发展。法律职业伦理具有塑造合格法律人内在价值的功能。通过接受法律职业伦理教育,法律职业人员能够形成正确的职业伦理观,养成良好的法律伦理人格,做到忠于法律、崇尚正义、珍视荣誉,做法治的坚定信仰者和积极建设者。

三、法律职业伦理的发展困境

(一)法律商业主义

法律商业主义,是指律师等法律职业人员在社会中以市场化方式,为委托当事人提供商业化法律服务从而获取利益的一系列理念的总和。简言之,"法律商业主义的基本思想就是把法律人向委托人提供法律服务的活动理解为商业活动,把法律服务供给和消费的领域理解为法律市场"③。按照此类理解,法律职业人员也是"理性经济人",市场经营、追求利润、自由竞争、客户至上等都是法律服务市场中自发的正常现象,人们应当为法律服务等法律产品支付相应的报酬。与之不同的是,传统观念将法律职业视为具有公众服务精神的事业,认为法律职业人员在执业中应将公众利益和道德观念置于首位,并承担相应的社会责任,维护社会公平和正义。

现代社会是市场经济和法治社会的有机结合。随着法律进入日常生活中的各个领域和角落,人们对法律服务的广泛需求逐渐形成了法律服务的市场;同时由于法律事务的专业化和法律技能训练成本的不断提高,法律职业人员也需要相应的经济保障来不断提升自己的法律专业水平。因此,法律服务的商业化是市场经济的必然要求。但人们对于法律与商业的结合经常表现出负面评价,认为法律的商业化是法律职业特别是律师群体

---

① 习近平:《全面做好法治人才培养工作》,载习近平:《论坚持全面依法治国》,中央文献出版社 2020 年版,第 174 页。

② 习近平:《青年要自觉践行社会主义核心价值观——在北京大学师生座谈会上的讲话》(2014 年 5 月 4 日),载《人民日报》2014 年 5 月 5 日,第 2 版。

③ 黄文艺、宋湘琦:《法律商业主义解析》,载《法商研究》2014 年第 1 期,第 3 页。

的"原罪"，这主要可能有两方面的原因。一是法律服务的社会公共属性与法律职业人员的个人属性之间的矛盾。就整个法律职业来说，它具有一定的社会公共属性，但就法律职业人员个人来说，除了法治理想，法律职业更是个人谋生的手段，他们通过提供法律服务获取相应的劳动报酬，以维持个人及家庭生活。但如果法律职业人员过度追求个人经济利益，就可能影响其所应承担的社会公共利益职责。例如，我国《律师法》第二条就规定，律师除了"应当维护当事人合法权益"，还应该"维护法律正确实施，维护社会公平和正义"。二是客观上法律职业人员的伦理水平参差不齐，加之法律职业伦理的规范机制尚不成熟，违反法律职业伦理的行为时有发生，导致了社会对法律商业主义的不良印象。

对于法律服务的市场化发展，应当保持正确的态度，不能因噎废食。一方面通过完善的法律职业伦理规范体系对法律职业人员的行为作出教育和指引，对违背法律职业伦理的行为进行制裁和惩罚；另一方面通过市场化手段实现"良币驱逐劣币"，促进法律职业和法律服务市场的健康发展。法律职业人员要洁身自好、坚守法律职业伦理，兼顾理想与现实，在法治实践中实现社会价值并获得社会对个人价值的认可。

（二）法律职业伦理的"非道德性"

法律职业伦理的"非道德性"转向，源于对抗式诉讼模式下"个人权利至上"观念的不断扩张。[①] 所谓"非道德性"，是指职业的伦理逐渐脱离一般性的社会道德评价和个人道德体验轨道，与日常生活中的道德要求并非完全一致，需要社会公众对其作出不同于日常道德的理解。对于法律职业伦理的"非道德性"困境，我们需要辩证地看待。

一方面，法律职业伦理是一种不同于日常道德要求的、具有相对独立性的评价规范体系，且受法律实证主义的影响，法律职业伦理不可避免地带有"非道德性"倾向，这是法律及法律职业发展的客观规律。例如，《中华人民共和国刑事诉讼法》（以下简称《刑事诉讼法》）规定了辩护律师对委托人的保密义务，除了委托人"准备或者正在实施危害国家安全、公共安全以及严重危害他人人身安全的犯罪的"，律师对委托人的一般违法或轻微犯罪行为都应该保密。这合乎法律职业伦理的要求，但却与社会公众所认为的道德观念相去甚远，以至于社会公众提出诸如"一个好律师能不能是一个好人"之类的疑问，成为困扰法律职业的一个问题。[②]

另一方面，不能将法律职业的"非道德性"与社会一般性道德要求对立起来。在我国，法律和道德在国家治理中都有其地位和功能。一般来说，法律所禁止和制裁的行为，通常是道德所禁止和谴责的行为；法律所要求和鼓励的行为，通常也是道德所培养和倡导的行为。法律职业伦理与社会一般性道德要求在总体价值取向上是一致的，只是在某些具体层面上有所不同。因此，"'非道德性'并不是指违背伦理道德，而是指与大众伦理道德存在隔阂或不完全相容；'非道德性'成份也并不是指法律职业的本质性要

---

① 参见张慧、成功：《论法律职业伦理与法学教育目标的重塑》，载田士永主编：《中国法学教育研究（2020年第3辑）》，中国政法大学出版社2021年版，第195页。

② 参见李学尧：《非道德性：现代法律职业伦理的困境》，载《中国法学》2010年第1期，第36页。

求，而是附属性、表象性的成份，绝不能把法律职业的非道德性成份等同于对法律职业的整体道德评价结论"①。

解决好这个问题，必须深化对法律职业伦理的研究和认识。在尊重法律职业发展客观规律的基础上，尽可能将法律职业伦理调整至适应社会道德要求。如果法律职业伦理能够以社会道德规范为渊源，则会更容易为公众所接受，其正当性也有了更坚实的基础。同时，法律职业人员要明德修法，努力提升自己的道德修养水平。

第三节 法律职业伦理的渊源与规范

一、法律职业伦理的渊源

（一）规范性法律文件

规范性法律文件是指国家机关依照职权和法定程序制定的具有普遍效力的规范文件，如宪法、法律、行政法规及部门规章、司法解释及司法文件等。有关法律职业伦理的规范性法律文件主要有以下几类。

1. 宪法

宪法是国家根本大法，在我国社会主义法律体系中居于最高地位，调整最重要、最根本的社会关系，是制定其他规范性法律文件的依据。《中华人民共和国宪法》（以下简称《宪法》）第一条"中华人民共和国是工人阶级领导的、以工农联盟为基础的人民民主专政的社会主义国家"对我国的国家性质作出了规定。我国法律职业伦理的性质根本上是由国家的性质决定的，法律职业伦理秩序的构建必须与社会主义制度相适应。因此，宪法对于法律职业伦理具有宏观的指引作用。《法官法》第三条规定，"法官必须忠实执行宪法和法律"；《检察官法》第三条规定，"检察官必须忠实执行宪法和法律"；《律师法》第三条规定，"律师执业必须遵守宪法和法律"。上述条文都确立了宪法在法律职业伦理中的渊源地位。

2. 法律

"法律是指由全国人大或其常委会制定的规范性法律文件。"② 目前我国尚无统一的"法律职业伦理法"，但《中华人民共和国民事诉讼法》（以下简称《民事诉讼法》）、《刑事诉讼法》以及《中华人民共和国行政诉讼法》（以下简称《行政诉讼法》）中对规范法律职业人员的行为都有所涉及，我国《法官法》《检察官法》《律师法》等特别法中也对法律职业人员需要遵循的伦理准则作出了规定。除此之外，有关法律职业及法律职业伦理的规范还零散地存在于《监察法》、《中华人民共和国监察官法》（以下简称《监察官法》）、《公务

---

① 孙笑侠：《职业伦理与大众伦理的分野——为什么要重塑我们的法律职业伦理》，载《中外法学》2002 年第 3 期，第 379 页。

② 张文显主编：《法理学（第五版）》，高等教育出版社 2018 年版，第 89 页。

员法》、《中华人民共和国人民法院组织法》（以下简称《人民法院组织法》）、《中华人民共和国人民检察院组织法》（以下简称《人民检察院组织法》）等法律文件当中。

3. 行政法规及部门规章

行政法规是指国务院依据宪法和法律授予的职权，按照法定程序制定的，有关行使行政权力、履行行政职责的规范性文件的总称。国务院《公证暂行条例》《法律援助条例》对公证员和律师应当遵守的职业道德作出了规定。部门规章是指国务院组成部门及具有行政管理职能的直属机构在职权范围内，依据法律法规制定的规范性文件。司法部是我国司法行政机关，对律师、法律服务工作者、公证员等法律职业人员进行管理，司法部颁布的《律师和律师事务所违法行为处罚办法》对律师的职业道德做出了规定。

4. 司法解释及司法文件

最高人民法院、最高人民检察院颁布的司法解释主要规范司法活动中法律职业人员的行为，主要涉及法官、检察官、律师，也包括公证员、鉴定人员等其他参与司法活动的法律职业人员。例如，《最高人民法院关于适用〈中华人民共和国刑事诉讼法〉的解释》《人民检察院刑事诉讼规则》两部司法解释，其中有关回避、辩护、审判的许多内容就涉及法官、检察官、律师的职业伦理中的问题。司法解释将法律中原则性的规定加以具体化，增强其可操作性，促使法律职业伦理在司法实践中落实。司法机关有关法律职业伦理的规定还见诸各种类型的司法文件，如最高人民法院制定的《法官行为规范》《法官职业道德基本准则》《人民法院工作人员处分条例》，最高人民检察院制定的《检察官职业行为基本规范（试行）》《检察机关办理案件必须严格执行的六条规定》等。

（二）行业公约

法律职业是一个共同体，加强行业自律对于建设德才兼备的高水平法治工作队伍具有重要意义。行业公约是由行业领域内人员在平等协商的基础上自愿制定的行为规范准则，其目的在于维护行业的良好形象，促进行业和职业的健康发展。目前，针对律师、公证员、基层法律服务工作者等法律职业的行业公约散见于各地协会自行制定的文件之中。在全国层面，有中华全国律师协会制定的《律师执业行为规范》、中国公证协会发布的《公证员职业道德基本准则》等；在地方层面，有北京市公证协会 2010 年出台的《北京市公证行业自律公约》、雅安市司法局 2012 年出台的《雅安市基层法律服务行业诚信自律公约》、盐城市律师协会 2022 年出台的《盐城市律师行业诚信执业公约》等，都是具体法律职业行业内的公约，也是法律职业伦理的重要渊源。

（三）国际公约

法律职业伦理在国际公约中的渊源集中在联合国颁布的各项文件中。例如联合国颁布的《执法人员行为守则》《关于司法机关独立的基本原则》《关于检察官作用的基本准则》《关于律师作用的基本原则》等。这些国际公约中有相当部分内容是对法官、检察官、律师、警察等法律职业人员的伦理要求和规范，其中大量的原则性条款为各国国内法所吸收。我国加入的国际公约在我国国内具有相应的效力，履行国际公约是承担大国责任、展现大国担当的重要体现。

（四）道德规范

除了各种规范性文件，社会的普遍道德对法律职业伦理也具有指导作用。"法律渊源不仅包括立法者的意志，而且也包括公众的理性和良心，以及他们的习俗和惯例。"[①]社会主义核心价值观是法律职业伦理的重要渊源。"社会主义核心价值观是社会主义核心价值体系的内核，体现社会主义核心价值体系的根本性质和基本特征，反映社会主义核心价值体系的丰富内涵和实践要求，是社会主义核心价值体系的高度凝练和集中表达。"[②]"富强、民主、文明、和谐"的社会主义现代化国家建设目标，为法律职业及法律职业人员的发展提供了前提条件。社会主义核心价值观所倡导的"自由、平等、公正、法治"这些社会层面的价值取向，与法律职业伦理的基本要求具有一致性。"爱国、敬业、诚信、友善"作为公民基本道德规范，也是个人职业道德所必须遵循的准则。因此，社会主义核心价值观对于指导法律职业人员树立正确的职业观、伦理观及培养良好的职业品格都具有重要意义。

二、法律职业伦理的基本原则

（一）忠于宪法，信仰法律

法律职业人员以法为业、以律为师，认真实施宪法和法律是对法律职业的要求，也是法律职业伦理的基本原则。宪法和法律所确立的国家制度是经济、政治、文化、社会、生态文明建设的保障，法律职业人员以维护法治为己任，忠于宪法和法律也是法律职业人员对国家和社会承担的义务。对于法律职业人员来说，宪法和法律是执业活动的依据，必须坚定维护宪法的尊严和法律的权威。首先，必须忠于宪法。宪法是治国安邦的总章程，是国家政治和社会生活的最高法律规范。坚定维护宪法权威和尊严，是忠于宪法的具体体现。我国宪法是党和人民意志的集中体现，是中国共产党领导人民制定的，发扬了人民民主，集中了人民智慧，体现了全体人民的共同意志，实现了党的主张和人民意志高度统一。因此，忠于宪法就是维护最广大人民群众的根本利益。其次，必须信仰法律。法律必须被信仰，否则它将形同虚设。法律信仰是指一定主体笃信与敬畏法律的确定性心理状态。法律信仰是各种法律职业人员的精神需要，也是实现法治的重要条件。在两千多年前的秦国变法中，商鞅以徙木立信的方式树立了百姓对法令的信任，从而使秦国走向富国强兵的道路，可见法律信仰对一国的重要性。

我国《法官法》《检察官法》《律师法》中都将忠于宪法和法律作为法律职业应遵循的一项基本原则。《法官法》第三条规定，"法官必须忠实执行宪法和法律"；《检察官法》第三条规定，"检察官必须忠实执行宪法和法律"；《律师法》第三条规定，"律师执

---

① ［美］哈罗德·J. 伯尔曼：《法律与革命（第一卷）》，贺卫方、高鸿钧、张志铭等译，法律出版社 2018 年版，第 14 页。

② 新华社：《中共中央办公厅印发〈关于培育和践行社会主义核心价值观的意见〉》，载《人民日报》2013 年 12 月 24 日，第 1 版。

业必须遵守宪法和法律"。忠于宪法和法律既是法律的基本要求，也是法律职业伦理的基本准则，因此法律职业人员必须在执业活动中忠实执行宪法和法律，维护宪法和法律的权威。

（二）实事求是，依法办案

实事求是，就是要坚持以事实为依据。实事求是，是马克思主义的根本观点，也是认识世界的根本要求。以事实为依据，首先必须承认客观事物的可知性。在法治实践中，就是要坚持客观主义方法论，坚持法律客观解释立场。具体而言，事实是案件的客观事实，它是指客观存在、并经查证属实且有证据证明的事实，包括经过合法证据证明了的事实和依法推定的事实。忠于事实真相，要从实际出发、实事求是，按照事物本来的面貌和规律去认识事物，而非凭靠主观的想象或臆断。依法办案，就是要坚持以法律为准绳。马克思在《关于新闻出版自由和公布省等级会议辩论情况的辩论》一文中曾说："法官除了法律就没有别的上司。"① 法律职业人员在执业活动中，应当严格按照法定程序，将法律规定的权利与义务作为适用法律处理问题的唯一标准和尺度。"以法律为准绳"至少包括了两方面的内容：第一，对案件实体和程序问题的处理，必须依照法律规定；第二，查明案件事实也必须在法律规定的证据制度和程序规范框架下运行，确保及时公正地处理案件。因此，法律职业人员既要严格按照实体法办案，也必须遵守程序法的规定。

"以事实为依据，以法律为准绳"被确定为法律职业伦理的一项基本原则。例如，《法官法》第六条规定："法官审判案件，应当以事实为根据，以法律为准绳，秉持客观公正的立场。"《检察官法》第五条规定："检察官履行职责，应当以事实为根据，以法律为准绳，秉持客观公正的立场。"《律师法》第三条规定："律师执业必须以事实为根据，以法律为准绳。""以事实为根据，以法律为准绳"的原则，贯穿于整个法治实践过程。其中，"以事实为根据"是"以法律为准绳"的前提和基础，"以法律为准绳"是对"以事实为根据"的确认和保障。二者相辅相成，从而使法律判断、决策更加客观和公正。

（三）严明纪律，保守秘密

法律职业具有敏感性、特殊性，因此法律职业人员应当严明纪律、保守秘密。对不同的法律职业来说，保守秘密的内涵不尽相同。对于国家机关中的从事法律职业的公职人员而言，保守秘密是维护国家安全和利益，保障正常履职和工作平稳有序运行的客观需要。《法官法》第十条规定法官应履行的义务中，就包括"维护国家利益、社会公共利益，维护个人和组织的合法权益""保守国家秘密和审判工作秘密，对履行职责中知悉的商业秘密和个人隐私予以保密"。《检察官法》第十条也有相应的规定："检察官应当履行下列义务：……（四）维护国家利益、社会公共利益，维护个人和组织的合法权益；（五）保守国家秘密和检察工作秘密，对履行职责中知悉的商业秘密和个人隐私予

---

① 《马克思恩格斯全集（第1卷）》，人民出版社1995年版，第180页。

以保密"。特别是涉及国家秘密的内容，法律职业人员更应当牢固树立保密意识，践行总体国家安全观。对于律师等社会性法律职业人员来说，执业活动中不可避免地会接触国家秘密、商业秘密、个人隐私等敏感信息，该执业人员对其所知悉和获取的案件情况、证据材料等信息应予以严格保密，不得泄露。《律师法》第三十八条规定："律师应当保守在执业活动中知悉的国家秘密、商业秘密，不得泄露当事人的隐私。"除了危害国家安全、公共安全以及严重危害他人人身安全等特殊情况，律师对在执业活动中知悉的委托人和其他人不愿泄露的有关情况和信息，都应当予以保密。

（四）恪尽职守，勤勉尽责

"恪尽职守，勤勉尽责"是职业道德的基本要求，也是法律职业伦理的基本原则。首先，法律职业人员必须认识到所担负的社会责任。我国法律体现人民利益、反映人民愿望、维护人民权益、增进人民福祉，法律职业人员要以高度的责任感和使命感履职尽责，为维护社会公正、保障公民权利、推进法治建设、增强全社会法治意识和促进社会和谐稳定作出积极贡献。其次，法律职业人员必须保持学习、精研业务。"法与时转则治"，法律作为社会规范必然要随着社会的发展和变化而不断演变和更新。因此，对于法律职业人员来说，保持学习的热情和态度是非常重要的，只有不断学习和进步，才能更好地适应社会发展的需要。最后，法律职业人员要以积极的态度对待本职工作。例如，司法机关工作人员应把握新时代能动司法的内涵与要求，主动适应发展变化、回应多元司法需求，不断为人民群众提供优质的诉讼服务，"提升社会公众的司法认同"[①]。以能动司法理念着力提升工作成效，保障人民群众的合法利益，努力让人民群众在每一个案件中都能感受到公平正义。

（五）清正廉洁，遵纪守法

我国"廉"文化的历史源远流长，早在《尚书·虞书·皋陶谟》中就有关于"廉"的论述："宽而栗，柔而立，愿而恭，乱而敬，扰而毅，直而温，简而廉，刚而塞，强而义。"明代郭允礼在其所撰《官箴》中提出"吏不畏吾严而畏吾廉，民不服吾能而服吾公；公则民不敢慢，廉则吏不敢欺。公生明，廉生威"，为后世所称道。清正廉洁是构建法律职业群体公信力的客观要求。法律职业人员作为社会公平正义的守护者，应树立正确的价值观，时刻把廉洁意识铭记于心，切实做好防微杜渐，严守道德底线。法律职业人员应当带头模范守法。法律职业人员的行为是社会法治实践的集中体现和真实写照，法律职业人员的以身作则，能够潜移默化地影响公众的法治意识和行为。法律职业人员要自觉遵守法律法规，维护法律的权威和尊严，树立良好的职业形象。这不仅有利于维护社会公正和法治秩序，也有利于构建法律职业的公信力，提高法律职业人员的社会地位和声誉。法律职业人员带头尊法的行为也将对社会产生积极的影响，促进社会的和谐稳定和繁荣发展。

---

① 李鑫：《诉讼服务中心的功能定位与运作逻辑研究》，载《兰州大学学报（社会科学版）》2019年第3期，第140页。

三、违反法律职业伦理的责任

（一）纪律责任

纪律责任是指特定组织的成员因违反该组织纲领或章程而应承担的责任。组织为了维护正常秩序和保证目标的实现，通常会制定一系列的纪律规定。当组织成员违反规定时，就需要承担相应的纪律责任。承担纪律责任不仅是对违规行为的惩罚，更重要的是促使组织成员增强纪律观念，遵守组织规定，从而实现组织的社会目标。例如，中华全国律师协会设惩戒委员会，负责律师行业处分相关规则的制定及对地方律师协会处分工作的指导与监督。《律师协会会员违规行为处分规则（试行）》第二条规定："律师协会对律师和律师事务所违规行为实施行业处分，适用本规则。"律师协会对会员的违规行为实施纪律处分的种类包括训诫、警告、通报批评、公开谴责、中止会员权利、取消会员资格。对于国家机关中从事法律职业的公务员，违反相关规定的则还可能会受到党纪处分或政务处分。

（二）民事责任

民事责任是指民事主体因违反合同约定或侵害他人权利，而应承担的民法上的不利后果。民事主体在市场经济中的交易活动受到民事法律的调整，如果民事主体违反了相关义务，就需要承担相应的民事责任。市场经济体制下，诸如律师服务这类的商业化法律服务可被视为一种民事交易，因此也必须遵守民事法律的相关规定，履行相应义务，并承担相应的民事责任。法律职业人员对执业过程的违约或侵权行为，应承担民事责任。例如，律师的职责是代表客户处理法律事务、为客户提供法律咨询和代理诉讼等服务，如果律师在执业过程中违反了合同约定或法律规定，给客户造成了损失，那么就需要承担相应的民事责任。《律师法》第五十四条规定："律师违法执业或者因过错给当事人造成损失的，由其所在的律师事务所承担赔偿责任。律师事务所赔偿后，可以向有故意或者重大过失行为的律师追偿。"

（三）行政责任

行政责任是指违反行政法规定的义务所必须承担的法律后果，追究行政责任的形式包括行政处分和行政处罚两种。其中，行政处分只适用于国家工作人员，而行政处罚则适用于所有的公民、法人或其他组织。我国《公务员法》第六十一条规定，"公务员因违纪违法应当承担纪律责任的，依照本法给予处分或者由监察机关依法给予政务处分"；第六十二条规定了处分的形式分为警告、记过、记大过、降级、撤职、开除。《律师法》中律师的行政责任处罚形式包括警告、罚款、没收违法所得、停止执业、吊销律师执业证书等。根据《律师法》的规定，警告、罚款、没收违法所得和停止执业的处罚，由设区的市级或者直辖市的区人民政府司法行政部门作出，吊销律师执业证书的处罚由省、自治区、直辖市人民政府司法行政部门作出。县级人民政府司法行政部门对律师和律师事务所的执业活动实施日常监督管理，对检查发现的问题，应责令改正；对当事人的投诉，应当及时进行调查。县级人民政府司法行政部门认为律师和律师事务所的违法行为应当给予行政处罚的，应当向上级司法行政部门提出处罚建议。

（四）刑事责任

刑事责任是指因违反刑事法律而必须承担的最为严厉的法律责任。法官、检察官等法律职业人员在工作中，应认真履职尽责，违反法律规定构成犯罪的，应依法追究刑事责任。《中华人民共和国刑法》（以下简称《刑法》）对司法工作人员犯罪的刑事责任作出了明确规定。

1. 徇私枉法罪、枉法仲裁罪

《刑法》第三百九十九条第一款规定："司法工作人员徇私枉法、徇情枉法，对明知是无罪的人而使他受追诉、对明知是有罪的人而故意包庇不使他受追诉，或者在刑事审判活动中故意违背事实和法律作枉法裁判的，处五年以下有期徒刑或者拘役；情节严重的，处五年以上十年以下有期徒刑；情节特别严重的，处十年以上有期徒刑。"《刑法》第三百九十九条第二款规定："在民事、行政审判活动中故意违背事实和法律作枉法裁判，情节严重的，处五年以下有期徒刑或者拘役；情节特别严重的，处五年以上十年以下有期徒刑。"

2. 执行判决、裁定失职罪，执行判决、裁定滥用职权罪

《刑法》第三百九十九条第三款规定："在执行判决、裁定活动中，严重不负责任或者滥用职权，不依法采取诉讼保全措施、不履行法定执行职责，或者违法采取诉讼保全措施、强制执行措施，致使当事人或者其他人的利益遭受重大损失的，处五年以下有期徒刑或者拘役；致使当事人或者其他人的利益遭受特别重大损失的，处五年以上十年以下有期徒刑。"

3. 滥用职权罪、玩忽职守罪

《刑法》第三百九十七条规定："国家机关工作人员滥用职权或者玩忽职守，致使公共财产、国家和人民利益遭受重大损失的，处三年以下有期徒刑或者拘役；情节特别严重的，处三年以上七年以下有期徒刑。本法另有规定的，依照规定。国家机关工作人员徇私舞弊，犯前款罪的，处五年以下有期徒刑或者拘役；情节特别严重的，处五年以上十年以下有期徒刑。本法另有规定的，依照规定。"

4. 受贿罪

《刑法》第八十五条规定："国家工作人员利用职务上的便利，索取他人财物的，或者非法收受他人财物，为他人谋取利益的，是受贿罪。国家工作人员在经济往来中，违反国家规定，收受各种名义的回扣、手续费，归个人所有的，以受贿论处。"

5. 故意泄露国家秘密罪、过失泄露国家秘密罪

《刑法》第三百九十八条规定："国家机关工作人员违反保守国家秘密法的规定，故意或者过失泄露国家秘密，情节严重的，处三年以下有期徒刑或者拘役；情节特别严重的，处三年以上七年以下有期徒刑。非国家机关工作人员犯前款罪的，依照前款的规定

酌情处罚。"

第四节　法律职业伦理学与法律职业伦理教育

一、法律职业伦理学

(一)法律职业伦理学概述

法律职业伦理学是近代兴起的一门学科,是关于法律职业伦理的科学。概念上,法律职业伦理学是指以法学、伦理学为理论基础,以解决法律职业伦理的交叉问题为核心,以法律职业伦理的一般原理、法律职业伦理的规范准则、法律职业伦理的养成教育等为具体研究对象的学科。法律职业伦理学的研究对象主要包括三个方面。第一,法律职业伦理的一般原理。法律职业伦理学研究法律职业伦理的起源和规律,法律职业伦理的本质、功能及一般性原理,从而为法律职业伦理学整个学科奠定基础。第二,法律职业伦理的规范准则。法律职业伦理学不仅研究法律职业伦理的一般原理和基本原则,还研究法律职业伦理的具体规则。例如,为保障司法公正,法官应当遵守回避、平等、独立、公开等具体规则。此外,违反法律职业伦理的责任及具体承担方式也是法律职业伦理学的重要研究对象。第三,法律职业伦理的养成教育。通过研究法律职业伦理养成的规律和途径,法律职业伦理教育的目标和方法,加强和完善对法律职业人员的教育,促使法律职业伦理成为法律职业者内心意识的一部分,养成自律习惯。

(二)法律职业伦理学的意义

第一,拓宽法学的研究视野,深化法律与道德关系的认识。法学并非完全自足的独立领域,理解法律必须从社会存在的各个方面进行考察。法律职业伦理学引入伦理学研究视野,有助于法律职业人员正确看待法律与道德的关系,促使法律职业人员更全面地审视社会问题,从而在面对法律与道德的冲突时作出正确选择。法律职业人员在处理法律事务时,不仅要考虑法律规则本身,还要关注道德原则和价值观。在面对法律与道德的矛盾时,法律职业伦理学为法律职业人员提供了重要的指导,它帮助法律人识别潜在的道德困境,并提供解决问题的框架和方法,更好地平衡各种利益和价值,维护社会公正和法治。

第二,构建法律职业使命感,提升法律职业人员专业素质。法律职业人员是法律的具体实施者、执行者、裁判者,使命感是他们从事法律职业的重要动力和源泉。构建法律职业使命感,有助于激发法律职业人员的内在动力,使他们更加自觉地履行法律职责,维护法律的权威和尊严。法律职业人员只有具备了高度的使命感,才能不断学习和进步,才能更好地满足广大人民群众对法治日益增长的需求和期待。构建科学的法律职业伦理学体系,有利于为法律职业人员树立正确的职业伦理观提供理论基础和行动指引,促使他们不断提升自己的道德素质和专业素质,从而更好地服务法治建设。

第三，保障法律正确地实施，推进社会主义依法治国进程。随着现代社会中法治建设的日益发展，法律职业人员在法治建设中扮演着越来越重要的角色。法治能否真正实现，很大程度上取决于法律职业人员的伦理水平是否达到法治建设的应然要求。相较于一般社会公众而言，法律职业人员更需要伦理准则的约束，如果缺乏法律职业伦理的约束和引导则可能导致严重的社会问题。在法律职业伦理学的视域下，法律与伦理是相辅相成的和谐共生关系。法律职业人员的法律职业伦理意识有利于促进他们依法办事，公正处理各类案件、解决各类纠纷，保障法律的正确实施，为建设社会主义法治国家贡献力量。

二、法律职业伦理教育

（一）法律职业伦理教育的概念

法律职业伦理教育是法学教育的重要组成部分，它是指以提升法律职业人员伦理水平为目标，而对其价值观念、思维方式等方面进行的，以法律职业伦理为主要内容的专门化培养。通过法律职业伦理教育，法律职业人员将伦理准则的要求内化为自己的世界观、价值观、人生观，树立正确的法律职业理念。法律职业伦理教育是培养德才兼备的高素质法律人才所必需的，也是提升法治工作队伍整体素质的有效途径。

（二）法律职业伦理教育的意义

第一，国家层面。法律职业伦理教育，对于坚持全面依法治国，推进法治中国建设具有重要意义。首先，坚持依法治国和以德治国相结合，就要求法律职业人员自身必须有良好的伦理水平，做到明德修法。法律职业伦理的教育，有利于提高法律职业人员道德素养和自律能力，实现道德与法治的相辅相成。其次，法律职业伦理教育促进法律职业共同体的形成，增强法律职业人员之间的认同感和凝聚力。最后，法律职业伦理教育还可以规范法律职业人员的行为，减少不当干预和利益冲突，切实维护国家法律的公正和公信力。总之，法律职业伦理教育是推进法治中国建设的重要举措之一。通过法律职业伦理教育，建设德才兼备的高素质法治工作队伍，为法治轨道上推进国家治理体系和治理能力现代化奠定了人才基础，从而为中国式现代化提供有力的法治保障。

第二，社会层面。法律职业人员的伦理水平，直接影响到社会法治的进步与社会文明的发展。法律职业伦理教育是法治文化建设的重要组成部分，法律职业伦理教育对弘扬法治精神、推动法治文化建设，形成全社会尊重法律、崇尚法治的良好氛围起到重要作用。提升法律职业人员的伦理水平与道德素质，需要从法律人才的培养入手。法律职业伦理教育有利于培养有良知的法律职业人员，客观公正地执行法律，有助于提升法律职业人员的社会形象和声誉，增强社会对法律职业的信任和支持。

第三，个人层面。公平正义是执法司法工作的生命线。对于法律职业人员来说，公平正义也是个人事业的生命线。如果法律职业人员伦理缺失，是非不分、善恶不辨，就可能突破法律底线，给自己的职业生涯带来不利后果。法律职业人员恪守公平正义的价值理念，根本上源于对法律职业人员的教育，因此法律职业伦理教育对法律人良好品格的养成起着不可替代的作用。法律职业伦理教育能够涵养法律职业人员伦理道德，让他们在执业过程中作出正确的价值判断和行为选择，准确适用法律、公平解决纠纷、维护社会正义，从而在法治实践中实现自己的人生价值。

（三）法律职业伦理教育的历史

高等教育中的法律职业伦理课程是法律职业伦理教育的主要形式。但"新中国的法学教育历来注重法律理论课程，对法律职业伦理的教育重视不够，往往依赖于一般的政治和道德教育。一些学校在开设的律师学课程中也涉及律师的职业道德和执业纪律，但没有将法律职业伦理作为单独的一门课程开设"①。应该说，仅重视法学理论与法律技能的培养，而忽视法律职业伦理的教育，这样的课程设置导向存在明显缺陷。2011年，《教育部 中央政法委员会关于实施卓越法律人才教育培养计划的若干意见》明确将"强化学生法律职业伦理教育"作为分类培养卓越法律人才的一项内容。

2018年初，教育部发布实施《普通高校法学本科专业教学质量国家标准》，明确法学专业核心课程体系，将"法律职业伦理"课程列入十门法学专业核心必修课程之一，要求所有高校的法学专业必须面向法学专业学生开设。2018年9月，《教育部 中央政法委关于坚持德法兼修实施卓越法治人才教育培养计划2.0的意见》将"厚德育，铸就法治人才之魂"作为首要的改革任务和重点举措，进一步要求"加大学生法律职业伦理培养力度，面向全体法学专业学生开设'法律职业伦理'必修课，实现法律职业伦理教育贯穿法治人才培养全过程。坚持'一课双责'，各门课程既要传授专业知识，又要注重价值引领，传递向上向善的正能量"。

2023年，中共中央办公厅、国务院办公厅印发了《关于加强新时代法学教育和法学理论研究的意见》，为加强新时代法学教育和法学理论研究提供了科学指引。该意见指出："坚持立德树人、德法兼修，努力培养造就更多具有坚定理想信念、强烈家国情怀、扎实法学根底的法治人才。""健全法学教学体系。注重思想道德素养培育，结合社会实践，积极开展理想信念教育、中华优秀传统法律文化教育，大力弘扬社会主义法治精神，健全法律职业伦理和职业操守教育机制，培育学生崇尚法治、捍卫公正、恪守良知的职业品格。"法律职业伦理教育的历史发展，表明我国越来越重视法律职业伦理教育，这对持续培养大批德才兼备的高素质法治人才无疑具有重要积极意义。

（四）加强与改进法律职业伦理教育

第一，完善法律职业伦理规范。指引与教育是法律等行为规范的重要功能。虽然目前现有的法律职业伦理对规范法律职业人员的行为起到了一定作用，但这些规范呈现原则化、碎片化等特征，在执行层面还需要通过明确的规范指引，进一步落实法律职业伦理。改进法律职业伦理教育，必须完善法律职业伦理规范。通过制定清晰、具体的法律职业伦理准则，对适用对象与条件、具体行为规范、监督与惩戒机制等进行全方位的规定，明确规定法律职业人员应有的行为和态度，并根据社会环境和法律实践的变化，不

---

① 江国华、彭超、周紫阳编著：《法律职业伦理》，武汉大学出版社2020年版，第3页。

断更新和完善法律职业伦理规范，形成适应社会主义法治建设需要的、权威高效的法律职业伦理规范体系，为法律职业人员提供具有稳定性和确定性的指引。

第二，优化法学专业课程设置。"健全的人格教育是法学院履行社会责任、成为'受人尊重的法学院'的前提。法学院历来被誉为'法律职业的守护者'……无论是学术型还是职业型法律人才，最重要的素质是具备法律职业者的职业伦理与道德……加强法律人职业伦理教育不仅是培养合格的法律人才的基础，而且对于维护法律公正、遏制司法腐败至关重要。"① 法律职业伦理教育作为基础性、长期性的教育实践，贯穿法律人才培养的整个过程。虽然目前我国已将法律职业伦理列为法学专业核心课程之一，但培养方案不完善、师资力量较薄弱、学科内容较陈旧、学生重视不充分等问题仍然存在。法学院校要将德法兼修作为培养法治人才的目标和价值取向，对法律职业伦理课程认真进行规划和设计，并将法律职业伦理教育融入法学各个学科的教学当中。同时，要注重法律职业伦理教育方式的多元化，强化实践环节对法律职业伦理的培育，引导学生在生动的法治实践中体悟感受法律职业伦理的精神，提升自己的法律职业伦理水平。

第三，严格法律职业准入制度。党的十八届四中全会审议通过的《中共中央关于全面推进依法治国若干重大问题的决定》提出："完善法律职业准入制度，健全国家统一法律职业资格考试制度，建立法律职业人员统一职前培训制度。"② 2015 年，中共中央办公厅、国务院办公厅印发《关于完善国家统一法律职业资格制度的意见》，明确"加大法律职业伦理的考察力度，使法律职业道德成为法律职业人员入职的重要条件"③。法律职业资格考试作为法律职业准入制度的组成部分和法治工作队伍建设的重要环节，对选拔德才兼备的法律职业人员起到把关作用。因此，在法律职业资格考试中应进一步加强对法律职业伦理的考察。其次，在法律职业人员统一职前培训中设置对法律职业伦理的教育，并采取实践考察、社会评价等方式，建立法律职业伦理的综合评估机制。最后，要完善违反法律职业伦理的惩戒机制，加大查处力度，发现严重违反法律职业伦理的应及时撤销法律职业资格。

总之，就法律职业人员来说，法律职业伦理的养成并非一蹴而就，除了对法律职业伦理学知识的学习，更重要的是要将法律职业伦理的要求转化为行动自觉，并在法治实践中不断锤炼自己的品格。

---

① 韩大元：《全球化背景下中国法学教育面临的挑战》，载《法学杂志》2011 年第 3 期，第 19-20 页。

② 《中共中央关于全面推进依法治国若干重大问题的决定》，2014 年 10 月 23 日中国共产党第十八届中央委员会第四次全体会议通过。

③ 新华社：《中办国办印发〈意见〉完善国家统一法律职业资格制度》，载《人民日报》2015 年 12 月 21 日，第 1 版。

第二章　法官制度与法官职业伦理概述

第一节　法官制度概述

一、法官的产生与发展

（一）法官角色的"从无到有"

矛盾纠纷是人类社会发展过程中一种普遍的现象。解决矛盾、化解纠纷自古以来就是国家治理的重要课题。人类社会早期裁判制度就已经出现了，但在相当长的时间里都没有产生职业化的法官。在初民社会，成文法尚未产生，习惯也还在形成，此时，面对个体与个体之间、个体与群体之间的纠纷，"神明裁判"便成为重要的纠纷解决方式。"神明裁判"与初民社会的巫术传统息息相关，当人类自身的智慧无法解决矛盾，或作为裁判者的个体不能得到其他人的普遍信服时，拥有"超自然能力"的神灵就成为解决纠纷的寄托。无论是中华文明还是世界其他古文明，"神明裁判"在这一阶段均发挥了重要的作用。殷商时期，占卜是社会生活的重要组成部分，司法活动亦会借助占卜乞请神示。殷墟甲骨卜辞中就有大量卜问用刑之类的"神明裁判"案例，如"贞：王闻不惟辟""贞：王闻惟辟""兹人井不"等。东汉许慎所著《说文解字》一书记载："灋，刑也，平之如水，从水；廌，所以触不直者去之，从去。""廌，解（獬）廌，兽也，似牛，一角，古者决讼，令触不直者。"獬豸生性正直，懂人言知人性，能辨是非曲直、识善恶忠奸，中国古代通过神兽獬豸进行断案，反映出古代社会的"神明裁判"思想。在世界其他古文明中，也存在"神明裁判"的形式，如古印度法中的"水、火、称、毒"[①]。随着社会的发展，"神明裁判"逐渐被其他方式取代，但职业法官仍未出现。中国古代司法与行政不分，地方行政长官兼理司法。

职业法官的产生有着深刻的社会历史原因，它随着社会经济的发展、政治制度的变革、专业化分工的确立而逐渐成形。现代意义上的职业法官最早产生于英国。12 至 13 世纪，英国的法律制度发生了革命性变化，法官职业化成为时代发展的需求。从英国国王亨利三世（1216—1272 年在位）开始，王室法官须由经验丰富的律师担任，并逐渐

---

① "水"是将嫌疑人与石头分别装入囊中，两囊相连，沉入深水之中。人浮石沉，则人无罪；人沉石浮，则人有罪。"火"是让嫌疑人赤脚于烧红的铁板上行走，并用手掌摸、用舌头舐，无伤则无罪，有伤则有罪。"称"是将人与石头并称，以轻重判定。"毒"是将毒药混入食物中，嫌疑人食用后，未中毒则无罪，中毒则有罪。

成为一种惯例。资产阶级革命胜利后，西方资本主义国家确立了"三权分立"制度，立法权、司法权和行政权各司其职、相互独立、相互制衡，职业法官的发展获得制度性保障。

（二）中国法官制度的演进

中国古代实行封建君主专制，受皇权至上思想的影响，皇帝集最高立法、司法与行政权力于一体，是中国古代社会的最高法官，从所谓"公堂一言断胜负，朱笔一落命攸关"就可见一斑。但在皇帝的绝对权威之下，仍然存在着从事司法审判的官员，负责处理社会纠纷、维护社会秩序。尧舜时期，"上古四圣"之一的皋陶是我国历史文献中记载的第一位法官，被尊为中国传统司法官的始祖。有史书记载："皋陶喑而为大理，天下无虐刑。"皋陶明刑弼教，用法宽平，《虞书·大禹谟》记载："皋陶曰：'帝德罔愆，临下以简，御众以宽；罚弗及嗣，赏延于世。宥过无大，刑故无小；罪疑惟轻，功疑惟重；与其杀不辜，宁失不经；好生之德，洽于民心，兹用不犯于有司。'"皋陶在处理刑狱时秉持"罪疑惟轻，功疑惟重"的原则，对后世的司法产生了重要影响。夏朝法官称为"大理"，商朝法官称为"司寇"。至西周，中央最高司法官称为"大司寇"，掌管全国的司法工作，《周礼·秋官司寇》记载："大司寇之职，掌建邦之三典，以佐王刑邦国，诘四方。"其次为"小司寇"，协助大司寇处理狱讼，《周礼·秋官司寇》记载："小司寇之职，掌外朝之政，以致万民而询焉。"此外还设有其他专职属吏（如司刑、司刺、掌囚、掌戮等），以处理各类司法事务。秦朝，中央司法审判机关称为廷尉府，其司法官称为廷尉；汉承秦制，亦称为廷尉。北齐中央司法审判机关为大理寺，其司法长官称为大理寺卿。隋唐时期，大理寺、刑部和御史台共同行使司法权。明清时期，大理寺、刑部、都察院并称为"三法司"。总体来看，中国古代的法官制度体现出以下特点：其一，有较为完备的审判制度；其二，司法行政不分，行政长官兼任司法官员；其三，法官不具有独立性。

19世纪末，在西方法律思想的影响下，中国的法官制度发生了转变。1910年，清政府颁布《法院编制法》，规定了"司法官考试任用制度"，明确了司法官考试的组织机构、司法官任用原则、应试资格及考试任用程序，与《法院编制法》同时奏进的《法官考试任用暂行章程》作为其重要补充。1912年《中华民国临时约法》第六章对法院与法官的相关制度进行了专章规定，独立的职业法官制度逐渐建立起来。1915年，北洋政府颁布《司法官考试令》，对司法官的考试要求作出规定。1932年，南京国民政府颁布《法院组织法》，将法院系统分为地方法院、高等法院和最高法院三级，实行三级三审制。

新中国成立后，我国着手建立新的司法体系，最高人民法院第一任院长沈钧儒曾指出："我们建立人民法院，首先是吸收了老解放区二十年来的经验，其次是学习了苏联和其他人民民主国家的先进经验。其实，要说人民司法的传承和渊源，还要追溯的更远些，那就是我们党领导苏维埃时期的人民司法实践探索，甚至更早。"但经过"文化大革命"，我国的司法制度受到极大破坏。1995年，《法官法》颁布实施，法官制度重新在中国确立，此后法官职业化建设也取得了较大成就。作为专门规范法官职业的法律，

《法官法》系统地规定了法官的职责、法官的义务和权利、法官的条件、法官的任免、法官的管理、法官的考核、法官的奖惩及法官的职业保障等内容，对我国法官职业的发展作出了重要指引，提供了积极保障。

二、法官及相关概念

(一) 法官的概念

在对法官制度进行更深入的探究之前，厘清法官概念具有重要意义。对于法官概念的界定，从不同角度出发会有不同的解读。《牛津法律大辞典》从法官的社会功能定位角度界定法官，认为："法官是对一类人的总称，其职责是对纠纷和其他提交法院的事情做出裁决。"[1] 我国《法官法》则从法院体系内法官的范围角度，明确"法官是依法行使国家审判权的审判人员，包括最高人民法院、地方各级人民法院和军事法院等专门人民法院的院长、副院长、审判委员会委员、庭长、副庭长和审判员"。在理论界，对于法官界定的基本共识为："法官是纠纷解决者而不是政治家；法官是专业司法官而不是公务员；法官是庭审主持者，不是当事人；法官是事实判断者，不是亲历者；法官是法律适用者或者判例制造者，不是法学家和立法者。"[2] 因此，"简单地说，法官就是一种职业，但将其放在国家法治建设进程中去看待，法官就具有了符号化意义，而将法官放在司法系统的运作中时，我们看到的则是一个既体现法律职业属性，又体现社会人属性的法官"[3]。

(二) 相关概念的辨析

1. 审判人员、法官与审判员

审判人员，是指法院行使审判权审判具体案件的工作人员的总称。我国《人民法院组织法》第四十条规定："人民法院的审判人员由院长、副院长、审判委员会委员和审判员等人员组成。"

如前所述，"法官是依法行使国家审判权的审判人员，包括最高人民法院、地方各级人民法院和军事法院等专门人民法院的院长、副院长、审判委员会委员、庭长、副庭长和审判员"。

审判员，是指在人民法院审判案件所组成的合议庭中，负责组织审判活动的人员。

因此，审判人员和法官是院长、副院长、审判委员会委员、庭长、副庭长、审判员的集合概念。

2. 人民陪审员与审判人员

人民陪审员依照《中华人民共和国人民陪审员法》（以下简称《人民陪审员法》）产生，依法参加人民法院的审判活动，除法律另有规定外，同法官有同等权利。

---

① ［英］戴维·M. 沃克：《牛津法律大辞典》，李双元等译，法律出版社2003年版，第610-611页。
② 陆而启：《法官角色论——从社会、组织和诉讼场域的审视》，法律出版社2009年版，第40页。
③ 李鑫：《法官选任制度改革研究》，四川大学出版社2017年版，第25页。

人民陪审员本质体现司法民主，不属于审判人员，对人民陪审员的管理不适用《法官法》，而应适用《人民陪审员法》。

3. 首席大法官、大法官、高级法官与法官

我国的法官等级分为四等十二级，分别是：

（1）首席大法官；

（2）大法官，包括一级大法官、二级大法官；

（3）高级法官，包括一级高级法官、二级高级法官、三级高级法官、四级高级法官；

（4）法官，包括一级法官、二级法官、三级法官、四级法官、五级法官。

（三）法官的职业属性

1. 法官职业的政治属性

在我国政治制度的影响下，我国的法官职业具有鲜明的政治属性。首先，法官作为国家公职人员，受到《公务员法》的约束。《公务员法》第十四条规定，公务员要"忠于宪法，模范遵守、自觉维护宪法和法律，自觉接受中国共产党领导"，要"忠于人民，全心全意为人民服务，接受人民监督"。其次，法官作为法治工作队伍的重要组成部分，对于践行习近平总书记关于坚持建设德才兼备的高素质法治队伍法治思想，全面推进依法治国有着重要意义。

2. 法官职业的专业属性

职业法官需要接受专业的法学教育，经过专业的职业技能训练，结合个人职业经验，将客观事实转化为法律事实，在法律的框架内处理矛盾、解决纠纷。在我国《法官法》第十二条规定了担任法官必须具备的条件，其中第五款对法官的学历提出要求："具备普通高等学校法学类本科学历并获得学士及以上学位；或者普通高等学校非法学类本科及以上学历并获得法律硕士、法学硕士及以上学位；或者普通高等学校非法学类本科及以上学历，获得其他相应学位，并具有法律专业知识"；第六款对法官的工作经历提出要求："从事法律工作满五年。其中获得法律硕士、法学硕士学位，或者获得法学博士学位的，从事法律工作的年限可以分别放宽至四年、三年"；第七款对法官的法律职业资格作出规定："初任法官应当通过国家统一法律职业资格考试取得法律职业资格"。以上要求均体现出法官职业的专业性特征。

3. 法官职业的伦理属性

"基于法院在国家司法体系中的重要性，法官享有崇高的社会地位与社会声誉。法官不仅担负准确适用法律，匡扶社会正义，实现社会公平的职责，法官的形象与行为也会影响社会公众对国家司法机构的信心，甚至直接影响社会公众对法律的信仰。"[1] 因此，法官在从事审判活动以及在个人生活中需要遵守一定的伦理规则，以尽可能保障司

---

[1]　文学国：《法律职业伦理导论》，上海大学出版社 2021 年版，第 45 页。

法公正，回应现代法治发展的要求。我国通过《法官法》《法官职业道德基本准则》《法官行为规范》等逐步构建起法官职业道德规范体系，对法官进行约束。

三、法官的权利、义务和职责

（一）法官的权利

赋予法官一定的权利是法官正常进行司法活动的重要保障，我国法官依法享有以下权利：

（1）履行法官职责应当具有的职权和工作条件。我国《法官法》规定了法官的职责，法官在履行职责时，我国相关法律法规赋予了法官相应的职权，如参加合议庭审判时，法官有权对当事人进行提问；有权对证据进行审查判断，并根据法律规定决定是否采纳该证据；有权就法定事由出现后决定中止审理等。法官履行审判职责还需具备必要的工作条件，包括但不限于办公地点、办公用具等。

（2）非因法定事由、非经法定程序，不被调离、免职、降职、辞退或者处分。我国法律明确规定了法官被免职、降职、辞退或者处分的情形。以免职为例，其法定情形主要包括：丧失中华人民共和国国籍的；调出所任职人民法院的；职务变动不需要保留法官职务的，或者本人申请免除法官职务经批准的；经考核不能胜任法官职务的；因健康原因长期不能履行职务的；退休的；辞职或者依法应当予以辞退的；因违纪违法不宜继续任职的。如果没有出现法律明确规定的事由，我国法官不被调离、免职、降职、辞退或者处分。

（3）履行法官职责应当享有的职业保障和福利待遇。法官的职业保障主要包括法官职业权利保障、法官职业安全保障、法官职业教育保障、法官职业收入保障等内容。法官的职业保障和待遇福利是法官依法履行职责的重要保障和物质基础。

（4）人身、财产和住所安全受法律保护。法官承担着解决社会纠纷、维持社会秩序的重任，为了防止法官遭受承办案件当事人的打击报复，法官的人身、财产和住所安全受到法律的保护。

（5）提出控告或者申诉的权利。申诉和控告是法官维护自身合法权益的重要救济手段。对于国家机关及其工作人员侵犯《法官法》规定的法官权利的行为，法官有权提出控告。法官对所受处分或者处理不服的，有权向原处分、处理机关申请复议，并有权向原处分、处理机关的上级机关申诉。

（6）法律规定的其他权利。

（二）法官的义务

我国法官的义务由《法官法》直接规定，主要包括以下几方面的内容：

（1）严格遵守宪法和法律。宪法作为我国的根本大法，具有最高的法律地位、法律权威、法律效力，具有根本性、全局性、稳定性、长期性。法官在司法活动中要严格遵守宪法和法律，维护宪法和法律的权威。

（2）秉公办案，不得徇私枉法。法官在司法活动中要秉公办案，不得以权谋私，在办理案件时要杜绝地方保护主义或者部门保护主义，坚持"以事实为根据，以法律为准绳"，通过依法行使审判权，保护公民、法人和其他组织的合法权益，维护社会公平正义。

（3）依法保障当事人和其他诉讼参与人的诉讼权利。我国法律明确规定了当事人和其他诉讼参与人享有的诉讼权利，法官在审判活动中依法保障诉讼参与人的诉讼权利，是推动审判活动正常进行、保障程序正义的内在要求，对于维护司法公正、保障人权有着重要意义。

（4）维护国家利益、社会公共利益，维护个人和组织的合法权益。我国《宪法》明确规定，"人民法院是国家的审判机关"，法官代表国家对案件进行审判，因此，法官在审判活动中，必须维护国家利益和社会公共利益，同时，法官还需代表国家维护自然人、法人和其他组织的正当的合法权益。

（5）保守国家秘密和审判工作秘密，对履行职责中知悉的商业秘密和个人隐私予以保密。严格保守秘密是法官的职业道德要求，也是遵守相关法律规定的要求。保守国家秘密是国家安全保障的重要组成部分，《中华人民共和国保守国家秘密法》规定："国家秘密受法律保护。一切国家机关和武装力量、各政党和各人民团体、企业事业组织和其他社会组织以及公民都有保密的义务。任何危害国家秘密安全的行为，都必须受到法律追究。"最高人民法院发布的《关于"五个严禁"的规定》将"严禁泄露审判工作秘密"作为"五个严禁"之一。我国《法官法》第四十六条进一步规定，法官"泄露国家秘密、审判工作秘密、商业秘密或者个人隐私的"，应当给予处分，构成犯罪的，依法追究刑事责任。

（6）依法接受法律监督和人民群众监督。具体而言，法官要依法接受以下几方面的监督：其一，法院要接受同级人民代表大会及其常委会的监督，法官作为法院的工作人员，同样要受到监督；其二，人民检察院是法律监督机关，法官的审判活动要接受人民检察院的监督；其三，法官要接受其他国家机关、社会团体和组织的监督；其四，法官要接受人民群众的监督。

（7）通过依法办理案件以案释法，增强全民法治观念，推进法治社会建设。《中共中央关于全面推进依法治国若干重大问题的决定》中明确提出："实行国家机关'谁执法谁普法'的普法责任制，建立法官、检察官、行政执法人员、律师等以案释法制度，加强普法讲师团、普法志愿者队伍建设。"2017年，中共中央办公厅、国务院办公厅印发《关于实行国家机关"谁执法谁普法"普法责任制的意见》，要求"建立法官、检察官、行政执法人员、律师等以案释法制度。法官、检察官在司法办案过程中要落实好以案释法制度，利用办案各个环节宣讲法律，及时解疑释惑。判决书、裁定书、抗诉书、决定书等法律文书应当围绕争议焦点充分说理，深入解读法律。要通过公开开庭、巡回法庭、庭审现场直播、生效法律文书统一上网和公开查询等生动直观的形式，开展以案释法"。因此，法官应当深入解读法律，关注裁判文书的说理，并通过多种途径推动以案释法工作，以增强全民法治观念，为法治中国、法治社会的建设提供积极助力。

（8）法律规定的其他义务。

（三）法官的职责

我国法官的职责由《法官法》直接规定，主要包括以下两方面的内容：

（1）作为职业法官均需履行的职责，法官在其职权范围内对所办理的案件负责。

其一，依法参加合议庭审判或者独任审判刑事、民事、行政诉讼以及国家赔偿等案件。法院在现代社会承担着基本的纠纷裁判功能，[①] 参与审判活动是法官工作的重要内容。合议制和独任制是我国人民法院的两种审判组织形式。合议制由审判员、陪审员共同组成合议庭或者由审判员组成合议庭对案件进行审理，合议庭的成员人数须为单数；独任制由审判员一人独任审理并作出裁判。

其二，依法办理引渡、司法协助等案件。我国引渡法规定了行政审查和司法审查相结合的制度，由司法机关对引渡请求的合法性进行审查。最高人民法院指定的高级人民法院对请求国提出的引渡请求是否符合《中华人民共和国引渡法》（以下简称《引渡法》）和引渡条约中的规定进行审查。高级人民法院经过审查认为请求国的引渡请求符合《引渡法》和引渡条约规定的，作出符合引渡条件的裁定；认为请求国的请求不符合《引渡法》和引渡条约规定的，应当作出不引渡的裁定。最高人民法院对高级人民法院作出的裁定进行复核。司法协助是国家或地区之间根据某一国当局的请求而履行的司法方面的国家协助行为。根据《民事诉讼法》的规定，我国司法协助主要包含两方面的内容：第一，代为一定的诉讼行为，如代为送达诉讼文书、代为调查取证等；第二，接受外国法院的委托，代为执行外国法院的判决或者外国仲裁机构的裁决。

其三，法律规定的其他职责。其他职责包括《人民法院组织法》《刑事诉讼法》《民事诉讼法》《行政诉讼法》等法律规定的除审判职责以外的职责。

（2）在人民法院内担任一定职务的法官的其他职责。

我国《法官法》第九条规定："人民法院院长、副院长、审判委员会委员、庭长、副庭长除履行审判职责外，还应当履行与其职务相适应的职责。"

首先，人民法院院长、副院长、审判委员会委员、庭长、副庭长具有法官身份，需履行基本的审判职责。此外，还应履行与其所担任的职务有关的职责。具体而言，人民法院院长的其他职责包括主持召开审判委员会；对本级法院已经生效的确有错误的判决或者裁定决定提交审判委员会处理；部署全院的重点工作，总结和通报工作情况；处理人民法院的其他日常行政事务等。副院长需协助院长工作。庭长的其他职责包括组织和安排庭审工作、指导和监督庭审工作、参与庭审改革和研讨等；副庭长需协助庭长履行相关职责。根据我国《人民法院组织法》的相关规定，审判委员会委员的其他职责包括参加审判委员会，总结审判工作经验，讨论决定重大、疑难、复杂案件的法律适用以及其他有关审判工作的重大问题等。

---

① 参见丁以升：《法院的功能》，载《贵州警官职业学院学报》2008年第6期，第15页。

第二节　法官的选任制度

一、法官的任职条件

(一) 积极条件

法官任职的积极条件从正面对成为法官的必备条件作出规定。根据我国《法官法》的规定，担任法官必须具备下列条件：

(1) 具有中华人民共和国国籍。即法官必须是中国公民，不能是外国人或者无国籍人。根据《中华人民共和国国籍法》(简称《国籍法》) 的规定，我国不承认双重国籍，因此，法官不得在拥有中国国籍的同时取得其他国家的国籍。

(2) 拥护《中华人民共和国宪法》，拥护中国共产党领导和社会主义制度。法官要在中国共产党的领导下，自觉拥护社会主义制度，在司法活动中要严格遵守宪法、维护宪法权威，维护社会安全与秩序。

(3) 具有良好的政治、业务素质和道德品行。法官作为国家司法机关的工作人员，对外代表了国家司法机关的形象，法官要具备良好的政治素养，使其司法活动回应我国社会现实的需要；法官要具备优秀的业务素质，正确适用法律，使人民群众在每一个司法案件中感受到公平正义；法官要具备良好的道德品行，维护社会公德、遵守职业道德，塑造良好的法官形象。

(4) 具有正常履行职责的身体条件。即法官的身体状况应当能胜任所担负的审判工作。

(5) 具备普通高等学校法学类本科学历并获得学士及以上学位；或者普通高等学校非法学类本科及以上学历并获得法律硕士、法学硕士及以上学位；或者普通高等学校非法学类本科及以上学历，获得其他相应学位，并具有法律专业知识。对于这一条件，考虑到我国经济发展的不平衡，《法官法》作出了一定的放宽规定，即适用这一规定的学历条件确有困难的地方，经最高人民法院审核确定，在一定期限内，可以将担任法官的学历条件放宽为高等学校本科毕业。

(6) 从事法律工作满五年。其中获得法律硕士、法学硕士学位，或者获得法学博士学位的，从事法律工作的年限可以分别放宽至四年、三年。

(7) 初任法官应当通过国家统一法律职业资格考试取得法律职业资格。国家统一法律职业资格考试是国家统一组织的用于选拔合格法律职业人才的考试，要求初任法官取得法律职业资格对于选拔、建设一支高素质的法官队伍有着积极助益。

(二) 消极条件

法官任职的消极条件对不得担任法官的情形作出规定，从反面对法官资格作出排除。根据我国《法官法》的规定，下列人员不得担任法官：

（1）因犯罪受过刑事处罚的。这里规定的犯罪既包括故意犯罪，也包括过失犯罪；刑事处罚既包括主刑，即管制、拘役、有期徒刑、无期徒刑、死刑，也包括附加刑，即罚金、剥夺政治权利、没收财产。因犯罪受过刑事处罚的人员，一律不得担任法官。

（2）被开除公职的。这里规定的"开除公职"是指依法定程序被用人单位开除。这里的"公职"主要指在国家机关、国有公司、企业、事业单位、人民团体中担任职务。被开除公职的人员，一律不得担任法官。

（3）被吊销律师、公证员执业证书或者被仲裁委员会除名的。

律师有下列行为之一且情节严重的，由省、自治区、直辖市人民政府司法行政部门吊销其律师执业证书：违反规定会见法官、检察官、仲裁员以及其他有关工作人员，或者以其他不正当方式影响依法办理案件的；向法官、检察官、仲裁员以及其他有关工作人员行贿，介绍贿赂或者指使、诱导当事人行贿的；向司法行政部门提供虚假材料或者有其他弄虚作假行为的；故意提供虚假证据或者威胁、利诱他人提供虚假证据，妨碍对方当事人合法取得证据的；接受对方当事人财物或者其他利益，与对方当事人或者第三人恶意串通，侵害委托人权益的；扰乱法庭、仲裁庭秩序，干扰诉讼、仲裁活动的正常进行的；煽动、教唆当事人采取扰乱公共秩序、危害公共安全等非法手段解决争议的；发表危害国家安全、恶意诽谤他人、严重扰乱法庭秩序的言论的；泄露国家秘密的。律师因故意犯罪受到刑事处罚的，由省、自治区、直辖市人民政府司法行政部门吊销其律师执业证书。律师违反本法规定，在受到停止执业处罚期满后二年内又发生应当给予停止执业处罚情形的，由省、自治区、直辖市人民政府司法行政部门吊销其律师执业证书。

公证机构及其公证员有下列行为之一且情节严重的，由省、自治区、直辖市人民政府司法行政部门吊销公证员执业证书：私自出具公证书的；为不真实、不合法的事项出具公证书的；侵占、挪用公证费或者侵占、盗窃公证专用物品的；毁损、篡改公证文书或者公证档案的；泄露在执业活动中知悉的国家秘密、商业秘密或者个人隐私的；依照法律、行政法规的规定，应当给予处罚的其他行为。因故意犯罪或者职务过失犯罪受刑事处罚的，应当吊销公证员执业证书。

仲裁员私自会见当事人、代理人，或者接受当事人、代理人请客送礼，情节严重的，或者仲裁员在仲裁该案时有索贿受贿、徇私舞弊、枉法裁决行为的，仲裁委员会应当将其除名。

综合来看，被吊销律师、公证员执业证书或者被仲裁委员会除名主要包括以下情形：其一，违反法律法规；其二，违反职业道德；其三，危害国家、社会及他人的合法利益。这些行为背离法官的职业要求，故被吊销律师、公证员执业证书或者被仲裁委员会除名的人员也不得担任法官。

（4）有法律规定的其他情形的。

二、法官的任免制度

（一）任免程序

法官的任免需经法定程序，依照宪法和法律规定的任免权限办理。不同层级的法院，其法官的任免程序不同。

1. 最高人民法院

最高人民法院院长由全国人民代表大会选举和罢免，副院长、审判委员会委员、庭长、副庭长和审判员，由院长提请全国人民代表大会常务委员会任免。

最高人民法院巡回法庭庭长、副庭长，由院长提请全国人民代表大会常务委员会任免。

2. 地方各级人民法院

地方各级人民法院院长由本级人民代表大会选举和罢免，副院长、审判委员会委员、庭长、副庭长和审判员，由院长提请本级人民代表大会常务委员会任免。

在省、自治区内按地区设立的和在直辖市内设立的中级人民法院的院长，由省、自治区、直辖市人民代表大会常务委员会根据主任会议的提名决定任免，副院长、审判委员会委员、庭长、副庭长和审判员，由高级人民法院院长提请省、自治区、直辖市人民代表大会常务委员会任免。

新疆生产建设兵团各级人民法院、专门人民法院的院长、副院长、审判委员会委员、庭长、副庭长和审判员，依照全国人民代表大会常务委员会的有关规定任免。

（二）免职情形

我国《法官法》明确规定，非因法定事由、非经法定程序，我国法官不被调离、免职、降职、辞退或者处分。出现以下法定情形，方能依法提请免除法官职务：

（1）丧失中华人民共和国国籍的。担任我国法官必须具有中华人民共和国国籍，丧失中华人民共和国国籍的应当免除其法官职务。根据我国《国籍法》的规定，中国国籍的丧失主要有两种不同情形。其一，自动丧失中国国籍。《国籍法》第九条规定："定居在外国的中国公民，自愿加入或取得外国国籍的，即自动丧失中国国籍。"其二，自愿申请退出中国国籍。《国籍法》第十条规定："中国公民具有下列条件之一的，可以经申请批准退出中国国籍：一、外国人的近亲属；二、定居在外国的；三、有其他正当理由。"

（2）调出所任职人民法院的。对调出本法院，即使是工作调动，继续在其他法院工作，也必须先依法免除其法官的职务，对于其是否能够在其他法院继续担任法官，则应根据宪法和有关法律的规定，由相应的人民代表大会和常务委员会依法决定。

（3）职务变动不需要保留法官职务的，或者本人申请免除法官职务经批准的，应当依法免除其法官职务。

（4）经考核不能胜任法官职务的。我国法官的年度考核结果分为优秀、称职、基本称职和不称职四个等次，该考核结果将作为调整法官等级、工资以及法官奖惩、免职、降职、辞退的依据。经考核不能胜任法官职务，属于法定的免职事由。

（5）因健康原因长期不能履行职务的。担任我国法官必须具有正常履行职责的身体条件，若法官因健康原因长期不能履行职务的，应考虑依法免除其法官职务。免职后，可以根据国家有关规定安排其他与其健康状况相适应的工作。

（6）退休的。法官作为我国公务员，需受到《公务员法》的约束。根据我国《公务员法》的规定，退休主要有两种情形。其一，应当退休。公务员达到国家规定的退休年龄或者完全丧失工作能力的，应当退休。其二，在符合一定条件的情况下，本人自愿提出申请，经任免机关批准，可以提前退休。

（7）辞职或者依法应当予以辞退的。法官申请辞职，应当由本人书面提出，经批准后，依照法律规定的程序免除其职务。辞退法官应当按照管理权限决定并依照法律规定的程序免除其职务，辞退决定应当以书面形式通知被辞退的法官，并列明作出决定的理由和依据。

（8）因违纪违法不宜继续任职的。这里所说的违纪、违法应作广义理解，既包括违反党纪、政纪及违反法律的行为，也包括违反《法官法》规定的法官禁止行为事项。

三、法官遴选委员会

设立法官遴选委员会是司法改革中完善法官选任制度的重要措施之一，具有积极意义。首先，设立法官遴选委员会是按照司法活动一般规律和法官职业特性进行法官选任制度改革的重要举措。法官职业与一般国家公务员有很大区别，与检察官、律师、法学专家等法律职业在职业特性方面也有很大差异。基于法官职业的特殊性，有必要建立专门针对法官职业的选任制度，这不仅是域外其他法治国家的一致选择，也是我国法官队伍职业化、现代化发展到一定阶段的必然选择。其次，设立法官遴选委员会负责法官的选任是司法机关依法独立行使审判权的重要保障。设立法官遴选委员会将法官选任过程的主导权交回到司法体系内部，是按照司法活动一般规律和法官职业特性进行法官制度改革的必要前提，是选出符合司法体系需求和社会公众期待的法官的必要手段。再次，设立法官遴选委员会对于建立多层次、多渠道的法官选任体制，完善和改革现有法官选任机制有着积极的作用。最后，设立法官遴选委员会对于建立系统、科学、全面的法官选任标准具有十分重要的意义。一直以来，法官选任过程缺乏专门的主体或机构去探究法官职业的特性以及法院和社会公众对于法官职业的需求和期待，以至于选出的法官可能产生两方面问题：一方面不能够积极、稳定地从事司法工作；另一方面社会公众对法官不满意，甚至因此产生了对司法和法治的不信任情绪。法官遴选委员会的设立，有利于制定系统、科学、全面的法官选任标准，选出能够胜任法官工作、能够长期服务于司法系统、能够为社会公众满意的法官。

在总结试点经验的基础上，2018年《人民法院组织法》和2019年《法官法》对法官遴选委员会的法律地位作出规定。《人民法院组织法》第四十七条规定："法官从取得法律职业资格并且具备法律规定的其他条件的人员中选任。初任法官应当由法官遴选委员会进行专业能力审核。上级人民法院的法官一般从下级人民法院的法官中择优遴选。"《法官法》第十六条规定："省、自治区、直辖市设立法官遴选委员会，负责初任法官人选专业能力的审核。省级法官遴选委员会的组成人员应当包括地方各级人民法院法官代表、其他从事法律职业的人员和有关方面代表，其中法官代表不少于三分之一。省级法官遴选委员会的日常工作由高级人民法院的内设职能部门承担。遴选最高人民法院法官应当设立最高人民法院法官遴选委员会，负责法官人选专业能力的审核。"

第三节 法官的管理制度

一、法官的考核制度

(一) 考核标准的制定

人民法院设立法官考评委员会，负责本院法官的考核工作。根据最高人民法院发布的《关于加强和完善法官考核工作的指导意见》，对法官的考核，应当以其岗位职责和所承担的工作任务为基本依据，全面考核"德、能、勤、绩、廉"各方面内容。

(1) 对"德"的考核。主要围绕政治素质和道德品行等设置指标，重点考核深入学习贯彻习近平新时代中国特色社会主义思想，学习贯彻习近平法治思想，坚持党对司法工作的绝对领导、坚持中国特色社会主义法治道路，增强"四个意识"、坚定"四个自信"、做到"两个维护"，提高政治判断力、政治领悟力、政治执行力，遵守政治纪律和政治规矩，自觉抵制西方"宪政民主""司法独立""三权鼎立"等错误思潮情况，以及践行社会主义核心价值观，恪守法官职业道德，遵守社会公德、家庭美德和个人品德等情况。

(2) 对"能"的考核。主要围绕法律专业水平和工作能力等设置指标，重点考核法律政策运用能力、审判业务水平、法学理论水平、司法实务研究水平，以及防控风险能力、群众工作能力、科技应用能力、舆论引导能力等。

(3) 对"勤"的考核。主要围绕精神状态和工作作风等设置指标，重点考核忠于职守，遵守工作纪律、爱岗敬业、勤勉尽责，敢于担当、甘于奉献等情况。

(4) 对"绩"的考核。一般以办案业绩和其他工作业绩为主要评价内容，其中对办案业绩的考核，主要围绕办案数量、办案质量、办案效率和办案效果等四个方面设置指标。

①对办案数量的考核，应当以结案数量为基础，综合考虑案件类型、审判程序、审级等能够反映案件繁简难易程度和工作量多少的因素，结合审判团队配置情况，合理设置案件权重系数，科学评价不同业务条线、不同岗位法官的实际办案工作量。

②对办案质量的考核，以案件发回、改判等情况为基础，充分运用案件质量评查等机制，重点考核法官办案中证据审查、事实认定、法律适用、文书制作、释法说理、裁判结果等情况。

③对办案效率的考核，以审限内结案率（包括按规定延长审限）等情况为基础，重点考核案件审理周期以及超过审理期限案件、长期未结案件等情况。

④对办案效果的考核，以案件取得的政治效果、法律效果和社会效果等情况为基础，重点考核维护国家安全和社会稳定、维护法律的严肃性和权威性、维护人民群众合法权益、弘扬社会主义核心价值观等情况。

⑤法官参加党和国家中心工作、地方重点工作，参加审判委员会、赔偿委员会、司

法救助委员会、专业法官会议讨论案件，办理涉诉信访，开展执行监督，参与诉源治理，开展案件评查、业务指导，开展未成年人案件社会调查、回访帮教等延伸工作，以及参加规范性文件制定、课题研究、案例研编等其他工作的，可以设置相应指标，纳入法官业绩考核范畴。

（5）对"廉"的考核。主要围绕廉洁司法、廉洁自律等设置指标，重点考核遵守廉洁纪律，落实中央八项规定及其实施细则精神，落实防止干预司法"三个规定"等情况。

（二）考核结果的应用

法官考核以平时考核和年度考核相结合，采用量化赋分为主、定性赋分为辅的方式进行。平时考核结果分为好、较好、一般和较差四个等次，年度考核结果分为优秀、称职、基本称职和不称职四个等次。根据《法官法》和《关于加强和完善法官考核工作的指导意见》的规定，考核结果作为调整法官等级、工资以及法官奖惩、免职、降职、辞退的依据。具体而言：

其一，法官年度考核确定为优秀等次的，其参加法官等级晋升时，在同等条件下优先考虑。法官年度考核确定为称职等次的，可以按相关规定参加法官等级晋升。法官年度考核确定为不称职、基本称职等次或者参加年度考核不确定等次的，本考核年度不计入法官等级晋升的任职年限。

其二，法官年度考核确定为不称职等次，或者连续两年确定为基本称职等次的，应当退出员额。

其三，法官年度考核确定为优秀、称职等次的，享受当年度奖励性绩效考核奖金。法官年度考核确定为基本称职、不称职等次或者参加年度考核不确定等次的，不享受当年度奖励性绩效考核奖金。

二、法官的奖励制度

人民法院实施奖励，要坚持精神奖励与物质奖励相结合，实事求是，公开透明。根据我国《法官法》的规定，法官有下列表现之一的，应当给予奖励：

（1）公正司法，成绩显著的。公平正义是司法活动的价值追求，公正司法是法官的义务之一，法官代表国家审理案件、依法判决，法官能否公正司法直接关系到法官形象的塑造和法律尊严的维护。因此，法官能够公正司法且成绩显著的，应当给予奖励。

（2）总结审判实践经验成果突出，对审判工作有指导作用的。霍姆斯主张"法律的生命不在于逻辑，而在于经验"，作为法官，在不断提升专业知识和专业能力的基础上，还需要善于总结审判经验。

（3）在办理重大案件、处理突发事件和承担专项重要工作中，做出显著成绩和贡献的。重大案件、突发事件、专项重要工作往往影响范围广泛、时间紧迫且十分重要，能够妥善处理此三类工作，且做出显著成绩和贡献的，应当给予奖励。

（4）对审判工作提出改革建议被采纳，效果显著的。深入推进审判工作的改革，需要结合法官在司法实践中遇到的问题、总结的经验，充分调动广大法官的积极性和创造性。

（5）提出司法建议被采纳或者开展法治宣传、指导调解组织调解各类纠纷，效果显著的。法官在审判工作之外，开展法治宣传、指导调解组织调解各类纠纷等也是法官工作的重要组成部分。

（6）有其他功绩的。

三、法官的惩戒制度

法官惩戒制度是法官管理制度的重要内容，也是法官职业伦理实施的重要保障。当法官违反职业伦理、职业纪律和法律法规时，应当受到惩戒，承担相应的不利后果。

（一）《法官法》

我国《法官法》规定，法官有下列行为之一的，应当给予处分；构成犯罪的，依法追究刑事责任：（1）贪污受贿、徇私舞弊、枉法裁判的；（2）隐瞒、伪造、变造、故意损毁证据、案件材料的；（3）泄露国家秘密、审判工作秘密、商业秘密或者个人隐私的；（4）故意违反法律法规办理案件的；（5）因重大过失导致裁判结果错误并造成严重后果的；（6）拖延办案，贻误工作的；（7）利用职权为自己或者他人谋取私利的；（8）接受当事人及其代理人利益输送，或者违反有关规定会见当事人及其代理人的；（9）违反有关规定从事或者参与营利性活动，在企业或者其他营利性组织中兼任职务的；（10）有其他违纪违法行为的。

（二）《人民法院工作人员处分条例》

《人民法院工作人员处分条例》详细规定了法官的违法违纪情形，初步形成了法官惩戒体系，主要规定了对违反政治纪律的行为、违反办案纪律的行为、违反廉政纪律的行为、违反组织人事纪律的行为、违反财经纪律的行为、失职行为、违反管理秩序和社会道德的行为七大类行为的处分制度。

1. 违反政治纪律的行为

其一，主要涉及国内的相关政治行为，包括散布有损国家声誉的言论的，参加旨在反对国家的集会、游行、示威等活动的，参加非法组织或者参加罢工的，违反国家的民族宗教政策并造成不良后果的，给予记大过处分；情节较重的，给予降级或者撤职处分；情节严重的，给予开除处分。但因不明真相被裹挟参加上述活动，经批评教育后确有悔改表现的，可以减轻或者免予处分。

其二，主要涉及境外相关事宜，包括在对外交往中损害国家荣誉和利益的，非法出境，违反规定滞留境外不归，未经批准获取境外永久居留资格或者取得外国国籍的，给予记大过处分；情节较重的，给予降级或者撤职处分；情节严重的，给予开除处分。

2. 违反办案纪律的行为

对"违反办案纪律的行为"，《人民法院工作人员处分条例》作了详细的规定，其内容涉及法官司法活动的各个阶段与多个方面。

（1）违反规定，擅自对应当受理的案件不予受理，或者对不应当受理的案件违法受理的，给予警告、记过或者记大过处分；情节较重的，给予降级或者撤职处分；情节严重的，给予开除处分。

（2）违反规定应当回避而不回避，造成不良后果的，给予警告、记过或者记大过处分；情节较重的，给予降级或者撤职处分；情节严重的，给予开除处分。

（3）明知诉讼代理人、辩护人不符合担任代理人、辩护人的规定，仍准许其担任代理人、辩护人，造成不良后果的，给予警告、记过或者记大过处分；情节较重的，给予降级处分；情节严重的，给予撤职处分。

（4）违反规定会见案件当事人及其辩护人、代理人、请托人的，给予警告处分；造成不良后果的，给予记过或者记大过处分。

（5）违反规定为案件当事人推荐、介绍律师或者代理人，或者为律师或者其他人员介绍案件的，给予警告处分；造成不良后果的，给予记过或者记大过处分。

（6）违反规定插手、干预、过问案件，或者为案件当事人通风报信、说情打招呼的，给予警告、记过或者记大过处分；情节较重的，给予降级或者撤职处分；情节严重的，给予开除处分。

（7）依照规定应当调查收集相关证据而故意不予收集，造成不良后果的，给予警告、记过或者记大过处分；情节较重的，给予降级或者撤职处分；情节严重的，给予开除处分。

（8）依照规定应当采取鉴定、勘验、证据保全等措施而故意不采取，造成不良后果的，给予警告、记过或者记大过处分；情节较重的，给予降级或者撤职处分；情节严重的，给予开除处分。

（9）依照规定应当采取财产保全措施或者执行措施而故意不采取，或者依法应当委托有关机构审计、鉴定、评估、拍卖而故意不委托，造成不良后果的，给予警告、记过或者记大过处分；情节较重的，给予降级或者撤职处分；情节严重的，给予开除处分。

（10）违反规定采取或者解除财产保全措施，造成不良后果的，给予警告、记过或者记大过处分；情节较重的，给予降级或者撤职处分；情节严重的，给予开除处分。

（11）故意违反规定选定审计、鉴定、评估、拍卖等中介机构，或者串通、指使相关中介机构在审计、鉴定、评估、拍卖等活动中徇私舞弊、弄虚作假的，给予警告、记过或者记大过处分；情节较重的，给予降级或者撤职处分；情节严重的，给予开除处分。

（12）故意违反规定采取强制措施的，给予警告、记过或者记大过处分；情节较重的，给予降级或者撤职处分；情节严重的，给予开除处分。

（13）故意毁弃、篡改、隐匿、伪造、偷换证据或者其他诉讼材料的，给予记大过处分；情节较重的，给予降级或者撤职处分；情节严重的，给予开除处分。指使、帮助他人作伪证或者阻止他人作证的，给予降级或者撤职处分；情节严重的，给予开除处分。

（14）故意向合议庭、审判委员会隐瞒主要证据、重要情节或者提供虚假情况的，给予警告、记过或者记大过处分；情节较重的，给予降级或者撤职处分；情节严重的，给予开除处分。

（15）故意泄露合议庭、审判委员会评议、讨论案件的具体情况或者其他审判执行工作秘密的，给予记过或者记大过处分；情节较重的，给予降级或者撤职处分；情节严重的，给予开除处分。

（16）故意违背事实和法律枉法裁判的，给予降级或者撤职处分；情节严重的，给予开除处分。

（17）因徇私而违反规定迫使当事人违背真实意愿撤诉、接受调解、达成执行和解协议并损害其利益的，给予警告、记过或者记大过处分；情节较重的，给予降级或者撤职处分；情节严重的，给予开除处分。

（18）故意违反规定采取执行措施，造成案件当事人、案外人或者第三人财产损失的，给予记大过处分；情节较重的，给予降级或者撤职处分；情节严重的，给予开除处分。

（19）故意违反规定对具备执行条件的案件暂缓执行、中止执行、终结执行或者不依法恢复执行，造成不良后果的，给予记大过处分；情节较重的，给予降级或者撤职处分；情节严重的，给予开除处分。

（20）故意违反规定拖延办案的，给予警告、记过或者记大过处分；情节较重的，给予降级或者撤职处分；情节严重的，给予开除处分。

（21）故意拖延或者拒不执行合议庭决议、审判委员会决定以及上级人民法院判决、裁定、决定、命令的，给予警告、记过或者记大过处分；情节较重的，给予降级或者撤职处分；情节严重的，给予开除处分。

（22）私放被羁押人员的，给予记大过处分；情节较重的，给予降级或者撤职处分；情节严重的，给予开除处分。

（23）违反规定私自办理案件的，给予警告、记过或者记大过处分；情节较重的，给予降级或者撤职处分；情节严重的，给予开除处分。内外勾结制造假案的，给予降级、撤职或者开除处分。

（24）伪造诉讼、执行文书，或者故意违背合议庭决议、审判委员会决定制作诉讼、执行文书的，给予记大过处分；情节较重的，给予降级或者撤职处分；情节严重的，给予开除处分。送达诉讼、执行文书故意不依照规定，造成不良后果的，给予警告、记过或者记大过处分。

（25）违反规定将案卷或者其他诉讼材料借给他人的，给予警告处分；造成不良后果的，给予记过或者记大过处分。

（26）对外地人民法院依法委托的事项拒不办理或者故意拖延办理，造成不良后果的，给予警告、记过或者记大过处分；情节严重的，给予降级或者撤职处分。阻挠、干扰外地人民法院依法在本地调查取证或者采取相关财产保全措施、执行措施、强制措施的，给予警告、记过或者记大过处分；情节较重的，给予降级或者撤职处分；情节严重的，给予开除处分。

（27）有其他违反办案纪律行为的，给予警告、记过或者记大过处分；情节较重的，给予降级或者撤职处分；情节严重的，给予开除处分。

3. 违反廉政纪律的行为

清正廉洁是法官职业伦理对法官的要求之一，也是社会群众对法官的期待，因此，严格约束法官的廉政行为对于塑造法官职业形象、维护司法公正具有重要意义。

（1）利用职务便利，采取侵吞、窃取、骗取等手段非法占有诉讼费、执行款物、罚没款物、案件暂存款、赃款赃物及其孳息等涉案财物或者其他公共财物的，给予记大过处分；情节较重的，给予降级或者撤职处分；情节严重的，给予开除处分。

（2）利用司法职权或者其他职务便利，索取他人财物及其他财产性利益的，或者非法收受他人财物及其他财产性利益，为他人谋取利益的，给予记大过处分；情节较重的，给予降级或者撤职处分；情节严重的，给予开除处分。利用司法职权或者其他职务便利为他人谋取利益，以低价购买、高价出售、收受干股、合作投资、委托理财、赌博等形式非法收受他人财物，或者以特定关系人"挂名"领取薪酬或者收受财物等形式，非法收受他人财物，或者违反规定收受各种名义的回扣、手续费归个人所有的，依照前款规定处分。

（3）行贿或者介绍贿赂的，给予记过或者记大过处分；情节较重的，给予降级或者撤职处分；情节严重的，给予开除处分。向审判、执行人员行贿或者介绍贿赂的，依照前款规定从重处分。

（4）挪用诉讼费、执行款物、罚没款物、案件暂存款、赃款赃物及其孳息等涉案财物或者其他公共财物的，给予记过或者记大过处分；情节较重的，给予降级或者撤职处分；情节严重的，给予开除处分。

（5）接受案件当事人、相关中介机构及其委托人的财物、宴请或者其他利益的，给予警告、记过或者记大过处分；情节较重的，给予降级或者撤职处分；情节严重的，给予开除处分。违反规定向案件当事人、相关中介机构及其委托人借钱、借物的，给予警告、记过或者记大过处分。

（6）以单位名义集体截留、使用、私分诉讼费、执行款物、罚没款物、案件暂存款、赃款赃物及其孳息等涉案财物或者其他公共财物的，给予警告、记过或者记大过处分；情节较重的，给予降级或者撤职处分；情节严重的，给予开除处分。

（7）利用司法职权，以单位名义向公民、法人或者其他组织索要赞助或者摊派、收取财物的，给予记过或者记大过处分；情节较重的，给予降级或者撤职处分；情节严重的，给予开除处分。

（8）故意违反规定设置收费项目、扩大收费范围、提高收费标准的，给予警告、记过或者记大过处分；情节较重的，给予降级或者撤职处分；情节严重的，给予开除处分。

（9）违反规定从事或者参与营利性活动，在企业或者其他营利性组织中兼职的，给予记过或者记大过处分；情节较重的，给予降级或者撤职处分；情节严重的，给予开除处分。

（10）利用司法职权或者其他职务便利，为特定关系人谋取不正当利益，或者放任其特定关系人、身边工作人员利用本人职权谋取不正当利益的，给予记过或者记大过处分；情节较重的，给予降级或者撤职处分；情节严重的，给予开除处分。

（11）有其他违反廉政纪律行为的，给予警告、记过或者记大过处分；情节较重的，给予降级或者撤职处分；情节严重的，给予开除处分。

4. 违反组织人事纪律的行为

法官要受到组织人事纪律的约束，这既涉及法官日常的审判工作与行为规范，也关系到法院的正常运转。

（1）违反议事规则，个人或者少数人决定重大事项，或者改变集体作出的重大决定，造成决策错误的，给予警告、记过或者记大过处分；情节较重的，给予降级或者撤职处分；情节严重的，给予开除处分。

（2）故意拖延或者拒不执行上级依法作出的决定、决议的，给予警告、记过或者记大过处分；情节较重的，给予降级或者撤职处分；情节严重的，给予开除处分。

（3）对职责范围内发生的重大事故、事件不按规定报告、处理的，给予记过或者记大过处分；情节较重的，给予降级或者撤职处分；情节严重的，给予开除处分。

（4）对职责范围内发生的违纪违法问题隐瞒不报、压案不查、包庇袒护的，或者对上级交办的违纪违法案件故意拖延或者拒不办理的，给予记大过处分；情节较重的，给予降级或者撤职处分；情节严重的，给予开除处分。

（5）压制批评，打击报复，扣压、销毁举报信件，或者向被举报人透露举报情况的，给予记过或者记大过处分；情节较重的，给予降级或者撤职处分；情节严重的，给予开除处分。

（6）在人员录用、招聘、考核、晋升职务、晋升级别、职称评定以及岗位调整等工作中徇私舞弊、弄虚作假的，给予警告、记过或者记大过处分；情节较重的，给予降级或者撤职处分；情节严重的，给予开除处分。

（7）弄虚作假，骗取荣誉，或者谎报学历、学位、职称的，给予警告、记过或者记大过处分；情节较重的，给予降级或者撤职处分；情节严重的，给予开除处分。

（8）拒不执行机关的交流决定，或者在离任、辞职、被辞退时，拒不办理公务交接手续或者拒不接受审计的，给予警告、记过或者记大过处分；情节较重的，给予降级或者撤职处分；情节严重的，给予开除处分。

（9）旷工或者因公外出、请假期满无正当理由逾期不归，造成不良后果的，给予警告、记过或者记大过处分；情节较重的，给予降级或者撤职处分；情节严重的，给予开除处分。

（10）以不正当方式谋求本人或者特定关系人用公款出国，或者擅自延长在国外、境外期限，或者擅自变更路线，造成不良后果的，给予警告、记过或者记大过处分；情节较重的，给予降级或者撤职处分；情节严重的，给予开除处分。

（11）有其他违反组织人事纪律行为的，给予警告、记过或者记大过处分；情节较重的，给予降级或者撤职处分；情节严重的，给予开除处分。

5. 违反财经纪律的行为

法官要严格遵守财经纪律，坚决杜绝以权谋私等损害政府和人民群众利益的行为。

（1）违反规定进行物资采购或者工程项目招投标，造成不良后果的，给予警告、记过或者记大过处分；情节较重的，给予降级或者撤职处分；情节严重的，给予开除处分。

（2）违反规定擅自开设银行账户或者私设"小金库"的，给予警告处分；情节较重的，给予记过或者记大过处分；情节严重的，给予降级或者撤职处分。

（3）伪造、变造、隐匿、毁弃财务账册、会计凭证、财务会计报告的，给予警告、记过或者记大过处分；情节较重的，给予降级或者撤职处分；情节严重的，给予开除处分。

（4）违反规定挥霍浪费国家资财的，给予警告处分；情节较重的，给予记过或者记大过处分；情节严重的，给予降级或者撤职处分。

（5）有其他违反财经纪律行为的，给予警告、记过或者记大过处分；情节较重的，给予降级或者撤职处分；情节严重的，给予开除处分。

6. 失职行为

在其位，谋其职。法官应当合法、合理履行职责，法官的失职行为将受到相应的惩罚。

（1）因过失导致依法应当受理的案件未予受理，或者不应当受理的案件被违法受理，造成不良后果的，给予警告、记过或者记大过处分。

（2）因过失导致错误裁判、错误采取财产保全措施、强制措施、执行措施，或者应当采取财产保全措施、强制措施、执行措施而未采取，造成不良后果的，给予警告、记过或者记大过处分；造成严重后果的，给予降级、撤职或者开除处分。

（3）因过失导致所办案件严重超出规定办理期限，造成严重后果的，给予警告、记过或者记大过处分。

（4）因过失导致被羁押人员脱逃、自伤、自杀或者行凶伤人的，给予记过或者记大过处分；造成严重后果的，给予降级、撤职或者开除处分。

（5）因过失导致诉讼、执行文书内容错误，造成严重后果的，给予警告、记过或者记大过处分。

（6）因过失导致国家秘密、审判执行工作秘密及其他工作秘密、履行职务掌握的商业秘密或者个人隐私被泄露，造成不良后果的，给予警告、记过或者记大过处分；情节较重的，给予降级或者撤职处分；情节严重的，给予开除处分。

（7）因过失导致案卷或者证据材料损毁、丢失的，给予警告、记过或者记大过处分；造成严重后果的，给予降级或者撤职处分。

（8）因过失导致职责范围内发生刑事案件、重大治安案件、重大社会群体性事件或者重大人员伤亡事故的，使公共财产、国家和人民利益遭受重大损失的，给予记过或者记大过处分；情节较重的，给予降级或者撤职处分；情节严重的，给予开除处分。

（9）有其他失职行为造成不良后果的，给予警告、记过或者记大过处分；情节较重的，给予降级或者撤职处分；情节严重的，给予开除处分。

7. 违反管理秩序和社会道德的行为

法官遵守管理秩序有利于法院的良好运转，促进其职责的积极履行；法官遵守社会道德，可以发挥模范带头作用，塑造良好的法官形象，带动社会公众遵守道德规范、维护公序良俗。

（1）因工作作风懈怠、工作态度恶劣，造成不良后果的，给予警告、记过或者记大过处分。

（2）故意泄露国家秘密、工作秘密，或者故意泄露因履行职责掌握的商业秘密、个人隐私的，给予记过或者记大过处分；情节较重的，给予降级或者撤职处分；情节严重的，给予开除处分。

（3）弄虚作假，误导、欺骗领导和公众，造成不良后果的，给予警告、记过或者记大过处分；情节较重的，给予降级或者撤职处分；情节严重的，给予开除处分。

（4）因酗酒影响正常工作或者造成其他不良后果的，给予警告、记过或者记大过处分；情节较重的，给予降级、撤职处分；情节严重的，给予开除处分。

（5）违反规定保管、使用枪支、弹药、警械等特殊物品，造成不良后果的，给予警告、记过或者记大过处分；情节较重的，给予降级或者撤职处分；情节严重的，给予开除处分。

（7）违反公务车管理使用规定，发生严重交通事故或者造成其他不良后果的，给予警告、记过或者记大过处分；情节较重的，给予降级或者撤职处分；情节严重的，给予开除处分。

（8）妨碍执行公务或者违反规定干预执行公务的，给予记过或者记大过处分；情节较重的，给予降级或者撤职处分；情节严重的，给予开除处分。

（9）以殴打、辱骂、体罚、非法拘禁或者诽谤、诬告等方式侵犯他人人身权利的，给予记过或者记大过处分；情节较重的，给予降级或者撤职处分；情节严重的，给予开除处分。体罚、虐待被羁押人员，或者殴打、辱骂诉讼参与人、涉诉上访人的，依照前款规定从重处分。

（10）与他人通奸，造成不良影响的，给予警告、记过或者记大过处分；情节较重的，给予降级或者撤职处分；情节严重的，给予开除处分。与所承办案件的当事人或者当事人亲属发生不正当两性关系的，依照前款规定从重处分。

（11）重婚或者包养情人的，给予撤职或者开除处分。

（12）拒不承担赡养、抚养、扶养义务，或者虐待、遗弃家庭成员的，给予警告、记过或者记大过处分；情节较重的，给予降级或者撤职处分；情节严重的，给予开除处分。

（13）吸食、注射毒品或者参与嫖娼、卖淫、色情淫乱活动的，给予撤职或者开除处分。

（14）参与赌博的，给予警告或者记过处分；情节较重的，给予记大过或者降级处分；情节严重的，给予撤职或者开除处分。为赌博活动提供场所或者其他便利条件的，给予警告、记过或者记大过处分；情节较重的，给予降级、撤职处分；情节严重的，给予开除处分。在工作时间赌博的，给予记过、记大过或者降级处分；屡教不改的，给予撤职或者开除处分。挪用公款赌博的，给予撤职或者开除处分。

（15）参与迷信活动，造成不良影响的，给予警告、记过或者记大过处分。组织迷信活动的，给予降级处分；情节较重的，给予撤职处分；情节严重的，给予开除处分。

（16）违反规定超计划生育的，给予降级处分；情节较重的，给予撤职处分；情节严重的，给予开除处分。

（17）有其他违反管理秩序和社会道德行为的，给予警告、记过或者记大过处分；情节较重的，给予降级或者撤职处分；情节严重的，给予开除处分。

四、法官员额制改革

（一）法官员额制的含义

法官员额制改革是当前司法体制改革的重要内容之一。员额制改革是实现法官专业化、职业化的必然选择，是提升法官专业能力、建设一支高素质的法官队伍的重要途径，是遵循司法规律、推动司法活动有序开展的内在要求，是发挥法院职能、全面推进依法治国的客观需要，对于增强办案人员抵制干预的信心，推进法院工作人员的科学管理有着重要意义。所谓法官员额，即法官人数的编制限额。[1] 法官员额制，即法院根据法院辖区面积、人口数量、经济社会发展情况、案件数量、人民法院审级等因素确定法官职数的制度。

（二）法官员额制的发展

对于法官员额制，我国经过了较长时间的探索，结合司法实践多次进行调整，最终得以确定。

我国对法官的管理经历了从定编制到定额制的发展。1995 年的《法官法》未对法官编制和员额比例作出规定；至 1999 年，《人民法院五年改革纲要》提出，对各级人民法院法官的定编工作进行研究，在保证审判质量和效率的前提下，有计划有步骤地确定法官编制，对法官定编工作作出初步部署。2001 年对《法官法》进行修正，新增第五十条，将法官员额写入法律，指出"最高人民法院根据审判工作需要，会同有关部门制定各级人民法院的法官在人员编制内员额比例的办法"。2002 年，最高人民法院印发《关于加强法官队伍职业化建设的若干意见》，提出实行"法官定额制度"，要"在综合考虑中国国情、审判工作量、辖区面积和人口、经济发展水平各种因素的基础上，在现有编制内，合理确定各级人民法院法官员额"。随后于 2004 年，最高人民法院在部分地区开展了法官助理试点工作，实际上拉开了法官定额制度实验的序幕[2]。经过试点的经验总结，2013 年中组部、最高人民法院联合印发了《人民法院工作人员分类管理制度改革意见》，在统筹考虑审判力量配置的基础上，合并确定了法官、审判辅助人员的比例。[3] 之后，2015 年发布的《最高人民法院关于全面深化人民法院改革的意见》再次强调要建立法官员额制度，要科学确定四级法院的法官员额，完善法官员额的动态调节机制。2017 年，中共中央办公厅印发《关于加强法官检察官正规化专业化职业化建设

---

① 陈陟云、孙文波：《法官员额问题研究》，中国民主法制出版社 2016 年版，第 1 页。
② 何帆：《积厚成势 中国司法的制度逻辑》，中国民主法制出版社 2023 年版，第 651 页。
③ 参见沈德咏主编：《司法队伍管理改革的路径与成效》，人民法院出版社 2013 年版，第 56 页。

全面落实司法责任制的意见》，要求逐步建立"员额统筹管理、动态调整机制"。2019年，在已有经验的基础上，《法官法》从法律层面上确定了法官员额制，规定："法官实行员额制管理。法官员额根据案件数量、经济社会发展情况、人口数量和人民法院审级等因素确定，在省、自治区、直辖市内实行总量控制、动态管理，优先考虑基层人民法院和案件数量多的人民法院办案需要。法官员额出现空缺的，应当按照程序及时补充。最高人民法院法官员额由最高人民法院商有关部门确定。"初步确立起了法官员额的配置、调整、管理、补缺等制度框架。

（三）法官员额的退出机制

1. 退出情形

根据最高人民法院发布的《人民法院法官员额退出办法（试行）》，我国法官退出员额包括申请退出、自然退出、应当退出三种情形。

第一，申请退出。即法官自愿申请退出员额，具备正当理由的，经批准后可以退出法官员额。

第二，自然退出。法官自然退出员额，主要包含以下几种情形。（1）丧失中华人民共和国国籍的；（2）调出所任职法院的；（3）退休、辞职的；（4）依法被辞退或者开除的；（5）实行任职交流调整到法院非员额岗位的。

第三，应当退出。法官应当退出员额，主要包含以下几种情形。（1）符合任职回避情形的。（2）因健康或个人其他原因超过一年不能正常履行法官职务的。（3）办案业绩考核不达标，不能胜任法官职务的。具体而言，"办案业绩考核不达标，不能胜任法官职务"是指，经任职法院法官考评委员会考核认定，法官办案数量、质量和效率达不到规定要求，办案能力明显不胜任的；或法官因重大过失导致所办案件出现证据审查、事实认定、法律适用错误而影响公正司法等严重质量问题，造成恶劣影响的；或法官多次出现办案质量和办案效果问题，经综合评价，政治素质、业务素质达不到员额法官标准的；负有审判监督管理职责的法官违反规定不认真履行职责，造成严重后果的，以及其他不能胜任法官职务的情形。（4）因违纪违法不宜继续担任法官职务的。（5）根据法官惩戒委员会意见应当退出员额的。（6）入额后拒不服从组织安排到员额法官岗位工作的。（7）配偶已移居国（境）外，或者没有配偶但子女均已移居国（境）外的。（8）其他不宜担任法官职务的情形。

2. 退出流程

（1）省级及以下人民法院员额法官退出流程。

省级及以下人民法院员额法官因个人意愿申请退出员额或者具有应当退出员额情形之一的，由所在法院组织人事部门提出意见，经本院党组研究后层报高级人民法院审批。高级人民法院应在两个月内完成审批，如批准退额的，送省级法官遴选委员会备案。

省级及以下人民法院员额法官具有自然退出员额情形之一的，所在法院应层报高级人民法院在一个月内完成退额手续，并送省级法官遴选委员会备案。

（2）最高人民法院员额法官退出流程。

最高人民法院员额法官因个人意愿申请退出员额或者具有应当退出员额情形之一的，经最高人民法院党组批准后退出员额，并送最高人民法院法官遴选委员会备案。

最高人民法院员额法官具有自然退出员额情形之一的，最高人民法院应及时办理退额手续，并送最高人民法院法官遴选委员会备案。

3. 异议机制

法官对涉及本人退出员额的决定有异议的，可以在收到决定后七日内向所任职法院党组申请复核。中级以下人民法院党组经复核不改变原退额决定的，应自收到当事法官复核申请三十日内，书面答复当事法官；经复核拟改变原退额决定的，应自收到当事法官复核申请三十日内，层报高级人民法院批准后书面答复当事法官，并送省级法官遴选委员会备案。高级人民法院、最高人民法院党组应当自收到本院法官的复核申请后三十日内作出决定，并书面答复当事法官。

第四节　法官的保障制度

一、物质保障

首先，对职业法官的物质保障体现在劳动报酬方面。法官实行与其职责相适应的工资制度，按照法官等级享有国家规定的工资待遇，并建立与公务员工资同步调整机制，同时，我国法官实行定期增资制度，经年度考核确定为优秀、称职的，可以按照规定晋升工资档次。其次，对职业法官的物质保障体现在各种福利待遇上。我国法官依法享受国家规定的津贴、补贴、奖金、保险和福利待遇。此外，法官因公致残的，享受国家规定的伤残待遇。法官因公牺牲、因公死亡或者病故的，其亲属享受国家规定的抚恤和优待。最后，对职业法官的物质保障还体现在退休政策上。法官退休后，享受国家规定的养老金和其他待遇。

二、职业保障

（一）法官职业权力保障

法官依法履行审判职责，需要具备履职的相应职权和工作条件。法官依法进行审判活动，不受行政机关、社会团体和个人的干涉，对任何干涉法官办理案件的行为，法官有权拒绝并予以全面如实记录和报告，任何单位或者个人不得要求法官从事超出法定职责范围的事务。我国正着力建立健全司法人员履行法定职责保护机制，非因法定事由，非经法定程序，不得将法官调离、辞退或者作出免职、降级等处分。

在我国，人民法院设立法官权益保障委员会，以维护法官合法权益，保障法官依法履行职责。法官权益保障委员会的职能包括：（1）负责集中受理法官与依法履职保护相关的诉求和控告；（2）组织对法官或其近亲属可能面临的侵害风险进行评估，并采取相应措施；（3）组织对本人或其近亲属的人身、财产、住所安全受到威胁的法官提供援助；（4）组织对本人或其近亲属的人身、财产权益受到侵害的法官给予救助；（5）帮助法官依法追究侵犯其法定权利者的责任；（6）统筹安排为受到错误处理、处分的法官恢复名誉、消除不良影响、给予赔偿或者补偿；（7）指导法官正确有效维护自身合法权益，组织开展相关培训和心理疏导工作；（8）督促相关部门对本院安全检查设施、防护隔离系统、安全保障设备、安全保卫机制建设情况开展检查；（9）统筹指导本院司法警察部门、机关安全保卫部门做好庭审秩序维护、机关安全保卫、法官人身保护和各类应急处置工作；（10）与公安机关、新闻主管、网络监管等部门建立与法官依法履职保护相关的预警、应急和联动机制；（11）其他与法官依法履职保护相关的事务。① 法官权益保障委员会开展工作要遵循客观公正、及时高效、民主公开、依法履职等原则。

（二）法官职业安全保障

法院处于化解矛盾纠纷的前沿阵地，法官需要直面矛盾并化解矛盾。司法裁判总会有败诉的一方，而败诉从表面上看仿佛是由法官导致的，在这一错误认识的影响下，法官职业具有被打击报复的潜在危险性。近年来出于对案件结果的不满，当事人恶意侮辱诽谤法官的行为层出不穷，恶意伤害法官的恶性事件时有发生，因此，法官职业的安全保障至关重要。首先，法官的职业尊严和人身安全受法律保护。任何单位和个人不得对法官及其近亲属打击报复。对法官及其近亲属实施报复陷害、侮辱诽谤、暴力侵害、威胁恐吓、滋事骚扰等违法犯罪行为的，应当依法从严惩治。其次，法官因依法履行职责遭受不实举报、诬告陷害、侮辱诽谤，致使名誉受到损害的，人民法院应当会同有关部门及时澄清事实，消除不良影响，并依法追究相关单位或者个人的责任。最后，法官因依法履行职责，本人及其近亲属人身安全面临危险的，人民法院、公安机关应当对法官及其近亲属采取人身保护、禁止特定人员接触等必要保护措施。

（三）法官职业教育保障

法官职业教育对于提高法官职业道德素养、提升法官司法专业能力有着重要作用，法官有依法接受教育培训的权利和义务，各级人民法院应当保障法官依法接受教育培训的权利。最高人民法院印发的《法官教育培训工作条例》（法发〔2020〕30 号）明确了法官职业教育的重要性："法官教育培训是建设高素质法官队伍的先导性、基础性、战略性工程。法官教育培训工作坚持以习近平新时代中国特色社会主义思想为指导，增强'四个意识'、坚定'四个自信'、做到'两个维护'，紧紧围绕'努力让人民群众在每一个司法案件中感受到公平正义'目标，坚持服务大局、司法为民、公正司法，以坚定理想信念为根本，以提升法官职业道德素养和司法能力为重点，深化教育培训改革创新，完善教育培训制度体系，提高教育培训质量效果，加快推进审判体系和审判能力现代化，全面推进法院队伍革命化、正规化、专业化、职业化建设，为新时代人民法院审判执行工作提供人才保障和智力支持。"

---

① 载《深圳市福田区人民法院法官权益保障委员会工作规程（试行）》。

第五节　法官职业伦理概述

一、法官职业伦理的范畴

（一）法官职业伦理的内涵

"伦理是调整个人与他者在社会关系中的通行行为的价值规范，职业伦理则是具有特殊专业知识以及职业理念的共同体的行为价值准则。"[①] 法官职业伦理是指法官在审判执行活动、履行司法职能相关活动以及个人生活中应当遵守的法律义务、职业道德准则和职业行为规范。法官职业伦理为法官的职业活动提供了行为准则，为法官职业行为提供了评价标准，对职业法官这一群体具有普遍的约束力。

全面理解法官职业伦理，应当关注以下三个方面的内容：

第一，法官职业伦理针对特定的主体。根据我国《法官法》和《人民法院组织法》的规定，人民法院的工作人员主要分为法官、审判辅助人员、司法行政人员三类，其中法官是依法行使国家审判权的审判人员，包括最高人民法院、地方各级人民法院和军事法院等专门人民法院的院长、副院长、审判委员会委员、庭长、副庭长和审判员，这些审判人员要受到法官职业伦理的约束。人民陪审员虽然不适用《法官法》，但根据《民事诉讼法》第四十条第三款的规定，"人民陪审员在参加审判活动时，除法律另有规定外，与审判员有同等的权利义务"，人民陪审员也应当受到法官职业伦理的约束。

第二，法官职业伦理面向特定的对象。法官职业伦理的对象既包括法官的庭内行为，也包括法官的庭外行为。法官职业伦理主要约束法官的职业活动，包括立案、庭审、宣判、执行等一系列庭内活动中的行为。但在部分庭外活动中，法官的行为同样受到法官职业伦理的约束，包括撰写文章、参加学术交流、参与社会交往及退休后的行为规范等。

第三，法官职业伦理具有特定的内容。我国《法官法》中对法官的法定义务作出明确规定；最高人民法院颁布的《法官职业道德基本准则》明确指出："法官职业道德的核心是公正、廉洁、为民。基本要求是忠诚司法事业、保证司法公正、确保司法廉洁、坚持司法为民、维护司法形象。""法官应当自觉遵守法官职业道德，在本职工作和业外活动中严格要求自己，维护人民法院形象和司法公信力。"最高人民法院发布的《法官行为规范》明确了"忠诚坚定、公正司法、高效办案、清正廉洁、一心为民、严守纪律、敬业奉献、加强修养"八条行为规范。

（二）法官职业伦理的意义

英国哲学家培根指出："一次不公正的审判，其恶果甚至超过十次犯罪，因为犯罪

[①]　宋远升：《法官论》，法律出版社 2012 年版，第 69 页。

虽是无视法律——好比污染了水流，而不公正的审判则毁坏法律——好比污染了水源。"因此，法官的审判关系到司法公正的实现，关系到法律尊严的维护，关系到社会公众对法治的信仰，因此，通过法官职业伦理约束法官的行为具有重要意义。

首先，坚持法官职业伦理有利于实现司法公正。法官职业伦理要求法官忠诚司法事业、保证司法公正、确保司法廉洁、坚持司法为民、维护司法形象，是实现司法公正的重要保障。其次，坚持法官职业伦理有利于维护法律的权威。法律的生命力在于实施，法律的权威也在于实施。法官职业伦理能够有效规范法官的行为，督促法官正确理解法律、正确适用法律、遵守司法程序、合理执行判决，在司法活动的全过程实现对法律权威的维护。再次，坚持法官职业伦理有利于培养法官的职业意识，尤其是法官的政治意识、司法公正意识、司法效率意识、司法廉洁意识，使法官合法、合理地履行职责。最后，由于社会公众对司法行为的认识有限，故民众对法官的评价往往来源于其对法官个人的主观感受，法官职业伦理对法官的道德品质作出了规定，有利于树立良好的法官形象。

二、我国的法官职业伦理的相关规范

（一）《法官法》

我国《法官法》的规定对全体法官具有约束力，对法官的职业伦理规范作出了最基本的要求。根据《法官法》第十条的规定，法官应当履行下列义务：严格遵守宪法和法律；秉公办案，不得徇私枉法；依法保障当事人和其他诉讼参与人的诉讼权利；维护国家利益、社会公共利益，维护个人和组织的合法权益；保守国家秘密和审判工作秘密，对履行职责中知悉的商业秘密和个人隐私予以保密；依法接受法律监督和人民群众监督；通过依法办理案件以案释法，增强全民法治观念，推进法治社会建设；法律规定的其他义务。

（二）《法官职业道德基本准则》

在《法官法》和其他相关规定的基础上，最高人民法院于 2001 年 10 月发布《法官职业道德基本准则》，并于 2010 年 12 月修订。《法官职业道德基本准则》明确指出："法官职业道德的核心是公正、廉洁、为民。基本要求是忠诚司法事业、保证司法公正、确保司法廉洁、坚持司法为民、维护司法形象。"

1. 忠诚司法事业

《法官职业道德基本准则》在第二章集中规定了"忠诚司法事业"的相关内容，要求法官牢固树立社会主义法治理念，忠于党、忠于国家、忠于人民、忠于法律，做中国特色社会主义事业建设者和捍卫者；坚持和维护中国特色社会主义司法制度，认真贯彻落实依法治国基本方略，尊崇和信仰法律，模范遵守法律，严格执行法律，自觉维护法律的权威和尊严；热爱司法事业，珍惜法官荣誉，坚持职业操守，恪守法官良知，牢固树立司法核心价值观，以维护社会公平正义为己任，认真履行法官职责；维护国家利益，遵守政治纪律，保守国家秘密和审判工作秘密，不从事或参与有损国家利益和司法权威的活动，不发表有损国家利益和司法权威的言论。

2. 保证司法公正

《法官职业道德基本准则》在第三章集中规定了"保证司法公正"的相关内容，要求法官坚持和维护人民法院依法独立行使审判权的原则，客观公正审理案件，在审判活动中独立思考、自主判断，敢于坚持原则，不受任何行政机关、社会团体和个人的干涉，不受权势、人情等因素的影响；坚持以事实为根据，以法律为准绳，努力查明案件事实，准确把握法律精神，正确适用法律，合理行使裁量权，避免主观臆断、超越职权、滥用职权，确保案件裁判结果公平公正；牢固树立程序意识，坚持实体公正与程序公正并重，严格按照法定程序执法办案，充分保障当事人和其他诉讼参与人的诉讼权利，避免执法办案中的随意行为；严格遵守法定办案时限，提高审判执行效率，及时化解纠纷，注重节约司法资源，杜绝玩忽职守、拖延办案等行为；认真贯彻司法公开原则，尊重人民群众的知情权，自觉接受法律监督和社会监督，同时避免司法审判受到外界的不当影响；自觉遵守司法回避制度，审理案件保持中立公正的立场，平等对待当事人和其他诉讼参与人，不偏袒或歧视任何一方当事人，不私自单独会见当事人及其代理人、辩护人；尊重其他法官对审判职权的依法行使，除履行工作职责或者通过正当程序外，不过问、不干预、不评论其他法官正在审理的案件。

3. 确保司法廉洁

《法官职业道德基本准则》在第四章集中规定了"确保司法廉洁"的相关内容，要求法官树立正确的权力观、地位观、利益观，坚持自重、自省、自警、自励，坚守廉洁底线，依法正确行使审判权、执行权，杜绝以权谋私、贪赃枉法行为；严格遵守廉洁司法规定，不接受案件当事人及相关人员的请客送礼，不利用职务便利或者法官身份谋取不正当利益，不违反规定与当事人或者其他诉讼参与人进行不正当交往，不在执法办案中徇私舞弊；不从事或者参与营利性的经营活动，不在企业及其他营利性组织中兼任法律顾问等职务，不就未决案件或者再审案件给当事人及其他诉讼参与人提供咨询意见；妥善处理个人和家庭事务，不利用法官身份寻求特殊利益。按规定如实报告个人有关事项，教育督促家庭成员不利用法官的职权、地位谋取不正当利益。

4. 坚持司法为民

《法官职业道德基本准则》在第五章集中规定了"坚持司法为民"的相关内容，要求法官牢固树立以人为本、司法为民的理念，强化群众观念，重视群众诉求，关注群众感受，自觉维护人民群众的合法权益；注重发挥司法的能动作用，积极寻求有利于案结事了的纠纷解决办法，努力实现法律效果与社会效果的统一；认真执行司法便民规定，努力为当事人和其他诉讼参与人提供必要的诉讼便利，尽可能降低其诉讼成本；尊重当事人和其他诉讼参与人的人格尊严，避免盛气凌人、"冷硬横推"等不良作风；尊重律师，依法保障律师参与诉讼活动的权利。

5. 维护司法形象

《法官职业道德基本准则》在第六章集中规定了"维护司法形象"的相关内容，要求法官坚持学习，精研业务，忠于职守，秉公办案，惩恶扬善，弘扬正义，保持昂扬的精神状态和良好的职业操守；坚持文明司法，遵守司法礼仪，在履行职责过程中行为规范、着装得体、语言文明、态度平和，保持良好的职业修养和司法作风；加强自身修养，培育高尚道德操守和健康生活情趣，杜绝与法官职业形象不相称、与法官职业道德相违背的不良嗜好和行为，遵守社会公德和家庭美德，维护良好的个人声誉；法官退休后应当遵守国家相关规定，不利用自己的原有身份和便利条件过问、干预执法办案，避免因个人不当言行对法官职业形象造成不良影响。

（三）《法官行为规范》

最高人民法院于 2005 年 11 月发布《法官行为规范（试行）》（已失效），经过司法实践，于 2010 年 12 月修订后发布《法官行为规范》并正式施行。《法官行为规范》明确规定了法官应当遵循的行为规范。

1. 忠诚坚定

坚持党的事业至上、人民利益至上、宪法法律至上，在思想上和行动上与党中央保持一致，不得有违背党和国家基本政策以及社会主义司法制度的言行。

2. 公正司法

坚持以事实为根据、以法律为准绳，平等对待各方当事人，确保实体公正、程序公正和形象公正，努力实现办案法律效果和社会效果的有机统一，不得滥用职权、枉法裁判。

3. 高效办案

树立效率意识，科学合理安排工作，在法定期限内及时履行职责，努力提高办案效率，不得无故拖延、贻误工作、浪费司法资源。

4. 清正廉洁

遵守各项廉政规定，不得利用法官职务和身份谋取不正当利益，不得为当事人介绍代理人、辩护人以及中介机构，不得为律师、其他人员介绍案源或者给予其他不当协助。

5. 一心为民

落实司法为民的各项规定和要求，做到听民声、察民情、知民意，坚持能动司法，树立服务意识，做好诉讼指导、风险提示、法律释明等便民服务，避免"冷硬横推"等不良作风。

6. 严守纪律

遵守各项纪律规定，不得泄露在审判工作中获取的国家秘密、商业秘密、个人隐私等，不得过问、干预和影响他人正在审理的案件，不得随意发表有损生效裁判严肃性和权威性的言论。

7. 敬业奉献

热爱人民司法事业，增强职业使命感和荣誉感，加强业务学习，提高司法能力，恪尽职守，任劳任怨，无私奉献，不得麻痹懈怠、玩忽职守。

8. 加强修养

坚持学习，不断提高自身素质；遵守司法礼仪，执行着装规定，言语文明，举止得体，不得浓妆艳抹，不得佩带与法官身份不相称的饰物，不得参加有损司法职业形象的活动。

三、法官职业伦理的培养和践行

（一）法官职业伦理的培养

法官职业伦理对于约束法官职业行为、促进司法公正具有重要意义，习近平总书记强调："全面推进依法治国，建设一支德才兼备的高素质法治队伍至关重要。"法官作为法治人才队伍的重要组成部分，培养、保障、督促法官遵守职业伦理是全面推进依法治国的内在要求。

首先，要关注法官的个人道德修养，增强法官的自律意识。法官个人道德主要是就法官作为特定的个体而言的，具有个别性、内在性和自律性的特点；而法官职业道德则主要就法官作为法律职业者而言，具有群体性、外在性和他律性的特点，[①] 两者相辅相成、相互影响。法官良好的个人道德修养会影响法官对待职业伦理的态度，提高法官的自律意识有利于法官自觉地遵守职业伦理，秉持良好的职业操守。

其次，要坚持法官的教育培训工作。法官有依法接受教育培训的权利和义务，进行法官职业教育是提高法官职业道德素养的重要途径之一。在法官教育培训过程中，要将法官职业伦理的内容作为教育重点，促进法官职业伦理建设。

最后，要发挥法官道德楷模的积极作用。各级法院通过评选法官道德楷模、宣传法官优秀事迹，为广大法官树立榜样，引导法官从他律走向自律，从内生发出践行职业伦理的自主性、自觉性。通过发挥法官道德楷模的积极作用，引导其他法官向优秀法官学习，坚定理想信念，坚持公正司法、司法为民、忠诚履职。

（二）法官职业伦理的践行

"知而不行，与不知同"，要真正实现法官职业伦理的意义与价值，在培养对法官职业伦理的价值认同之外，还需由法官群体付诸实践，做到知行合一。

首先，法官需要高度自律。践行法官职业伦理必须关注法官的主体作用，通过法官个体的自律性抵制诱惑，回避、拒绝有违职业伦理的行为。

其次，通过提供良好的外部环境支持法官践行职业伦理。法官践行职业伦理的过程中，除法官自身的自觉性外，还需由社会提供良好的外部环境，通过制度规定，明确其他主体不得干预法官的司法活动，如规定领导干部不得要求法官违反法定职责或法定程序处理案件，不得要求法官做有碍司法公正的事情；规定当事人、代理人不得通过不正当手段影响法官处理案件。

最后，要做好法官的监督、惩戒工作。权力需要受到监督，法官要增强主动公开、

---

① 石先钰、韩桂君、陈光斌：《法律职业伦理学》，高等教育出版社 2019 年版，第 34 页。

接受监督的意识，以公开促公正、以透明保廉洁，自觉接受同级人民代表大会及其常委会的监督，法院内部监督，监察监督，人民检察院监督，其他国家机关、社会团体和组织的监督以及人民群众的监督。

第三章 法官庭内职业伦理

第一节 法官庭内职业伦理概述

法官不仅是专业的法律人士，也是司法活动的核心裁决者，同时还肩负维护社会公平与正义的责任。法官职业伦理是影响与约束法官行动的重要因素，同时还关系到广大人民群众对人民法院的信任度和对法律的信任度。因此，加强法官庭内职业伦理思想体系建设，对于维护司法公信力、促进社会主义法治现代化国家的建设和发展至关重要。

一、法官庭内职业伦理的概念

著名法学家伯尔曼曾言："法律必须被信仰，否则它将形同虚设。"[①] 法官庭内职业伦理是法官业内活动中应该一致遵守的直接与间接的行为准则、伦理原则及观念的总和，也是对法官职业活动的行为规范和道德要求，不仅体现了我国法律的价值选择，也与司法活动、司法行为以及法律行业、社会公众息息相关。法官工作的性质决定了法官不仅要处理好与诉讼当事人的关系，也要处理好与律师、检察官等其他法律从业者的关系。因此法官的庭内职业伦理的范围可以理解为两个方面：一是法官与业内其他法律职业工作者之间的相处关系及原则；二是法官与诉讼当事人之间的相处关系及原则。

法官庭内职业伦理与法官职业有密切联系，它伴随着社会的日益发展和法官群体的需要而产生，法官庭内职业伦理首先调整的就是法官的职业行为。如法官有廉洁的义务，必须做到不受任何利益干扰，严格遵循法律规定，不偏袒，不徇私。法官公正义务要求法官在诉讼中应当平等地对待诉讼双方。同时，国家需要对法官进行较为严格的选拔和培养，建立健全完善的考核评估机制，对法官队伍进行严格的监管，不断提升职业法官的专业素质，以提高司法工作的质量和效率。

法官的庭内伦理观念对我国的司法体系建设也具有深远的影响。人民法院通过对案件的裁决来履行保护公民、法人及其他组织的合法权利，制裁违法犯罪，确保社会稳定的职责，而法官的职业道德和执行法律的行为在很大程度上决定了案件处理的公正性和效率，如果没有一支道德观念高尚、专业知识深厚的人民法官团队，那么提高司法的工作效率，确保司法系统的公平与高效运作，以及履行人民法院在法治国家中的职责都将变得困难。法官庭内职业伦理对于规范司法行为、提升司法能力、确保司法公正、维护

---

① ［美］伯尔曼：《法律与宗教》，梁治平译，中国政法大学出版社 2003 年版，"导言"第 3 页。

司法秩序、树立司法权威、构建和谐社会、促进社会稳定和发展都具有极其重要的意义。

二、法官庭内职业伦理的特征

"伦理学总是从某个核心概念出发，推演出一套一般化的道德公式或法则，以此作为制定人们的具体行动的道德规则的根据，或衡量人们的行为准则是否合乎道德的标准。"[1] 作为法律职业伦理制度的一部分，法官庭内职业伦理更加侧重于对法官在业内的行为进行制度性规范，具有规范主体特定、规范对象特定、规范内容特定的特点。

（一）规范主体特定

法官庭内职业伦理的规范主体是行使审判权的法官，法官由于审判的独立性和中立性，是审判权的行使核心。除专门的法官外，法院组织机构内部还设有司法警察、司法行政人员、书记员等职位，这些职位的设置是为了维持法院的稳定运行，辅助法官行使核心的审判权。这些职位尽管与法官有一定的内部联系，但是不与法官处于同一套职业评判体系的框架内，比如司法警察的职位，需要遵循的是法院内部上级对下级的领导原则，而不是专业法官的职业伦理。需要注意的一点是，人民陪审员在人民法院执行职务期间同审判员有同等权力，陪审员的一般作用是对法官的案例判断进行一定补充，因此根据最高人民法院《法官职业道德基本准则》的规定，人民陪审员依法履行审判职责期间应当遵守法官职业道德基本准则。

（二）规范对象特定

法官庭内职业伦理规范的对象是法官职业行为及其业内活动。法官行为大致可以分为三个层面。第一个层面是审判过程中的行为，是法官对司法程序进程的组织和控制行为，包括法官控制、分配以及对待诉讼双方陈述、举证、辩论的行为和态度。第二个层面是与审判相关的行为，是法官在程序法规定之外，在庭审前、庭审中、庭审后与当事人之间的人际互动，如与案件当事人及其代理人的交往行为等。第三个层面是法官的业外行为，包括法官在法庭外的一言一行，是法官的职业操守在工作之外的体现，如法官的业外行为规则。[2] 上述法官行为的第一和第二层面被涵盖在法官庭内职业伦理规范的范围内。

（三）规范内容特定

《法官职业道德基本准则》和《法官行为规范》的制定和修改本身就说明了司法实务中的法官职业伦理的重要性。2010 年最高人民法院修订后发布的《法官职业道德基本准则》规定，法官职业道德的核心内容是特定的，即保障司法公正、提高司法效率、

---

[1]　陈涛：《涂尔干的道德科学———基础及其内在展开》，上海三联书店 2019 年版，第 113 页。

[2]　孙辙、张龑：《司法的实体公正、程序公正及法官的行为公正》，载《法律适用》2022 年第 3 期，第 105 页。

保证清正廉洁、遵守司法礼仪、加强自身修养以及约束业外活动。法官庭内职业伦理在强调法官道德的同时，亦强调规则意识，由全体法官共同遵循其涵盖的道德规范。2010年施行的《法官行为规范》在"一般规定"部分规定了忠诚、公正、高效、廉洁、为民、守纪、敬业与修养八个方面。二者合起来可以看作是我国法官职业伦理的基本内容。2017年修订后的《法官法》将对法官的职业伦理要求上升为法律制度，对法官的任免和管理监督等内容进行了完善，是今后我国法官职业伦理体系的重要构成部分。[①]

三、法官庭内职业伦理的价值

（一）对法官的价值

法官的职业道德实践最终依赖于法官本身的道德觉悟和责任感。法官群体将职业伦理视为内在需求并予以认同，有助于激励法官更加高效地履行职责，从而提升司法审判的整体质量。在规范层面法官的庭内职业伦理通过施加限制，避免自由裁量权的不当使用，可以为司法的公正性提供坚实的支撑。

法官庭内职业伦理对法官的行为进行有效规范，避免自由裁量权被滥用。在面对复杂多变的社会生活时，司法过程不是简单地应用法律公式，而是通过法官对法律的理性解读和合理行使其自由裁量权来实现的。因此，法官必须具备良好的道德修养、丰富的专业知识以及高度的政治敏锐性。作为国家权力的执行者与被监督者，法官职业道德素质直接关系到司法公正的实现程度。然而，在复杂的司法环境中，法官的权力可能会被滥用。司法实践中，个别法官存在利用职权为自己谋取私利，贪污、受贿和滥用职权等不当行为。他们失去了作为法官应有的道德良知，不仅损害了司法的权威，也亵渎了法律的尊严。遵循职业道德可以让法官更加严格地约束自己的行为，合理地运用自由裁量权，从而使审判过程更为公正。法官的职业伦理不仅体现了司法的核心价值观，还涵盖了对法官行为的基本要求，通过对法官的行为进行有效规范，在法官合理地应用法律方面发挥关键作用。法官在诉讼活动中必须遵守职业伦理，以正义为己任，秉公办案，公正执法，这是维护司法公正的基础。

法官庭内职业伦理能够鼓舞法官更为出色地履行职责，从而提升司法效率与质量。与其他职业伦理相比，法官的职业伦理标准更为严格，它要求法官在行使权力时，必须以维护法律制度、司法公正和保护当事人的合法权益为核心目标，并持有对法律的坚定信仰，确保权力的公正、独立和廉洁。法官的职业道德可以调整和激励法官的行为，促使法官更加专注于工作，从而努力提升司法的质量。同时，职业伦理还能促进司法人员不断学习新知识，更新知识结构，从而进一步提升自身素质。除此之外，职业伦理也让法官能更准确和深入地理解这一职业所带来的社会责任，激励他们对自己的工作充满热情，忠诚于自己的职责，更积极地投身于工作中。法官应以高度的荣誉感和责任感来行使他们的审判权力，主动抵制社会的不良诱惑，并在工作过程中保持廉洁和正直，从而

---

① 张莹、冀宗儒：《法官职业伦理责任制的构建——由错案追究制所带来的困境谈起》，载《河北法学》2019年第37卷第4期，第114页。

全面提升司法服务的效率。

随着我国司法改革进程的加快，法官的素质得到极大提升。在执行职责时，法官需要持续吸收新的知识、深入研究法律原理、探索审判的实际操作、参与专业培训，以不断增强他们判断对错、评估证据和掌控庭审过程的能力。法官业务能力的提升有助于实现法官依法独立行使审判权，公正司法，维护社会和谐稳定，促进法治国家建设。

（二）对当事人的价值

公正被视为司法的核心和生命线，司法的公正性必须在法律程序之中得到体现，否则司法就会成为违法或腐败的温床。任何一个具体案件都会经历由裁判启动到裁判结果产生这一复杂的司法过程。在这一过程当中，虽然法律已经建立了多种程序机制以预防裁判过程中可能出现的错误，但仍然不能完全消除生效裁判出现错误的风险，而这样的错误对于当事人而言是不公平的。

通过对法官行为的规范和增强其对社会的责任感，法官的庭内职业伦理促使法官能够坚守自己的职业道德，抵抗不良的诱惑，并在职业道德与职业理性的指导下执行法律。在职业伦理的指导下，法官凭借其独立的人格和排除外部干扰的能力，严格遵守宪法和法律，并以对法律的真挚态度以及对社会和人民的责任，发挥其主观能动性来进行审判。职业伦理观念也推动了法官不断地提升专业技能，使其能够更为精确地执行法律，大大降低了误判的风险，保障当事人得到公正和合理的判决，从而更有力地维护他们的合法权益。

（三）对社会公众的价值

法官职业道德的好坏直接影响法律的适用以及司法权威性。而法官职业道德有赖于法官职业伦理的培养，法官的职业伦理不仅指导法官理性地应用法律和正确地行使审判权，还激励他们更加公正地进行司法工作，不断地提升道德觉悟和专业技能，努力提升司法服务的质量，赢得当事人的信任，并进一步提升社会大众对法官的信赖与尊重。法官庭内职业伦理的培育不仅有助于提高法官职业道德素质，还有助于增强法官与法院在社会中的威望，并使大众对法官的裁决更为信任和尊重，促进国家司法公正和社会秩序的和谐。

四、法官职业责任的追究

（一）法官职业责任的概念

一般来说，法官职业责任是指法官违反法官职业伦理规范或者国家法律法规的有关规定而应该承担的不利后果。法官职业伦理虽然只是道德层面的要求，但是往往与国家对法官的纪律管理联系紧密，因此，违反法官职业伦理的法官，可能同时也违反了法定义务，从而要承担公众舆论的道德谴责和国家法律的刑事惩处等后果。"'有权必有责'，法律职业者一旦违反职业道德准则、职业纪律和所应当承担的法律责任，不仅要受到法律职业伦理的惩罚，甚至还可能要受到相关法律的制裁。法律职业责任的追究，从本质上讲是对相关法律职业人员的一种不利处分。其终极目标即人们通常所说的'司法正义'。"[1] 法官职业责任的追究是明确法官职业责任范围、保障法官公正合法行使权力、惩罚失职失守法官的法律防线，也是现代化中国法治建设的应有之义。

1. 法官职业责任的内容

当法官因违背其职业道德而承担责任时，我们需要明确区分这两种情况。第一种情况下，法官违反了职业伦理，但不是出于主观原因，而是其他方面的因素所导致，如由于经验不足或者自身能力的限制，法官可能对其所负责的案件产生部分误判，这种情况通常不会被纳入法官的责任范围。第二种情况下，法官的主观不恰当行为触犯了法官的职业道德和组织纪律，或者违反了法律条款，导致错误结果的产生，则法官应承担相应的法律责任，受到相应的处罚。鉴于我国当前的法治状况和法官职业的独特性，法官的职业责任应当受到严格的约束和管理。

2. 负责追责的部门和主体

法官作为一种身份地位特殊的司法人员，应当承担相应的法律义务，并对依法享有的审判权力及其行使方式负有严格的法律责任。对于法官在执行职责时或离职后出现的不当行为，应由特定的部门负责追究，这样做是为了避免社会团体和个人的不必要干预，防止司法系统被舆论或公众操纵。《法官惩戒工作程序规定（试行）》规定，人民法院在审判监督管理工作中，发现法官可能存在违反审判职责的行为，需要追究违法审判责任的，由办案部门或承担审判管理工作的部门对案件是否存在裁判错误提出初步意见，报请院长批准后移送机关纪委或者承担督察工作的部门审查。

至于特定的责任追究主体，一般是从经验丰富的法官、检察官和律师等法律专业人员中选任。他们对法律业务和司法活动有深入的了解，能更有效地识别、调查法官违背法官职业道德和法律的不当行为，并进一步确定他们应该承担的责任。

3. 确定责任的流程

鉴于司法活动的庄重和神圣性，世界各国在追究法官的职业责任时都持非常谨慎的态度，我国现行法律明确规定，人民法院的工作人员在依法履行职责时，其行为将受到法律的保障，对于追责流程的规定是非常详尽和严格的，在追究法官的职业责任时，当事法官享有知情、申请回避、陈述、举证和辩解的权利。司法机关应当严格遵守国家关于审判人员职务犯罪追责的有关规定，遵循法定流程，并且遵守程序正义和实体正义的核心原则，努力维护过程的公开性、公平性和公正性，以确保涉案法官能够得到正当程序的保护。

（二）被追责的法官行为

恩格斯曾言："实际上，每一个阶层，甚至每一个行业，都各有各的道德。"[2] 法官

---

① 王申：《中国式法律职业伦理制度的理想建构路径》，载《江苏行政学院学报》2023 年第 5 期，第 125 页。
② 《马克思恩格斯文选》第 4 卷，上海人民出版社 2009 年版，第 294 页。

违背职业道德，主要有两种责任形式：纪律上的责任和刑事上的责任。纪律是国家赋予各级各类法院及其人员所必须遵守的行为准则，对于构成违纪行为的法官，将依据人民法院关于纪律处罚的相关规定进行相应处理。按照我国的《法官法》以及《人民法院工作人员处分条例》所述，纪律处罚的种类包括：警告、记过、记大过、降级、撤职以及开除。

如果法官的行为违背了职业伦理，但是还没有达到犯罪的标准，且情节相对较轻，没有造成任何危害，那么应当进行诫勉谈话和批评教育；当法官违反刑法，严重影响司法公正、损害司法权威、破坏审判秩序时，必须承担相应的刑事责任，并由纪检监察部门将其移交给相关的部门处理。我国的《法官法》第四十六条规定，法官有下列行为之一的，应当给予处分；构成犯罪的，依法追究刑事责任：

（1）贪污受贿、徇私舞弊、枉法裁判的；

（2）隐瞒、伪造、变造、故意损毁证据、案件材料的；

（3）泄露国家秘密、审判工作秘密、商业秘密或者个人隐私的；

（4）故意违反法律法规办理案件的；

（5）因重大过失导致裁判结果错误并造成严重后果的；

（6）拖延办案，贻误工作的；

（7）利用职权为自己或者他人谋取私利的；

（8）接受当事人及其代理人利益输送，或者违反有关规定会见当事人及其代理人的；

（9）违反有关规定从事或者参与营利性活动，在企业或者其他营利性组织中兼任职务的；

（10）有其他违纪违法行为的。

在任职前，法官应当通过必要的培训或者考试等方式进行知识更新和能力提升，以适应新时代司法发展的需要。在执行职责的过程中，法官需要根据自己的职责来自我约束；如果违背了法定义务或者违反了职业道德等基本原则，就应该受到相应处罚，并承担法律责任。

第二节　审判公正原则

"公正"即公平、正义，是法治社会最重要的价值目标。审判公正原则是指司法机关在处理案件时，依照法律规定的程序，以平等客观的态度对诉讼当事人的诉讼请求进行审理并作出公正的裁决。

我国《法官法》对法官保障审判公正的义务进行了最基本的要求。根据该法第十条的规定，法官应当履行下列义务：（1）严格遵守宪法和法律；（2）秉公办案，不得徇私枉法；（3）依法保障当事人和其他诉讼参与人的诉讼权利；（4）维护国家利益、社会公共利益，维护个人和组织的合法权益；（5）保守国家秘密和审判工作秘密，对履行职责中知悉的商业秘密和个人隐私予以保密；（6）依法接受法律监督和人民群众监督；

（7）通过依法办理案件以案释法，增强全民法治观念，推进法治社会建设；（8）法律规定的其他义务。法官唯有公正中立行使审判权，才能使公民的合法权益得到保障，审判公正原则不仅是司法审判原则的重要组成部分，也是维护社会安稳和繁荣的基础。

一、审判公正原则的重要性

（一）保护公民的正当权益

合法权益是法律赋予公民的权利与利益，包括财产权、人身权、自由权等。这些权益是公民基本生活和发展的保障，在法治社会中，要保护公民的合法利益，离不开审判公正原则，只有司法机关公正行使审判权，制裁违法犯罪行为，才能保护公民的合法权益。

（二）维护法治社会稳定

法治是现代社会的基石之一，它的建设需要各方面的支持和努力。其中，审判公正是实现法治的重要保障之一。在复杂的社会中，往往会存在各种各样的矛盾和纠纷，如果这些矛盾和纠纷无法得到妥善解决，就会导致社会稳定性受到破坏，从而影响社会的正常运转。而审判公正可以有效地解决实际中的矛盾和纠纷，维护社会秩序。

（三）维护司法权威性

司法机关的权威性是司法公信力的重要基础，当法官审慎合理地行使审判权、司法机关进行公正的裁判时，社会公众才会给予充足信任和支持，司法才能保持最高的权威性。一旦司法权威性受到损害，不仅会影响司法机关的公信力，也会影响国家秩序的稳定。

二、审判公正原则的内容

司法权作为"公民权利保障的最后一道防线"，是终局性的权利，司法从业者通过对案件分析和价值位阶的判断，给予受害者的权利以最终性的救济。法官庭内职业伦理要求行使司法权的法官应当具有扎实的专业基础知识与较高的综合能力，也意味着对法官提出了远高于普通人的道德和伦理要求[1]，审判公正原则是司法权的最后底线和根本核心，也是职业法官必须遵循的基本准则之一。具体来说，审判公正包括实体公正与程序公正，主要涵盖如下内容。

（一）实体公正

实体公正即结果公正，是指国家司法人员在执法的过程中严格按照行政、民事和刑

---

[1] 张莹、冀宗儒：《法官职业伦理责任制的构建——由错案追究制所带来的困境谈起》，载《河北法学》2019年第 37 卷第 4 期，第 115 页。

事等实体法的规定处理各种类型的案件①，最终得到公正的案件裁决结果。实体公正不仅包括科学合理地认定案件事实和正确适用法律法规，也包括确保当事人的合法权利和义务公正地得以实现。比起程序公正，实体公正更加看重结果的公正性，并且强调案件结果应该符合社会主流道德观念。

案件事实错综复杂，法官裁判案件达到结果公正也并非易事。即使程序公正，也不必然能够保证结果公正。因此，加强实体公正要坚持以事实为依据，以法律为准绳的原则，以维护正义为根本价值追求。对于法官而言，就是要履行独立行使审判权、裁决纠纷保持中立、坚守司法公开、恪守司法公正的义务。

1. 独立行使审判权

依法独立行使审判权最重要的还是法官的自身素养。法官在司法实践中独立行使审判权主要体现在两个方面：一是保持自身在案件中的中立性，作为诉讼双方纠纷的居间裁判者，由法官自身的意志进行审判；二是不受行政机关、其他社会团体和个人非法直接或间接的影响和干涉，法官判案有不受外来因素干扰或命令的自由。

《法官职业道德基本准则》第八条规定，坚持和维护人民法院依法独立行使审判权的原则，客观公正审理案件，在审判活动中独立思考、自主判断，敢于坚持原则，不受任何行政机关、社会团体和个人的干涉，不受权势、人情等因素的影响。作为一项司法审判原则，审判独立旨在维护法院司法的终局性、权威性，使法官拥有自主审判的权利，排除外来因素的干预，使法院的判决真正成为维护公平正义的保障。

2. 裁决纠纷保持中立

不同于律师、检察官等法律从业人员，法官在审判活动中应当保持中立、不偏不倚、客观公正地依照法律规定作出判决，维护当事人合法权益和司法公信力。具体而言，作为公正的裁判者，法官在宣判前，不得通过言语、表情或者行为流露自己对裁判结果的观点或者态度；法官调解案件应当依法进行，并注意言行审慎，避免当事人和其他诉讼参与人对其公正性产生合理的怀疑②。法官应当充分注意到由于当事人和其他诉讼参与人的民族、种族、性别、职业、宗教信仰、教育程度、健康状况和居住地等因素而可能产生的差别，保障诉讼各方平等、充分地行使诉讼权利和实体权利。

《法官职业道德基本准则》第十三条规定，法官在履行职责时，应自觉遵守司法回避制度，审理案件保持中立公正的立场，平等对待当事人和其他诉讼参与人，不偏袒或歧视任何一方当事人，不私自单独会见当事人及其代理人、辩护人。

3. 坚守司法公开原则

公开审判作为一项宪法原则，包括立案公开、庭审公开、文书公开。

立案公开要求立案阶段的相关信息应当通过便捷、有效的方式向诉讼当事人公开。

庭审公开要求保护人民群众和媒体舆论的知情权和监督权，对于依法公开审理的案

---

① 王梅：《刑事诉讼法修正案背景下对于刑诉基本理念的几点思考》，载《青春岁月》2012年第21期，第404页。

② 袁洪君：《法院调解中的法律信息补偿机制》，载《黑龙江省政法管理干部学院学报》2012年第6期，第117页。

件，人民法院可以通过允许公民旁听、允许媒体采访或者通过庭审视频、线上直播录播等合法方式满足公众和媒体了解庭审实况的需要。《法官职业道德基本准则》第十二条规定，认真贯彻司法公开原则，尊重人民群众的知情权，自觉接受法律监督和社会监督，同时避免司法审判受到外界的不当影响。此外，《法官行为规范》第三十六条第一款规定，法官宣告判决，一律公开进行，即对公开审理或者不公开审理的案件，一律在法庭内或者通过其他公开的方式公开宣告判决。

文书公开要求法官将依法允许公开的司法文书公之于众，接受人民群众对法院司法活动的监督和社会主流道德观的检验，避免法官枉法裁判、滥用职权。坚守司法公开原则有利于保障社会公众对人民法院工作的知情权、参与权、表达权与监督权，从而拓宽司法公开渠道，维护司法公正。

4. 恪守司法公正原则

公平正义是社会主义法治的核心价值和终极目标，贯穿法治全过程。《中共中央关于全面推进依法治国若干重大问题的决定》指出："公正是法治的生命线。司法公正对社会公正具有重要引领作用，司法不公对社会公正具有致命破坏作用。"[1]"司法作为法治的关键环节，应发挥在推动社会公平正义中的引领和保障作用；司法部门作为定分止争、匡扶正义的职能部门，应公正司法，严格司法，将维护社会公平正义的价值目标融入每一个案件的审理中，使人民群众在每一个具体案件中切身感受到社会公平正义。"[2]司法公正是依法治国方略的目标，也是维护社会秩序的一道重要防线。司法公正的内容包括实体公正和程序公正，前者是司法公正的最高追求，后者是司法公正的基本保障。

司法公正的主体是以法官为主的司法人员，其对象包括各类案件的当事人及其他诉讼参与人。对于法官而言，司法公正的基本内涵是在司法活动中做到客观公正，依法作出案件判决，认真履行自身职责，肩负维护司法公平的责任。《法官职业道德基本准则》第九条规定，坚持以事实为根据，以法律为准绳，努力查明案件事实，准确把握法律精神，正确适用法律，合理行使裁量权，避免主观臆断、超越职权、滥用职权，确保案件裁判结果公平公正。

（二）程序公正

程序公正本质上是指判决过程的公正和司法程序的公正，即"看得见的正义"。相较于强调具体内容的实体正义，程序正义更强调的是执法、司法过程中行为的合法性和司法形式的合理性，以及在事实判断与法律适用方面的公平性。程序正义能够使诉讼结果合理地产生于诉讼审判过程，并且使诉讼双方受到平等的对待，保障其人格尊严和主体地位得到尊重。

确定程序正义的基本内容应当从两方面考虑：一是实现程序正义的静态前提，包括回避原则和平等、独立原则；二是实现程序正义的动态过程，主要指程序公开规则。公正的审判要求各方参与者成为理性的主体，对审判过程积极参与，并且对审判结果

---

① 《〈中共中央关于全面推进依法治国若干重大问题的决定〉辅导读本》，人民出版社 2014 年版，第 20 页。
② 钱弘道、鲁彩雯：《习近平法治思想中的司法公正观》，载《法治现代化研究》2022 年第 4 期，第 16 页。

负责。

1. 回避规则

最高人民法院印发的《法官职业道德基本准则》第十三条规定，法官应该自觉遵守司法回避制度，审理案件保持中立公正的立场，平等对待当事人和其他诉讼参与人，不偏袒或歧视任何一方当事人，不私自单独会见当事人及其代理人、辩护人。此外，法律规定的当事人及其法定代理人申请审判员回避，或者法官应当自行提出审理回避的请求情况如下：（1）是本案的当事人或者与当事人有直系血亲、三代以内旁系血亲及姻亲关系的；（2）本人或者其近亲属与本案有利害关系的；（3）担任过本案的证人、鉴定人、勘验人、辩护人、诉讼代理人的。

审判员在与案件本身没有利害关系的条件下审理案件，是保证司法公平的重要前提之一，回避规则的目的是保障审判的公正性，防止审判员偏向诉讼各方中的任意一方而滥用职权、枉法裁判。作为具有法律效力的程序法规范，回避规则不仅是法律上的义务，也对法官的道德自觉性提出了更高的要求。法官在审理案件时，除了法定回避情形外，如果遇到公众对自己审理案件公正裁判产生合理怀疑的，也应当提出不宜审理该案件而更换审判员的回避请求。

2. 平等规则

平等规则是我国法制的基本原则，审判活动中同样要贯彻这样的原则。

从法官的角度看，平等规则是指在审判过程中应给予双方当事人平等的待遇和形式，对各方的证据事实予以平等的对待，同等给予诉讼各方的诉讼请求得到满足的机会，为各方当事人提供实现诉讼权利的平等的条件。

对于当事人而言，平等原则包括两层内涵：一是在诉讼过程中，当事人的权利义务平等，都有平等的机会向法官阐述对案件的看法和理由，都需要依法履行义务，如遵守法庭秩序，服从法庭指挥，不得实施妨害民事诉讼秩序的行为，必须履行发生法律效力的判决书、裁定书和调解书等；二是在审判过程中坚持法律面前人人平等，法院平等地对待当事人，不得对其言语和行为表现出任何歧视，并有义务制止和纠正诉讼参与人和其他人员的任何歧视性言行。

3. 独立规则

审判机关独立行使审判权，是国家权力运行的基本规律，是公正审判、严明裁决的前提，是实现司法程序正义的保障，也是维护司法的权威性和公信力的基础。

审判伦理中审判独立关键在于法官的个体独立。法官独立要求法官在审判过程中自主思考、独立判断，坚持正义，固守原则，不为人情、强权等外界因素干扰，不受任何行政机关、社会团体和个人的干涉，凭法官自身的人格和判断作出法律判决，说到底，审判独立是法官自身的独立。保障审判独立，除了对法官的职业道德有要求外，更重要的是国家要建立保障法官独立的制度，只有法官独立地行使审判权，才能保证案件审判的公平、公正和正义。

我国多部法律都对法官独立审判有所规定，《宪法》第一百三十一条规定人民法院依照法律规定独立行使审判权，不受行政机关、社会团体和个人的干涉；《法官法》第七条规定，法官依法履行职责，受法律保护，不受行政机关、社会团体和个人的干涉；《法官职业道德基本准则》第八条要求法官在审判活动中"坚持和维护人民法院依法独立行使审判权的原则，客观公正审理案件，在审判活动中独立思考、自主判断，敢于坚持原则，不受任何行政机关、社会团体和个人的干涉，不受权势、人情等因素的影响"。

4. 程序公开规则

程序公开规则又称审判公开规则，是我国诉讼制度中的一项基本规则，也是保障司法公正的重要条件，其内涵是审判的每一个阶段和流程，都应当以公开进行的方式被诉讼各方和社会群众所知晓。除了涉及国家秘密、个人隐私等特殊案件外，绝大多数案件都应该通过允许旁听、媒体报道、庭审直播等形式公开审判。程序公开规则的主要内容包括：

（1）法院在开庭前公告有关情况，以便公众旁听；

（2）除法律规定不公开审理的案件外，应当允许公众和媒体跟踪审判的全过程，甚至允许公开合议庭成员的不同意见；

（3）不论案件审理是否公开，判决必须公开宣告。①

程序公开规则提供了社会群众对诉讼过程实施监督的可能，案件程序公开对法官审理案件也提出了更高的要求，法官应当客观合理地审理案件，调解纠纷，自觉接受公众监督，维护司法权威性与公信力。

5. 中立规则

司法公正要求法官审理案件应当保持中立。中立规则主要是确保法官始终处在中立裁判的地位，而不偏向于控辩双方的任何一方当事人，法官应当在利益处于冲突状态的诉讼各方之间保持一种不偏不倚的态度和地位，不得对任何一方存有偏见和歧视。这一要求的意义在于确保诉讼各方受到法律的平等对待。

中立规则具体要求有二：一是法官不能裁判与自己有关的案件，即不得与案件结果或者各方当事人有任何利益上或其他方面的关系；二是法官不得对控辩双方的任何一方存有先入为主的支持或反对的预断或者偏见。法官的中立是公正司法的前提，也是对法官的最重要的要求之一。

第三节　审判效率原则

所谓的"迟来的正义非正义"，意味着只有当司法判决维持一定的高效性时，它才能真正发挥其在社会上的调解作用。从这个意义上讲，追求诉讼效益最大化是司法公正的价值取向和基本目标。换句话说，司法的公正性是建立在效率之上的，如果没有效率，公正的概念也就无从谈起。注重司法效率是现代司法的要求，最高人民法院在1995年12月召开的全国法院工作会议上正式将"提高法院的办案质量和效率"作为

---

① 乔中国：《论程序正义》，载《晋阳学刊》2005年第5期，第119页。

"九五"期间法院工作的总体目标,① 进入 21 世纪后,"公正与效率"被确定为新世纪法院工作的主题,② 体现了国家、诉讼当事人和社会公众对快速有效的诉讼过程的期望与要求。

一、效率原则的重要性

效率原则对程序限制和规范的效力不但影响审判人员,也影响所有诉讼参与人。《法官职业道德基本准则》第十一条规定法官应该"严格遵守法定办案时限,提高审判执行效率,及时化解纠纷,注重节约司法资源,杜绝玩忽职守、拖延办案等行为"。诉讼效率在本质上是诉讼成本与诉讼收益的比值关系。合理的审判迅速化可降低诉讼的公共成本和私人成本,并且提高判决对当事人的效用以及尽快恢复社会的正常秩序,提高诉讼收益。③

(一) 保护当事人的权益

从客观方面来讲,拖延的审判程序可能会影响判决的正确性,从而无法保障当事人的合法权益,有损司法正义。一个有效的判决对当事人的权益保护所发生的作用如下:其一,预防损失的发生或继续扩大;其二,使受害方获得补偿。审判高效化是对诉讼迟延弊病的克服,以合理的审判速度作出正确的判决,可以避免迟延带来的当事人损失和司法资源的浪费。因此可以说,审判效率化能够保护当事人的合法权益。

(二) 降低公共和私人的诉讼成本

审判成本包括公共成本和私人成本。审判效率化可以达到简化不必要流程、降低公共成本的目的。私人成本主要包括诉讼费用、律师费用、心理压力以及机会成本等。一旦当事人决定将纠纷诉诸法院,诉讼迟延会直接增加当事人的时间成本,同时诉讼持续时间越长,也就意味着当事人承受的心理压力、精神压力就越大,要投入更多的时间和精力甚至金钱,直接和间接损失也就越多。科学的审判迅速化能够合理配置司法资源,节约诉讼的公共费用与私人费用,降低诉讼成本,从而达到当事人对审判程序的期望与要求。

(三) 维护社会的稳定

当事人之间的法律关系是错综复杂的,由于案件往往具有社会影响力,当事人的纠纷辐射的范围可能不止于自身,而是影响到与之相关的社会关系,甚至影响社会的稳定秩序。因此,当事人诉至法院解决纠纷时,诉讼过程越长,诉讼成本就越高,案件纠纷造成的对社会秩序和经济秩序的负面影响就越大。因此法院的及时审判有利于减少冲突的延续时间,保障社会的正常秩序稳定运行。

---

① 任建新:《全面推进各项审判工作为实现"九五"计划和 2010 年远景目标提供有力的司法保障:在第十七次全国法院工作会议上的报告》,载《中华人民共和国最高人民法院公报》1996 年第 1 期,第 4 页。

② 肖扬:《公正与效率:新世纪人民法院的主题》,载《人民司法》2001 年第 1 期,第 1 页。

③ 庞小菊:《民事审判迅速化的效率原则》,载《西部法学评论》2017 年第 5 期,第 13 页。

二、效率原则的内涵

（一）勤勉尽职

勤勉尽职，不仅要有责任心和使命感，还要有高度的自制力与道德感。勤勉和敬业精神是法官高质量和高效率履行职责的基础要素。法官在履行职责时，必须展现出勤勉和敬业的态度，全心全意地投入工作，不能因为个人事务或其他外界因素而妨碍职责的正常履行。为了确保审判工作的高效率完成，法官需要全身心地投入他们的职责，要使裁判文书准确、公正，要保证法律正确、规范地实施，而这一切都有赖于法官严谨细致的工作作风和扎实的业务功底。

根据《法官行为规范》第七条的规定，法官应该"敬业奉献。热爱人民司法事业，增强职业使命感和荣誉感，加强业务学习，提高司法能力，恪尽职守，任劳任怨，无私奉献，不得麻痹懈怠、玩忽职守"。除了严格遵循法律规定的审判时限来审理案件，法官还应该在其工作流程的每一个环节中都高度重视效率，以减少不必要的延误和节约宝贵的时间。法官有责任避免出现粗心、无故拖延或延误工作的情况，他们需要认真、及时和有效地完成自己的职责，并确保合理地安排审判事务，以提高诉讼的效率；要善于利用各种机会，尽可能多地为当事人提供帮助和支持，从而使自己的工作效率得到提升。在确保审判工作高质量完成的基础上，法官应当努力减少当事人及其代理人和辩护人的诉讼成本，并重视与其他司法工作人员的高效合作。法官应当对司法事业怀有深厚的热情，不断地加强业务知识的学习，提升司法专业能力，全心全意地履行职责，绝不能掉以轻心或玩忽职守。

（二）遵守审限

法官在执行司法任务时，必须严格遵循审限的相关规定，并努力确保在规定的时间内完成立案、审理、判决和执行等工作，使职责得到认真、及时和有效的履行；同时，法院还要根据法律规定合理确定案件的具体办理期限，确保审判程序得以顺利运行。法官必须时刻注意自身职业素养和工作能力，以确保能够高效地履行职责，为当事人提供法律服务。我国三部主要的诉讼法和最高人民法院的各类司法解释都对案件的审理时限作出了清晰的指导，明确规定了法官在审理案件时应当遵守的审判时限。法官在规定的审判期限内完成案件审理，以及在规定的时间内完成特定司法文件的制定和实施，都是提升司法效率和确保司法公正的关键因素。

（三）提升效率

法官在履行工作职责时，不仅需要展现出勤勉和敬业的态度，还要确保工作效率。《法官行为规范》第三条要求法官"高效办案。树立效率意识，科学合理安排工作，在法定期限内及时履行职责，努力提高办案效率，不得无故拖延、贻误工作、浪费司法资源"。法官的职业道德要求他们高度重视提高司法效率，充分发挥在司法实践中的主观能动性，坚持依法审判和客观公正原则，做到准确判断案件事实，全面履行法定职责。

法官在履行职责时，应当培养高效的工作意识，科学地、合理地进行工作安排，并在规定的时间内尽职尽责，努力提升案件处理的效率，避免无故的延误、工作失误和司法资源的浪费。

第四节　审判涵养规则

司法公正是社会公平正义的重要体现，而法官是公正执法的主体，也是实现公正价值的主要承担者。法官作为法律人，不仅要有高尚的人格修养，还应该具备良好的道德品质。

一、坚持清正廉洁

法官的清正廉洁，不仅依靠法官培养机制的完善、内外监督机制的完备，更依托法官个人的思想道德水平和职业素养。法官执掌国家审判执行权，是易滋生腐败的高危群体，司法不廉对司法公信具有毁灭性破坏。[1] 所谓"司法腐败"现象包括围绕这一象征性符号而展开的种种社会相互作用过程，既可用来指称法院审判领域中利用职务的违法违规乃至犯罪的现实存在，也反映了人们对司法公信力的一般忧虑。[2] 杜绝司法腐败是清正廉洁义务的基本要求，洁身自好，谨慎地行使审判权，自觉抵制多方的诱惑，依托个人良知和对法律的信仰保持廉洁，是一名法官需要终身践行的行动指南。

真正的职业法官，在物质和精神两个层面上都应维持其纯洁性和廉洁性，能够妥善平衡公务与私人利益的关系，主动抵制外界不正当利益的诱惑，避免直接或间接地利用自己的职位和社会地位来谋求不正当的利益，同时在日常生活中保持朴素的作风，并积极维护司法的公众形象和公信力。因此，法官必须具备高尚的道德情操、良好的道德品质、过硬的业务素质以及崇高的法律信仰等素质修养，必须在如下几个关键方面高度重视道德操守的维护。

（一）禁止获取不正当利益

法官不得接受任何人的说情、吃请、礼品，也不受任何权力的不当干预，在我国是一种为主流意识形态所承认或要求的规则或理想境界。因此，只要法官的审判受到了这类外部因素的影响（即使实际的影响微不足道，或者即使审判的过程与结果在没有这些影响的情况下也会是一样的），确实就有理由认为某种程度的司法腐败已经发生。[3] 拒绝司法腐败是一名合格法官的应有之义，法官在司法活动中，不得直接或间接地利用其职务和地位谋取任何不正当利益。法官只有遵守法官职业伦理，严格律己，无论何种诱惑一律自觉拒绝，才能杜绝司法腐败，真正做到清正廉洁。

---

① 钱锋：《司法廉洁制度的创新完善与路径选择》，载《法律适用》2012 年第 2 期，第 3 页。
② 王亚新：《司法腐败现象的一种解读》，载《思想战线》2005 年第 4 期，第 51 页。
③ 王亚新：《司法腐败现象的一种解读》，载《思想战线》2005 年第 4 期，第 48 页。

【案例介绍】

落马级别最高的司法官员——最高人民法院副院长黄某某案[①]

黄某某，1957年12月出生，广东汕头人，2002年12月起任最高人民法院副院长。黄某某落马的起因是一幢楼——位于广州市的"中国第一烂尾楼"中诚广场，这座曾因时间长、牵涉面广、涉及资金多、"复活"历程曲折的"第一烂尾楼"竟被两家名不见经传的公司竞拍成功。这两家公司联手以9.24亿元人民币的低价收购了中诚广场，并很快出手转卖，售价高达13亿元。面对这一"离奇故事"，外界深感此次拍卖活动存在诸多蹊跷。而随着广东省高级人民法院执行局原局长杨某某突然被双规，深藏幕后的黄某某案浮出水面。法院经审理查明，2005年至2008年间，黄某某利用担任最高人民法院副院长的职务便利和职权、地位形成的便利条件，在有关案件的审判、执行等方面为广东法制盛邦律师事务所律师陈某某等五人谋取利益，先后收受上述人员钱款共计折合人民币390万余元。此外，黄某某还于1997年利用担任广东省湛江市中级人民法院院长的职务便利，伙同他人骗取本单位公款人民币308万元，其个人从中分得120万元。案发后，已追缴赃款人民币578万元。2010年1月19日，河北省廊坊市中级人民法院对黄某某案作出一审判决，认定黄某某犯受贿罪，判处无期徒刑，剥夺政治权利终身，没收个人全部财产；犯贪污罪，判处有期徒刑十五年，没收个人财产人民币50万元，两罪并罚，决定执行无期徒刑，剥夺政治权利终身，没收个人全部财产。3月17日，河北省高级法院对黄某某案作出二审判决，维持原判。[②]

《法官行为规范》第四条规定，法官不得利用法官职务和身份谋取不正当利益，不得为当事人介绍代理人、辩护人以及中介机构，不得为律师、其他人员介绍案源或者给予其他不当协助。此外，《法官职业道德基本准则》第十六条规定，法官应该"严格遵守廉洁司法规定，不接受案件当事人及相关人员的请客送礼，不利用职务便利或者法官身份谋取不正当利益，不违反规定与当事人或者其他诉讼参与人进行不正当交往，不在执法办案中徇私舞弊"。

1. 违反刑法

《人民法院工作人员处分条例》在第二章第三节详细列出了违反廉政纪律的各种行为，总共有11种不同的表现形式。根据刑法规定和司法实践来看，这些违法形式都可以构成贪污罪。当法官因违背法官的职业道德而违反刑法时，他们必须承担相应的刑事责任，并由纪检监察部门将其移交给相关部门处理。依据刑事司法的相关法规，法官所犯下的罪行可以被划分为两大类别：一类是所有普通主体都可能犯下的罪行，如谋杀和抢劫等；另一类是与特定主体相关的职务犯罪，如渎职罪和受贿罪等。法官作为国家审

---

① 《最高人民法院原副院长黄某某终审被判无期》，载《党的建设》2010年第4期。

② 参见《警示中国法官犯罪十大典型案例》，载盐城镜鉴网，http://www.jsycjw.gov.cn/a/fLUkrSKkWv，最后访问时间：2023年12月8日。

判机关和司法机关的主要组成人员，其职务行为是否构成刑事犯罪应由法律予以认定。这种类型的犯罪行为依赖于法官的身份，通常是法官在执行职责时或利用职务之便所犯下的罪行。只要法官触犯了刑法，构成了犯罪行为，就应当追究其刑事责任。

2. 违反公平原则

法官在司法判案的实践中，应当坚持具体案件具体分析，科学合理地运用法律，独立作出正确的判决，履行自身维护公平的职业职责。我国宪法和法律规定人民法院独立行使审判权，不受任何行政机关、社会团体和个人干涉。根据《法官法》第六条和第七条的规定，法官审判案件，应当以事实为根据，以法律为准绳，秉持客观公正的立场；法官依法履行职责，受法律保护，不受行政机关、社会团体和个人的干涉。

上述案例中黄某某作为法官在审判案件时，并未做到公正审判，反而收受他人好处，枉法裁判，对于另一方诉讼当事人是极其不公平的，严重违反"有法可依、有法必依、执法必严、违法必究"这一社会主义法治基本原则。

3. 违反清正廉洁原则

法官需要严格遵守廉洁的基本准则，并依法准确地行使审判权和执行权，以防止滥用职权进行贪污和歪曲法律的行为。《法官行为规范》第四条规定了法官的清正廉洁义务。遵守各项廉政规定，不得利用法官职务和身份谋取不正当利益，不得为当事人介绍前述案例中的代理人、辩护人以及中介机构，不得为律师、其他人员介绍案源或者给予其他不当协助。前述案例中的黄某某利用自身地位与职位，收受巨额不当财物，其行为违反了法官清正廉洁的职业伦理要求，终结了其个人的法律生涯，对社会法治信仰、司法公信力造成了弥久的破坏，影响十分恶劣。作为一名法律人，要深刻反省自身行为，紧绷清廉之弦，才能保障每一位公民的合法权益，维护公众对法治的信仰与尊重，促进我国社会主义法治建设的发展。

（二）限制法官从事业外活动

法官需要在业外做到谨言慎行，避免因为个人行为而损害法治信仰。许多国家都对法官的业外活动设置了一些限制，这主要是为了确保法官在业外活动中的行为举止不会损害其公正和廉洁的公众形象，同时也不会削弱司法的权威性，例如法官不能同时担任律师、代理人或辩护人等职务。

我国《法官法》第三十六条规定，法官从人民法院离任后两年内，不得以律师身份担任诉讼代理人或者辩护人。法官从人民法院离任后，不得担任原任职法院办理案件的诉讼代理人或者辩护人，但是作为当事人的监护人或者近亲属代理诉讼或者进行辩护的除外。此外，法官不得从事或参与营利性的经营活动。这些规定都是对法官业外活动的限制，虽然看似限制了法官的权益，但这种约束是绝对必要的。为了维护法官的公正、中立和独立的形象，我们需要努力降低法官的个人利益与社会公益之间的冲突，而严格限制法官的业外活动则是一个关键策略。更具体地说，法官应该在以下三个方面限制自己的业外行为。

1. 严格遵守保密义务

工作身份的特殊性，决定法官工作过程中会接触到很多不能公开的机密信息，因此对法官提出了更高的道德要求。《法官法》第十条规定，法官应履行"保守国家秘密和审判工作秘密，对履行职责中知悉的商业秘密和个人隐私予以保密"的义务。法官必须履行保密的法律义务，克制自身的业外言论，不得泄露包括国家秘密、商业秘密、个人隐私等在内的审判信息与审判秘密，以免当事人的合法权益受到侵犯。

2. 约束业外言论

"人们评判法官是否公正，往往要看其言行举止与法官角色的社会期许的契合性程度，契合性越高，主观判断上的公正评价也就越高。因此，所谓形象公正，就是法官的行为表现符合社会对法官角色的普遍期许，足以让人们产生信赖感从而赋予审判过程和裁判结果高度的公信力。"[1] 为了维护司法权威性和法治信仰，法官的业外言论必须受到更多的约束和限制，即不得发表影响司法公正的言论。因此，法官需要在日常生活中加强对自身行为的规范，维护司法形象，杜绝违背社会公序良俗的不良嗜好，培养健康的习惯和生活方式。

3. 退休后的自我约束

法官离职后，根据法律伦理或法律的规定，在特定的时间段内，不允许从事与法律有关的工作。根据《法官职业道德基本准则》第二十六条的规定，法官退休后应当遵守国家相关规定，不利用自己的原有身份和便利条件过问、干预执法办案，避免因个人不当言行对法官职业形象造成不良影响。退休法官不应因其已丧失了某些法定的身份而失去应有的尊严与要求，已经退休的法官也应当严格遵循法官职业伦理的规定，并持续维护自己的正面形象。

在我国的法律体系中，法官的角色并不是永久性的，但他们的形象、职责和使命却是与他们一生紧密相连的。因此，当法官在退休或离职之后，他们仍要继续承担起法官应有的职责与使命。因此，从法理上讲，退休法官必须履行好法官职业义务，即退休的法官不应因为离开了法官的岗位而开始肆意妄为，行为失范，甚至向大众透露他们在过去的审判中所了解的国家秘密、商业秘密、个人隐私以及其他不应公开的机密信息，损害公众对司法公正的信任和期望。

（三）保持正常的生活方式

在法治社会，法官是用正义与法律捍卫公平正义的神圣职业，必须具有高尚的职业道德修养和良好的思想素质，奢侈、虚荣和自私的人，是无法成为一个公正无私、正义执行法律的法官的，法官要想成为社会公正的维护者，就必须具备高尚的品格，而养成健康的生活方式和兴趣爱好，对于法官个人培养崇高的道德品质是非常关键的。在消费习惯和生活模式方面，法官有责任确保与其合法的收入水平保持一致。如果法官频繁地

---

① 惠从冰：《公平正义：从形象公正做起——简论"实体、程序、形象"三位一体的司法公正观》，载《山东法官培训学院学报（山东审判）》2014年第5期，第17页。

光顾豪华奢侈的消费场所，导致生活混乱和道德沦丧，那么公众可能会对法官的收入来源及其职业的公信力产生疑虑。《法官职业道德基本准则》第二十五条规定，法官应该加强自身修养，培育高尚道德操守和健康生活情趣，杜绝与法官职业形象不相称、与法官职业道德相违背的不良嗜好和行为，遵守社会公德和家庭美德，维护良好的个人声誉。

（四）约束家庭成员的行为

法官不仅是国家的公职人员，更是国家公务员形象和尊严的象征。他们应该有较高的道德素质，在法庭及日常生活中，确保自己的行为和形象与其职务和身份保持一致，并且对家庭成员的行为也应该做好约束。《法官职业道德基本准则》第十八条规定，法官应妥善处理个人和家庭事务，不利用法官身份寻求特殊利益。法官身份特殊，需要严格遵守法官职业伦理规范，并且告知其家庭成员不得违反相关规定，约束和监督家庭成员的行为，防止做出利用职务之便、影响司法公正的错误行为。

二、遵守司法礼仪

法官要有良好的职业道德、高尚的道德品质以及高度的社会责任感和使命感。《法官职业道德基本准则》第二十四条规定，坚持文明司法，遵守司法礼仪，在履行职责过程中行为规范、着装得体、语言文明、态度平和，保持良好的职业修养和司法作风。这里的司法礼仪，是指在司法过程中，包括法官、检察官、律师、当事人以及其他参与司法活动的人员在内的所有主体应当遵循的礼仪、仪式和交流方式。①

司法公正离不开对法律语言规范的遵循和运用，而法律语言规范又依赖于司法礼仪。良好的司法礼仪不仅有助于维持法庭活动的正常秩序和提升法官的公众形象，更为关键的是，它确保了司法行为的文明性和权威性。更明确地说，法官的职业道德要求他们遵循以下的司法礼节。

（一）遵守法庭规则

法庭规则主要体现在庭审前后。《法官行为规范》第二十九条规定了法官出庭时的注意事项：（1）准时出庭，不迟到，不早退，不缺席；（2）在进入法庭前必须更换好法官服或者法袍，并保持整洁和庄重，严禁着便装出庭；合议庭成员出庭的着装应当保持统一；（3）设立法官通道的，应当走法官通道；（4）一般在当事人、代理人、辩护人、公诉人等入庭后进入法庭，但前述人员迟到、拒不到庭的除外；（5）不得与诉讼各方随意打招呼，不得与一方有特别亲密的言行；（6）严禁酒后出庭。

此外，《法官行为规范》还规定了法官在庭审中的言行规范：（1）坐姿端正，杜绝各种不雅动作；（2）集中精力，专注庭审，不做与庭审活动无关的事；（3）不得在审判席上吸烟、闲聊或者打瞌睡，不得接打电话，不得随意离开审判席；（4）平等对待与庭审活动有关的人员，不与诉讼中的任何一方有亲近的表示；（5）礼貌示意当事人及其他

---

① 蒋惠岭：《遵守司法礼仪的义务——司法职业道德基本准则之六》，载《法律适用》第 2001 期，第 4 页。

诉讼参加人发言；（6）不得用带有倾向性的语言进行提问，不得与当事人及其他诉讼参加人争吵；（7）严格按照规定使用法槌，敲击法槌的轻重应当以旁听区能够听见为宜。法官群体被誉为"正义的传递者"，法官本身也应当拥有深厚的道德荣誉感，并应始终关注自己的行为举止，避免做出与法官的职业道德和专业要求不一致的行为。

（二）尊重诉讼当事人

法官有责任尊重当事人以及其他参与诉讼的各方的权益，应以礼貌、文明和善意的方式对待所有相关人员和旁听人员，以确保他们能正常、顺利地参与庭审过程。《法官职业道德基本准则》第二十二条规定，法官应该尊重当事人和其他诉讼参与人的人格尊严，避免盛气凌人、"冷硬横推"等不良作风；尊重律师，依法保障律师参与诉讼活动的权利。

在执行司法职责时，法官必须严格遵循为民服务的所有规定和要求。他们需要倾听民众的声音、了解他们的想法，并始终坚持主动司法的原则。此外，他们还需要培养服务意识，提供如诉讼指导、风险提示和法律解释等便民服务，确保在司法实践中保持公正的形象。

（三）加强自身修养

法官有必要加强自己的政治素养和专业能力。出色的政治素养是一个合格的法官尽职尽责和公正执行司法职责必不可少的基础条件。对于法官来说，政治素养过硬是最基本的要求。作为人民法院的核心成员，法官在执行职责时必须做到全心全意为人民服务，持有坚定的政治信仰和立场，准确掌握司法改革的最新动态。在面对重大是非问题时，法官需要展现出坚定的政治操守，并不断提升自己的政治素养。密切关注党和国家的政策调整与制定，持续增强对当前政治状况的分析与反思技巧。

在我国的法律体系中，法官构成了一个高度专业化的职业群体。法官的职业能力和裁判的品质与其业务能力紧密相连，出色的业务能力是确保国家司法得以有效执行的关键。法官在任职过程中，需要不断扩充自己的法律知识，熟练掌握各种法律技巧，对新发布的法律法规和司法解释有深入的了解，研究法律原理，并提升在庭审和裁判文书制作方面的专业能力。在处理纠纷时，法官必须确保裁决的公正性和合理性，并确保法律文件的权威性得到公众的广泛认同。为此，他们需要具备深厚的法律背景、敏锐的观察技巧和分析能力，能够精准地识别事实、分析问题，并采用法律手段来解决这些问题。

第四章　法官庭外职业伦理

第一节　法官庭外职业伦理概述

一、法官庭外职业伦理的规范对象

一般认为，法官职业伦理包括两个方面的范畴：一是法官职务之内的行为，二是法官职务之外个人生活方面的行为。[①] 法官庭外职业伦理主要是基于法官的角色属性以及国家、社会对司法的要求及期待而对法官在法庭之外的行为所提出的道德要求和行为规范的总和。当前我国的法官角色属性是具有多个面向的。就法律的"内部视角"而言，法官被定义为一个消极、中立、被动的裁判者；然而将法官置于一国特定的社会、历史背景之下，从社会的"外部视角"则能看出法官的政治性角色、法律性角色、社会性角色。[②] 2007 年 12 月 26 日，时任中共中央总书记胡锦涛在全国政法工作会议代表和全国大法官、大检察官座谈会上指出，要"始终坚持党的事业至上、人民利益至上、宪法法律至上，切实承担起带领广大法官、检察官和其他工作人员保障科学发展、促进社会和谐的历史使命和政治责任，为建设公正高效权威的社会主义司法制度而不懈努力"[③]。这表明我国的司法制度是政治性、人民性和法律性的有机统一，相应地，法官也就具有了政治性、法律性、社会性的多重角色属性。随着"司法为民""努力让人民群众在每一个司法案件中感受到公平正义"等理念的提出，当前我国法官的社会性角色不断凸显，为回应人民群众对于司法公正的要求、期待，法官必须关注民生、民情、民意的总体状态，办案追求法律效果与社会效果的统一。与此同时，法官这一职业作为法律和法院的代言人，也在司法不断得到重视的法治国家建设进程中被寄予了更高的期待和要求。《法官职业道德基本准则》第三条规定："法官应当自觉遵守法官职业道德，在本职工作和业外活动中严格要求自己，维护人民法院形象和司法公信力。"这表明法官不仅要在个案审判中保证实体公正和程序公正，同时还应在工作和业外活动中言行举止符合维护法官、法院形象与司法公信力的要求，司法公正不仅应在实体层面体现，为了避免人民群众对司法公正产生怀疑，其还应体现在形象公正层面。由此，主要约束法官的业

[①] 李红英、韩迎亮主编：《法律职业伦理案例教程》，中国民主法制出版社 2020 年版，第 9 页。

[②] 江国华、高冠宇：《当代中国法官角色的谱系》，载《江汉大学学报（社会科学版）》2012 年第 3 期，第 41 页。

[③] 王振川主编：《中国改革开放新时期年鉴（2007 年）》，中国民主法制出版社 2014 年版，第 6556 页。

外活动的法官庭外职业伦理成为法官职业伦理的重要组成部分。同时，由于法官本职工作内职务的多样性，一些在法庭之外进行的法官职业活动中法官也会与社会外界产生交往，对法官这一部分职业行为的行为规范也是法官庭外职业伦理的内容。因此，法官庭外职业伦理主要是对法官的庭外活动，即法官的庭外职业活动与法官的业外活动提出要求与规范。

（一）法官的庭外职业活动

法官的庭外职业活动是指法官在法庭之外进行的与社会外界存在接触交往的法官本职工作内的职业活动。作为法律内部视角之下的消极、中立、被动的裁判者，法官的职业属性决定法官直接影响着具有终局性的司法判决的形态，法官在法庭审判过程中扮演的角色无疑是法官职业属性最核心之所在，这一中立裁判者的角色使得保证审判公平公正成为法官所必须遵守的职业操守，审判公正规则成为法官审判伦理的重要内容。但一个完整的司法案件的审理涵盖立案、开庭、调解、判决、执行等多个过程，为保证司法公正，对法官作出的职业行为规范则要求涵盖司法审判的全过程。一部分的司法活动以及法官本职工作内的职业活动在法庭之外进行，为了防止人们质疑司法公正，维护法院形象和司法公信力，法官在进行此类庭外职业活动时必须遵守法官庭外职业伦理。

在立案、开庭、调解、判决、执行等司法审判环节当中，执行环节具有特殊的性质，执行司法活动中法官的大多数职业活动都是在法院之外进行的。执行法官的职业活动包括前往各相关部门、机构、财产所在地等对被执行人的财产进行查询、冻结、查封，根据提供的被执行人下落对被执行人进行人身控制等内容。作为重要的司法环节之一，《法官行为规范》第五十五条也对执行工作作出了"依法及时有效执行""坚持文明执行""讲求方式方法"等的基本要求。为保证司法公正和司法公信力得到社会的认可，执行法官在法院之外的职业活动中应避免有损法官形象和司法公信力的不当言行。

由各级人民法院组织开展的法制宣传教育活动也是法官庭外职业活动的重要内容。法制宣传教育在服务经济社会发展、维护社会和谐稳定、落实依法治国基本方略中发挥着重要作用。《全国人民代表大会常务委员会关于进一步加强法制宣传教育的决议》指出，各国家机关和武装力量、各政党、各社会团体、各企事业单位和各类组织，都要高度重视法制宣传教育工作，积极组织开展本部门、本单位以及面向社会的法制宣传教育。法院是法律帝国的首都，法官是法律帝国的王侯。[①] 法院和法官离法律最近，也最懂法律，各级人民法院组织法官开展的普法宣传活动在法制宣传教育中发挥着重要作用。全心全意为人民服务，为社会主义经济发展服务是法官政治素质的要求，送法下乡、社区法制宣传、企业合规宣讲等便成为法官的业务内容，法官在上述庭外职业活动中，在与民众和社会近距离接触的过程中更需谨言慎行，任何有损司法形象、司法公信力的不当言行都易引起社会和民众的关注而被放大。

---

① ［美］德沃金：《法律帝国》，李常青译，中国大百科全书出版社 1996 年版，第 361 页。

（二）法官的业外活动

法官的业外活动是法官职务之外所有个人生活方面活动的总和。作为法律帝国的王侯，法官通过审判定分止争，惩恶扬善，弘扬正义；作为公平正义最后一道防线的捍卫者，法官的职业修养、道德素养对于保证司法公正、司法公信力至关重要。在全面深化改革的社会转型时期，社会对于司法的关注比以往任何时候都更强烈，在这一过程中，执掌司法裁判权的法官脱去法袍成为社会生活中的普通个人时，其社会生活中的个人行为也会受到社会各界目光的关注，为维护司法形象和司法公信力，法官在公众生活中的个人行为必然一定程度受到其法官身份所代表的公共利益的限制。《法官行为规范》第八十条对法官的业外活动提出了基本要求，即遵守社会公德，遵纪守法；加强修养，严格自律；约束业外言行，杜绝与法官形象不相称的、可能影响公正履行职责的不良嗜好和行为，自觉维护法官形象。因此法官职业伦理对法官行为的规范和约束还涵盖法官的业外活动。法官的业外活动主要是指官工作时间之外的与职务无关的个人活动以及工作时间内与本职工作无关的个人活动。法官的业外活动主要有日常生活活动、知识输出活动等。法官的日常生活活动主要包括法官的家庭生活、社会交往、学习活动、娱乐活动。法官的知识输出活动主要是参加座谈、研讨活动、利用业余时间写作或发表文章、出版书籍、开展授课活动等。

二、法官庭外职业伦理的意义

（一）有利于维护司法形象和司法公信力

美国法学家本杰明·卡多佐基于法院权力的强大且易被滥用性以及并不认为在授予法院权力方面应当畏缩不前的观点，引用欧根·埃利希（奥地利法学家）的话说道："除了法官的人格外，没有其他东西可以保证实现正义。"[①] 尽管现已存在诸多用以保障司法公平公正的制度设计，但在具体的司法个案中，对案件的判决作最终决定的永远是有血有肉的人，而不是制度本身，法官的职业道德、个人私德水平的高低直接影响着个案中的司法公正。因此，基于法官职业所承载的司法权具有神圣性、权威性和终局性，以及司法判决直接关乎当事人的生命、财产、自由等重要权利的得失，国家和社会对法官所提出的职业伦理的标准必然是较高的，法官的职业伦理约束的法官行为不仅是其职业活动，同时涵盖其业外活动，这是因为法官作为有血有肉的自然人在社会生活中的个人行为展示的是其真实的人格，这种人格形象是否符合民众对身居司法职位之法官的心理预期，直接影响着民众对司法公正的看法和民众对司法的信服程度。从心理学的角度来看，形象不是事物本身，而是人们对事物的整体印象；法官的形象源于人们对法官在社会活动尤其是司法裁判过程中各种外在行为表现的感知和评价，人们评判法官是否公正，往往要看其言行举止与法官角色的社会期许的契合度程度，契合度越高，主观判断

---

① ［美］本杰明·卡多佐：《司法过程的性质》，苏力译，商务印书馆 2009 年版，第 6 页。

上的公正程度也就越高。[①] 因此，法官在职业活动和业外活动中是否公正的外在形象是民众对于司法公正与否的第一印象与初步判断，约束法官的庭外活动有利于维护法官、法院的司法形象，而这种司法形象的公正也已经成为司法公正内涵的重要组成部分，《法官行为规范》第二条对法官坚持公正司法作出要求时指出，法官应确保实体公正、程序公正和形象公正。实体公正和程序公正是司法公正的基础，而形象公正则是让社会普通民众感受到司法公正的重要载体和媒介，法官业外活动树立的良好法官形象能够提升民众对法官以事实为依据、以法律为准绳作出公正司法判决的信心，这直接关系到司法公信力的高低。

（二）有利于法官更好履职

法官职业伦理的核心内容是公正司法，法官的核心职责是维护司法公正。法官庭外职业伦理作为法官职业伦理的一部分，亦围绕公正司法而对法官的庭外职业活动和业外活动提出要求与规范。《法官行为规范》第八十条从加强修养，严格自律以及约束业外言行，杜绝与法官形象不相称的、可能影响公正履行职责的不良嗜好和行为两个方面，为维护法官形象规定了法官的应为和不应为。

加强修养、严格自律是从积极作为的方面促进法官更好履职。最高人民法院在《关于深入推进社会主义核心价值观融入裁判文书释法说理的指导意见》中强调："政治效果、法律效果和社会效果的有机统一。立足时代、国情、文化，综合考量法、理、情等因素，加强社会主义核心价值观的导向作用，不断提升司法裁判的法律认同、社会认同和情理认同。"情理法结合，实现三个效果的有机统一，是新时代重要司法理念之一。加强修养、严格自律要求法官在业外活动中要努力提升自身政治素质、业务素质、道德素质、人文素质。政治素质使法官能够贯彻国家司法为民的政治目标和导向；业务素质确保法官准确适用法律；良好的道德素质使法官能够坚持职业道德操守、恪尽职守；人文素质则使法官能够在判决中关注到社情民意的总体状态，发挥司法的能动作用。法官庭外职业伦理要求法官加强修养，提高自身政治素质、业务素质、道德素质、人文素质，从而实现审判的政治效果、法律效果与社会效果的统一，促进新时代重要司法理念的实现。

杜绝可能影响公正履职的不良嗜好和行为有利于维护法官履职的独立性。独立行使审判权是法官公正履职的重要保障。《法官职业道德基本准则》第八条规定，法官应"坚持和维护人民法院依法独立行使审判权的原则，客观公正审理案件，在审判活动中独立思考、自主判断，敢于坚持原则，不受任何行政机关、社会团体和个人的干涉，不受权势、人情等因素的影响"。基于法官职业的公职属性以及作为普通社会成员的私人属性的双重身份属性，为避免作为社会成员的法官的个人利益、个人行为侵蚀公职属性所要求的司法公正，保证法官履职独立，审判客观中立，法官庭外职业伦理要求法官在业外活动中遵守办案纪律、廉政纪律，不能私下与当事人、律师等有不正当利益往来，

---

① 惠从冰：《公平正义：从形象公正做起——简论"实体、程序、形象"三位一体的司法公正观》，载《山东法官培训学院学报（山东审判）》2014 年第 5 期，第 17 页。

回避与案件有利害关系的业外活动，在最大程度上要求法官杜绝一切可能干扰其独立行使审判权的外在影响因素。

第二节　法官庭外职业伦理的具体要求

一、提高法官个人修养

为建设高素质法治工作专门队伍以适应全面依法治国需要，我国《法官法》近年来历经多次修订。2019 年修订的《法官法》第十二条规定，担任法官必须具备良好的政治、业务素质和道德品行、从事法律工作满一定年限、获得法律职业资格等条件，修订后的《法官法》对法官的政治素质、业务素质和道德品行都有了更高的要求。对法官素质的高要求不仅反映在初任法官门槛的提高之上，例如《法官职业道德基本准则》第二十三条要求法官应当坚持学习，精研业务；《法官行为规范》第八条要求法官加强修养，坚持学习，不断提高自身素质。已就任的法官亦应当不断提高个人修养以更好履行法官职责。因此，提高法官个人修养成为法官庭外职业伦理的重要内容。具体而言，法官在履行基本职责之外应当注重提升自身的政治素质、业务素质、道德素质、人文素质。

（一）政治素质

法官的政治性角色是我国法官角色谱系中的重要组成部分。新民主主义革命时期，受革命形势和革命任务的影响，我国的司法从制度到实践都十分强调司法的革命性和人民性，基于司法的革命性、人民性以及当时制定法数量的缺乏，精通法律知识的人才匮乏，对法官的选任要求和条件多侧重于政治素质、革命立场等非法学知识专门素养，法官的选任、职能与作用在很大程度上与政治干部类似，贯彻"群众路线"，"从群众中来，到群众中去"，依靠群众调查研究，解决并纠正疑难与错案，使群众在审判活动中得到教育的"马锡五审判方式"成为这一时期司法政治性之下人民司法的一个缩影。而后随着司法改革的不断开展，我国法官的专业化、职业化程度不断提高。近年来随着"三个至上""司法为民""政治效果、法律效果和社会效果"等司法领域理念的提出，法官的社会性角色日益凸显。

对法官专业化水平和司法社会效果的强调并不意味着我国法官的政治性角色不复存在，在法官的政治性、法律性、社会性角色的属性当中，政治性角色仍然具有重要作用，良好的政治素质是法官恪尽职守、公正司法的先决条件。[①] 我国是社会主义国家，一切国家权力来自人民，法官的司法审判权力作为国家公权力之一，源自人民，法官行使审判权理应接受人民监督、体现人民意志、维护人民的利益。人民对司法的要求与期待是司法的公平正义，法官职业道德、行为规范等的要求都是人民利益所系，因此，为确保法官判案能够实现司法公平正义，法官必须具备过硬的政治素质，如此才能心系人

---

① 马长山主编：《法律职业伦理》，人民出版社 2020 年版，第 142 页。

民利益，恪守司法公正。当前对于司法为民理念的不断强调使得法官的社会性角色凸显，然而，由于我国司法为民的司法基本底色是由社会主义司法制度所决定的，法官是否具备优秀的政治素质影响着其能否深刻理解并贯彻司法为民理念。"让人民群众在每一个个案中感受到公平正义""法律效果与社会效果的统一""发挥司法能动作用，实现案结事了"等司法理念要求法官在判案时不能完全局限于法律的思维与框架，司法审判不得违背社会总体情况和主流价值观念，这实际上是从司法为民的政治属性出发，要求法官关注社情民意总体状态以实现司法良好的社会效果。

法官的政治素质在法官应当具备的诸多素质中居于首位，对法官政治素质的强调不是让法院成为政治机关，也不是让法官在司法审判中被政治势力左右，而是要让法官忠于社会主义司法事业，忠于人民，忠于宪法法律，恪守司法公平正义，全心全意为人民服务，为我国经济社会发展服务。法官在业外活动中应当加强对国家大政方针政策的学习，准确把握司法改革方向与目标，学习和理解新时代的司法理念，加强自身的党性修养，培养大局意识，深刻认识到司法在全面依法治国、全面深化改革以及社会主义经济事业发展中的重要作用，意识到国家审判权的神圣性和重要作用。

（二）业务素质

《最高人民法院关于完善人民法院司法责任制的若干意见》第十五条与第十六条指出，法官的职责包括主持或指导庭前准备工作、审判辅助工作、庭审活动、调解活动、审核证据，参与案件评议并制作裁判文书等。法官为更好履行其职责，必须具备优秀的业务素质。依据法官的职责内容，法官的业务素质具体包括庭审主持能力、事实认定能力、法律适用能力、说理表达能力、文书写作能力等方面。

"法官乃会说话的法律，法律乃沉默的法官。"[①] 作为法律帝国的王侯、法律的代言人，法官最基本的业务素质便是准确适用法律公正判案的能力。在过去的一二十年里，我国经历了立法数量的快速增长时期，法律体系日益完备，越来越多的新兴领域、社会生活方面等被纳入法律规制的框架，这给适用法律行使司法审判权的法官带来了相应的挑战。在司法审判中，法官必须能够发现法律、解释法律、论证法律，结合事实作出公正判决。在法律随着社会生活变迁而不断更新的时代背景之下，法官仅仅依靠其任职时的法律知识和庭审活动积累的司法实践经验不足以很好地履行司法审判职责。法官必须在庭审活动之余、在业外活动中自觉积极参加业务培训，加强法律知识的学习，及时更新法律知识。法律文本知识是法官正确适用法律的前提与基础，法官学习国家新法、学习最高人民法院对于法律适用所作的司法解释固然重要，与此同时，"徒法不能以自行"，法官是法律的施行者，而不是法律自动贩卖机，法官的自由裁量权之存在、法律效果与社会效果相统一的司法理念等都表明了司法审判过程不是一个纯粹适用规则进行三段式推理的机械过程，为了准确理解、适用法律，法官的知识体系不仅应包括法律文本知识，还应包括法学理论功底。法学理论知识能够帮助法官理解法律规则的立法精

---

① ［美］爱德华·S. 考文：《美国宪法的"高级法"背景》，强世功译，生活·读书·新知三联书店1996年版，第8页。

神、法的基本理念、法的原则，还可以帮助法官在案件中出现法条冲突、法律规定不详尽等情况时更好行使其审判权，不违背法律之精神，同时为判决理由提供充分和令人信服的论证和说理，使当事人和社会公众能够信服判决，案结事了。

法官要加强修养，坚持学习，这是《法官职业道德基本准则》和《法官行为规范》提出的明确要求。法官在学习法律文本知识和法学理论知识之余还应当通过恰当的方式提高自身所需业务素质的其他方面。法官的业务素质关乎司法审判的效率与效果，"迟到的正义非正义"，"一次不公正的裁判，其恶果甚至超过十次犯罪"，法官的核心职责——公正司法有赖于法官在每个个案当中提高司法效率和正确适用法律公正裁判。

（三）道德素质

若邪人用正法，则正法也邪，法官高尚的道德素质是法官以事实为依据，以法律为准绳进行司法裁判的保证，法官没有道德操守，受利益、人情因素影响等而枉法裁判，司法公正也就无从实现，作为法律帝国王侯的法官不济，法律帝国之大厦也只能倾覆。

法官职业所要求的道德素质首先是法官的职业道德。《法官职业道德基本准则》第二条明确了法官职业道德的核心是公正、廉洁、为民。公正是司法活动本身的基本规律与永恒的价值追求，公正司法是法官职业最大的价值追求。我国《法官职业道德基本准则》第五条明确指出法官必须尊崇和信仰法律，法律必须被信仰是法官公正司法的必然要求。习近平总书记指出，如果不信仰法治，没有坚守法治的定力，面对权势、金钱、人情、关系，是抵不住诱惑、抗不住干扰的。任何国家任何制度都不可能把执法司法人员与社会完全隔离开来，对执法司法的干扰在一定程度上讲是客观存在的，关键是遇到这种情况时要坚守法治不动摇，要能排除各种干扰。[①] 法官尊崇信仰法律，要求法官必须尊崇法律本身的精神和意旨，在司法审判活动中严格执行法律，自觉维护法律的权威和尊严，保证案件的实体公正，培养抵御外界干扰的能力，恪守公正、廉洁、为民的职业道德，不得根据个人的喜好恣意裁判，更不得将法律作为谋取自己非法利益的作奸犯科之工具。

法官能否自觉遵守职业道德很大程度上受个人道德修养的影响，法官作为自然人，个体的意志力、自律性直接影响着法官职业道德遵守情况。因此，法官在业外活动中应注重提升自身的道德修养，培养自律性与意志力，不断提高自身是非观、权力观、人生观、价值观等观念的正派水平，从而以较高的道德修养给自身立法，并将这种自我立法带到司法职业中，从而树立起司法职业良知，在职业活动中不为不应为之事。

法官职业所要求的道德素质还包括法官的个人道德。个人道德的本质是人为自己的行为和意志立法，这需要法官树立正确的世界观、人生观、价值观，养成对是非对错的正确看法和良善的认知，增强意志力和自律性，从而遵从个人良好道德的自我立法，为应为之事，不为不应为之事。法官个人道德修养的高低不仅关乎法官能否恪守公正司法的职业道德要求，还关乎法官能否贯彻保持廉洁自律、坚持司法为民、维护司法形象等法官职业道德的要求。法官职业道德的廉洁性要求对法官的业外活动提出相应的规范，

---

① 中共中央文献研究室：《十八大以来重要文献选编（上）》，中央文献出版社 2014 年版，第 718—719 页。

如法官不得与当事人及其相关人员有不正当利益往来，不得利用职务和身份谋取不正当利益，不得从事或者参与营利性的经营活动。坚持司法为民要求法官自觉维护人民群众的合法权益，司法审判不得掺杂个人利益因素。维护司法形象要求法官杜绝与法官职业形象不相称、与法官职业道德相违背的不良嗜好和行为，遵守社会公德和家庭美德。尽管许多职业都存在道德方面的职业要求，但由于法官代表国家行使国家公权力，行使关乎民众生命、财产、自由等重要权利的审判权，其职业道德和个人道德要求远高于其他职业。法官具有较高的个人道德修养，有利于抵御利益诱惑，防止个人利益对公正司法、司法廉洁的侵蚀，也有利于其在公众中树立良好形象，这对于维护司法形象、提升司法公信力、促进司法形象公正亦具有重要作用。

（四）人文素质

虽然法官是法律的代言人，但司法审判活动从来都不是一个纯粹的法律问题。本杰明·卡多佐在《司法过程的性质》中提到，逻辑、历史、习惯、效用以及为人们所接受的正确行为的标准是一些独自或共同影响法律进步的力量，在某个具体案件中，哪种力量将起支配作用，这在很大程度上必定取决于将因此得以推进或损害的诸多社会利益的相对重要性或相对价值。① 以"法官造法"为特点之一的普通法传统中的法官在个案审判活动中承担着衡量社会公共利益的职责，至于法官何以得知一种利益已经超过了另一种利益，本杰明·卡多佐认为，法官必须像立法者那样从经验、研究和反思中获取他的知识，简言之，就是从生活本身获取。本杰明·卡多佐的论述强调了法官应当深入参与社会生活，从中感知公众的观念看法、感知社会利益的趋势变化等，从而更好地完成法官"立法者"的工作。

虽然我国司法制度没有法官造法的传统，但对于法官社会生活经验的强调并不匮乏。最高人民法院 2001 年发布的《法官职业道德基本准则》指出，法官应当具有丰富的社会经验和对社会现实的深刻理解。习近平总书记在 2014 年的中央政法工作会议上指出，司法活动具有特殊的性质和规律，司法权是对案件事实和法律的判断权和裁决权，要求司法人员具有相应的实践经历和社会阅历，具有良好的法律专业素养和司法职业操守。② 法律的制定和修改往往是社会变迁的反映，这是法律适应社会发展需要的表现，在某种意义上，法律体现和反映着社会的主流价值观念、道德准则，因此对法律的理解和适用不能违背社会主流价值与道德观念，因而法官参与社会生活、了解社会现实、积累社会经验是其正确理解法律背后的价值与精神的要求。

此外，法官的司法权涵盖对案件事实的法律判断权，在个案审判当中，法官基于在案证据对事实作出的法律认定也是法官行使司法审判权的活动，而这一活动深受法官人文素质的影响。在轰动全国的"彭宇案"中，主审法官根据在案证据运用经验法则认定原告是否撞倒被告时，认为"如果被告是见义勇为做好事，更符合实际的做法应是抓住

---

① ［美］本杰明·卡多佐：《司法过程的性质》，苏力译，商务印书馆 1997 年版，第 67 页。
② 中央宣传部、中央依法治国办：《习近平法治思想学习纲要》，人民出版社、学习出版社 2021 年版，第 113 页。

撞倒原告的人，而不仅仅是好心相扶；如果被告是做好事，根据社会情理，在原告的家人到达后，其完全可以在言明事实经过并让原告的家人将原告送往医院，然后自行离开，但被告未作此等选择，其行为显然与情理相悖"。主审法官的推论认为做好事的第一要务是抓住侵权人而不是扶起原告，而被告好人做到底、送佛送到西的送医行为也被排除在常理下做好事的范围之外。本案的判决引起了社会的批评和谴责，其缘由在于法官根据自己的价值观、道德观来运用经验法则认定案件事实，而其价值和道德观念与社会所倡导之观念相悖。"司法是法治社会中极富实践性的基本环节，是连接国家与社会之间的主要桥梁，是实现社会公平正义的殿堂。"① 法官不得在审判中忽视社会主流价值和道德观念，否则司法审判必将带来不良的社会效果。

在解决纠纷之外，司法还承载着衡量与维护社会公共利益、引领社会道德风尚的职能，法律效果与社会效果相统一是我国司法的理念和价值追求。对司法社会效果的强调决定了法官必须具备较高的人文素质，离开人文素质，离开对社会生活的关注和深入参与，法官在司法审判中则很有可能落入僵化刻板适用法律条文的窠臼。法官要实现司法审判的良好社会效果，则必须听民声、察民情、知民意，注重发挥司法能动作用。法官必须在审慎参与业外活动的基础上广泛而深入地接触社会，不断增加自身的社会经验和社会阅历，提高自身人文素质。

二、约束法官庭外活动

法官既是国家公职人员，也是普通社会成员的一员，作为普通社会成员的法官有自己的家庭生活、社会交往、学习活动、娱乐活动，但法官的公职职业属性使得法官在私人生活中的行为不能是随心所欲的。吸引着社会各界目光、承载着维护司法公正职责的法官在业外活动中必须遵守具有较高要求和标准的法官庭外职业伦理，法官业外活动不当则会损害其公职身份所代表的公共利益。因此，法官在庭外职业活动中，在与社会公众直接接触的过程当中应当注意约束自身言行，避免损害司法形象与司法公信力。

（一）回避影响法官公正履职的活动

法官通常具备丰富的法律知识和司法实践经验，法官在业外可能会出于赚取额外收入等原因而通过兼任其他职务、授课、写作等方式输出其法律知识。法官是社会成员一员，享有公民自由，其可以按照自己意愿参与上述业外活动，但同时也必须受其法官职业身份的相应限制，法官在业外活动中从事兼职、授课、写作等活动时不得影响法官正常履职，不得损害司法公正、法官形象。2019 年修订的《法官法》第二十二条规定："法官不得兼任人民代表大会常务委员会的组成人员，不得兼任行政机关、监察机关、检察机关的职务，不得兼任企业或者其他营利性组织、事业单位的职务，不得兼任律师、仲裁员和公证员。"《法官行为规范》第八十二条规定法官不得参加营利性社团组织。人民法院是唯一代表国家行使审判权的机关，法官独立行使审判权受到法律保护，法官独立行使审判权既是法官的权利也是法官的义务，在国家权力机关、行政机关、监

---

① 杨一平：《司法正义论》，法律出版社 1999 年版，第 25 页。

察机关、检察机关任职有违法官独立行使审判权之要求。法官不得兼任企业及其他营利性组织、事业单位职位则是为防止经济利益侵蚀司法公正而筑起的一道防火墙。法官作为中立裁判者，应当具有中立性、公正性，法官职业伦理为保证法官公正履职，要求法官保持廉洁，杜绝权钱交易。如果允许法官在营利性企业、组织、单位中任职，即使法官个人能够保持清正廉洁，仍难免存在瓜田李下之嫌，当事人照顾法官的营利性活动以及法官基于此而枉法裁判之可能性的存在已经足以让公众对司法公正产生怀疑。《关于人民法院落实廉政准则防止利益冲突的若干规定》（以下简称《廉政准则若干规定》）第三条明确指出法官不得从事的营利性业外活动的范围：（1）本人独资或者与他人合资、合股经办商业或者其他企业；（2）以他人名义入股经办企业；（3）以承包、租赁、受聘等方式从事经营活动；（4）违反规定拥有非上市公司（企业）的股份或者证券；（5）本人或者与他人合伙在国（境）外注册公司或者投资入股；（6）以本人或者他人名义从事以营利为目的的民间借贷活动；（7）以本人或者他人名义从事可能与公共利益发生冲突的其他营利性活动。《廉政准则若干规定》第七条规定法官不得违反规定从事为案件当事人或者其他市场主体提供信息、介绍业务、开展咨询等有偿中介活动。此外，《海口市中级人民法院法官行为指引（试行）》第三十七条还指出法官不应当参与，也不应当允许法官的名字被使用于任何商业广告或者借用法官所任职位去促成业务或者进行任何商业投资。《法官行为规范》第八十一条规定法官对与案件有利害关系的机关、企事业单位、律师事务所、中介机构等的座谈、研讨等活动的邀请应当谢绝，与案件无利害关系的团体、组织的邀请向单位请示获批后方可参加。

总的来说，对法官业外兼职类活动、营利性活动以及知识输出类活动的限制都是为了确保法官的廉洁性和履职公正性，维护法官履职中立性与独立性，避免公众质疑司法公正，与此同时，法官参与不为职业伦理所禁止的其他兼职、营利性活动等业外活动必须坚持不影响其正常履行本职工作职责的原则，避免业外活动占用法官过多时间和精力从而影响其审判工作。

（二）不以法官职权与身份谋取、接受不当利益

在经济社会中，各种国家公权力的权力寻租现象越来越多，司法审判权也不例外。法官手握关乎案件当事人重大利益得失的司法权力，有时在案件审理中还会知悉商事主体当事人的商业秘密，一些图谋不轨之人以金钱、情色、人情或其他利益为筹码，向法官行贿，希图法官利用职权为其提供非法利益。与此同时，部分法官职业道德欠缺、缺乏对法律的尊崇与信仰，利用其司法审判权力主动向他人索取利益，或者是利用其职权、身份的影响力谋取方便、照顾等其他利益的现象也屡见不鲜。法官徇私舞弊的行为违背了法官职业伦理的要求，为保证法官的公正廉洁，法官庭外职业伦理要求法官在庭外职业活动和业外活动中不得利用法官职权、法官身份谋取不当利益。具体而言，法官在庭外活动中应当杜绝与当事人及其相关人员的不正当接触交往、杜绝非正常人情往来、杜绝滥用职权与职务影响力为本人或特殊关系人谋取特殊照顾、利益。

法官应当杜绝与当事人及其相关人员的不正当接触交往。当事人在个案当中的利益得失直接受到法官司法审判权行使的影响，与当事人相关的人员，即律师、特殊关系人

（当事人的配偶、父母、子女、同胞兄弟姊妹和与案件有利害关系或可能影响案件公正处理的其他人）、中介组织（依法通过专业知识和技术服务，向委托人提供代理性、信息技术服务性等中介服务的机构，主要包括受案件当事人委托从事审计、评估、拍卖、变卖、检验或者破产管理等服务的中介机构）等在相当大的程度上和当事人是利益共同体，因此当事人及其相关人员是最有可能利用利益来诱惑法官枉法裁判、与法官存在不正当利益往来的人群。为了规范法官等司法人员与当事人及其相关人员的接触交往行为，最高人民法院发布了《关于进一步规范司法人员与当事人、律师、特殊关系人、中介组织接触交往行为的若干规定》（以下简称《接触交往若干规定》）。《接触交往若干规定》第五条规定，严禁司法人员与当事人、律师、特殊关系人、中介组织有下列接触交往行为：（1）泄露司法机关办案工作秘密或者其他依法依规不得泄露的情况；（2）为当事人推荐、介绍诉讼代理人、辩护人，或者为律师、中介组织介绍案件，要求、建议或者暗示当事人更换符合代理条件的律师；（3）接受当事人、律师、特殊关系人、中介组织请客送礼或者其他利益；（4）向当事人、律师、特殊关系人、中介组织借款、租借房屋，借用交通工具、通信工具或者其他物品；（5）在委托评估、拍卖等活动中徇私舞弊，与相关中介组织和人员恶意串通、弄虚作假、违规操作等行为；（6）司法人员与当事人、律师、特殊关系人、中介组织的其他不正当接触交往行为。《接触交往若干规定》第六条规定，司法人员因办案需要，确需与当事人、律师、特殊关系人、中介组织在非工作场所、非工作时间接触的，应依照相关规定办理审批手续并获批准。

法官应杜绝非正常人情往来。中国社会是一个讲求人情关系、礼尚往来的社会，在这样的社会环境中，法官极其容易受到人情、关系等因素的影响而徇私枉法，办"金钱案"之外，办"关系案""人情案"也已经成为我国法官司法腐败的主要情形之一。在社会生活中，法官有自己的亲人、朋友、老师、同学等社会关系，不可避免地需要进行社会交往，法官在生活中的正常社会交往、人情往来是允许的，但法官应当杜绝可能影响公正执行公务的非正常人情往来。区分正常人情往来和非正常人情往来的标准主要是看请客送礼的理由是否符合常理、请客送礼的数额是否远远超过社会一般情况以及法官给予请客送礼人的请客送礼数额。《廉政准则若干规定》第二条规定，人民法院工作人员不得接受可能影响公正执行公务的礼金、礼品、宴请以及旅游、健身、娱乐等活动安排。

法官应杜绝滥用职权与职务影响力为本人或特殊关系人谋取特殊照顾、利益。《廉政准则若干规定》第五条规定，法官不得利用职权和职务上的影响，买卖股票或者认购股权证；不得利用在办案工作中获取的内幕信息，直接或者间接买卖股票和证券投资基金，或者向他人提出买卖股票和证券投资基金的建议。第九条规定，法官不得利用职权和职务上的影响，指使他人提拔本人的配偶、子女及其配偶以及其他特定关系人。第十条规定，法官不得利用职权和职务上的影响，为本人的配偶、子女及其配偶以及其他特定关系人支付、报销学习、培训、旅游等费用。第十一条规定，法官不得利用职权和职务上的影响，为本人的配偶、子女及其配偶以及其他特定关系人出国（境）定居、留学、探亲等向他人索取资助，或者让他人支付、报销上述费用。第十二条规定，法官人民法院工作人员不得利用职权和职务上的影响妨碍有关机关对涉及本人的配偶、子女及其配偶以及其他特定关系人案件的调查处理。第十三条规定，法官不得放任本人的配偶、子女及其配偶以及其他特定关系人收受财物、以本人名义谋取私利，法官不得利用其职权、影响力为本人的配偶、子女及其配偶以及其他特定关系人经商、办企业提供便利条件。《法官行为规范》第八十五条规定，法官本人或者亲友与他人发生矛盾，法官不得利用法官身份寻求特殊照顾，不得妨碍有关部门对问题的解决；第八十六条规定，法官本人及家庭成员遇到纠纷需通过诉讼方式解决，法官在诉讼过程中不以法官身份获取特殊照顾，不利用职权收集所需证据。

（三）避免不当言论

法官在庭外活动中除了应避免损害司法公正、法官形象的不当行为，还应当注意自身言论。作为公民基本权利的言论自由受到宪法和法律的限制，法官则在此基础上还受到其职务对言论的相应限制。《法官行为规范》第八十三条规定，法官在写作、授课过程中，应当避免对具体案件和有关当事人进行评论，不披露或者使用在工作中获得的国家秘密、商业秘密、个人隐私及其他非公开信息；第八十四条规定，法官在接受采访时，不发表有损司法公正的言论，不对正在审理中的案件和有关当事人进行评论，不披露在工作中获得的国家秘密、商业秘密、个人隐私及其他非公开信息。在写作、授课、接受采访之外，法官在庭外活动的任何场合都不应当放松对自身言论进行管控的警惕，禁止法官泄露上述秘密和隐私的规定贯穿法官庭内庭外活动的全方面。基于法官维护司法形象的职业道德要求，法官在庭外活动中不得发表任何可能会引起公众对法官职业操守、司法审判的权威性与公正性、人民法院形象等质疑、不满的言论。基于法官的国家公职人员身份属性，法官的政治纪律要求法官不得发布任何有损国家声誉的言论。法官的办案纪律要求法官参加社交活动时不得谈论自己正在审理的任何案件的情况，同时应当避免在庭外活动中对未结案件的相关问题作公开回应，法官只能通过庭审程序和诉讼文书发表对正在审理的案件的判断和看法。总体而言，对法官言论自由的限制主要是为了防止法官言论损害国家形象、司法形象、司法公信力，防止国家秘密和商业秘密、个人隐私被泄露。

（四）保证个人生活作风与约束家庭成员行为

法官作为国家公职人员，其职业属性使得法官被社会公众期待具有较高的道德品行素质与廉洁的操守。《法官职业道德基本准则》第二十五条规定，法官应当培育高尚道德操守和健康生活情趣，杜绝与法官职业形象不相称、与法官职业道德相违背的不良嗜好和行为，遵守社会公德和家庭美德，维护良好的个人声誉。

法官应当培育健康的生活情趣，养成健康的爱好和生活习惯。当前人民法院审判任务激增，法官审判工作压力较大，法官在业外活动中可以通过自己的兴趣爱好、娱乐活动释放压力，但在休闲娱乐活动中应当杜绝不健康的、违法的喜好、习惯。法官可以小酌怡情但不可酗酒，更不可参与吸毒、嫖娼、赌博等违法活动，同时《法官行为规范》第八十八条规定，法官不得参加邪教组织或参与封建迷信活动，法官应当向家人和朋友宣传科学，引导他们相信科学、反对封建迷信。法官参与业外休闲娱乐活动时还应当注意维护法官形象，《法官行为规范》第八十七条规定，法官严禁乘警车、穿制服出入营业性娱乐场所。法官还应当养成健康的消费习惯，杜绝铺张浪费。法官的消费水平应当与其收入水平基本保持一致。

法官应当遵守社会公德和家庭美德，对家庭成员生活作风进行监督。社会公德与个人道德有所区别，但法官良好的个人形象离不开对二者的兼顾，社会公德和个人道德都是法官所应当具备的道德素质的组成部分。在日常生活中遵守社会公德要做到文明礼貌、助人为乐、爱护公物、爱护公共卫生环境、遵纪守法；遵守家庭美德要做到尊老爱幼、夫妻和睦、邻里关系和谐。家暴、不赡养老人等不遵守家庭美德甚至是违法的行为会让社会公众对法官道德素质与职业形象作出较低评价。

法官应当增强家庭成员对法官职业的廉洁性、为民性的认识，防止家庭成员的不当言行影响法官职务公正性与职业形象。法官应当督促家庭成员不得利用法官的职权和职业影响力向他人允诺，收受利益。司法为民是法官的职业道德要求，法官的权力是为其履行其职责和义务服务的，法官还应当避免其家庭成员利用其职权影响力为所欲为。

（五）离职后的行为约束

《法官法》第三十六条规定，法官从人民法院离任后两年内，不得以律师身份担任诉讼代理人或者辩护人；法官从人民法院离任后，不得担任原任职法院办理案件的诉讼代理人或者辩护人，但是作为当事人的监护人或者近亲属代理诉讼或者进行辩护的除外。《法官职业道德基本准则》第二十六规定，法官退休后应当遵守国家相关规定，不利用自己的原有身份和便利条件过问、干预执法办案，避免因个人不当言行对法官职业形象造成不良影响。《廉政准则若干规定》第八条规定，人民法院工作人员在离职或者退休后的规定年限内，不得接受与本人原所办案件和其他业务相关的企业、律师事务所、中介机构的聘任；不得担任原任职法院所办案件的诉讼代理人或者辩护人；不得以律师身份担任诉讼代理人、辩护人。除上述规定以外，法官离职后当然地不得泄露其在任职期间知悉的国家秘密、商业秘密、个人隐私。同时，法官谨言慎行维护司法形象的职业道德基本准则在其离职后亦应得到遵守。

法官因辞职、退休等原因而不再在法院任职的，仍需遵守法律和纪律对法官离职后的行为约束的相关规定。对离职法官担任诉讼代理人、辩护人的相关限制主要是为了防止法官利用其任职期间积累的人际关系和职权职务影响力而不利于相关诉讼案件的公正审理。严禁法官离任后利用原有身份和便利条件过问、干预执法办案有利于保障法官履职的独立性，维护司法公正。法官离职后一定年限内不得在原所办案件和其他业务相关的企业、律师事务所、中介机构中就业的规定是为了防止公众质疑法官和相关企业、组织、单位存在利益勾连，这一规定与法官离职后谨言慎行维护司法形象的职业道德准则，都是为了保证司法的形象公正。

第三节 法官违反庭外职业伦理的纪律责任

为确保法官依法独立公正履行审判职责，2015 年最高人民法院发布了《关于完善人民法院司法责任制的若干意见》，明确了法官审判责任的认定和追究程序，法官在审判工作中，故意违反法律法规的，或者因重大过失导致裁判错误并造成严重后果的，应当依法承担违法审判责任。法官庭外活动中不直接履行审判职责的行为对于法官能否公正履职、司法公正亦有影响，因此该规定同时指出，法官有违反职业道德准则和纪律规定，接受案件当事人及相关人员的请客送礼、与律师进行不正当交往等违纪违法行为，依照法律及有关纪律规定另行处理。这里的"法律及有关纪律规定"主要是《公务员法》《中华人民共和国公职人员政务处分法》《法官法》《人民法院工作人员处分条例》（以下简称《处分条例》），其中，《处分条例》涵盖了法官庭外活动的一系列行为规范与违反规范之惩戒办法，是法官违反庭外职业伦理需承担何种纪律责任的主要依据。法官审判责任规定约束法官行使司法审判权的过程，关注审判结果的公正与否，维护司法的程序公正与结果公正；而法官的纪律责任规定还关注和约束与法官公正履职间接相关的行为以及法官的庭外活动，较之于审判责任，其还从约束法官各种行为的角度对维护司法的形象公正产生促进作用。法官违反庭外职业伦理的行为在《处分条例》中对应表现为违反政治纪律、廉政纪律、管理秩序和社会道德的行为，相关规定具体如下。

一、违反政治纪律行为的处分

《处分条例》第一节"违反政治纪律的行为"对法官庭外活动中违反政治纪律的行为与处分作出了如下规定：

散布有损国家声誉的言论，参加旨在反对国家的集会、游行、示威等活动的，参加非法组织或者参加罢工的，违反国家的民族宗教政策并造成不良后果的，给予记大过处分；情节较重的，给予降级或者撤职处分；情节严重的，给予开除处分。因不明真相被裹挟参加上述活动，经批评教育后确有悔改表现的，可以减轻或者免予处分。

在对外交往中损害国家荣誉和利益的、非法出境或者违反规定滞留境外不归的、未经批准获取境外永久居留资格或者取得外国国籍的，给予记大过处分；情节较重的，给予降级或者撤职处分；情节严重的，给予开除处分。

有其他违反政治纪律行为的，给予警告、记过或者记大过处分；情节较重的，给予降级或者撤职处分；情节严重的，给予开除处分。

二、违反廉政纪律行为的处分

《处分条例》第三节"违反廉政纪律的行为"对法官违反庭外职业伦理相关的行为及其处分的规定如下：

利用司法职权或者其他职务便利，索取他人财物及其他财产性利益的，或者非法收受他人财物及其他财产性利益，为他人谋取利益的，给予记大过处分；情节较重的，给予降级或者撤职处分；情节严重的，给予开除处分。利用司法职权或者其他职务便利为他人谋取利益，以低价购买、高价出售、收受干股、合作投资、委托理财、赌博等形式非法收受他人财物，或者以特定关系人"挂名"领取薪酬或者收受财物等形式，非法收受他人财物，或者违反规定收受各种名义的回扣、手续费归个人所有的，依照前款规定处分。

接受案件当事人、相关中介机构及其委托人的财物、宴请或者其他利益的，给予警告、记过或者记大过处分；情节较重的，给予降级或者撤职处分；情节严重的，给予开除处分。违反规定向案件当事人、相关中介机构及其委托人借钱、借物的，给予警告、记过或者记大过处分。

违反规定从事或者参与营利性活动，在企业或者其他营利性组织中兼职的，给予记过或者记大过处分；情节较重的，给予降级或者撤职处分；情节严重的，给予开除处分。

利用司法职权或者其他职务便利，为特定关系人谋取不正当利益，或者放任其特定关系人、身边工作人员利用本人职权谋取不正当利益的，给予记过或者记大过处分；情节较重的，给予降级或者撤职处分；情节严重的，给予开除处分。

有其他违反廉政纪律行为的，给予警告、记过或者记大过处分；情节较重的，给予降级或者撤职处分；情节严重的，给予开除处分。

三、违反管理秩序和社会道德的行为和责任

《处分条例》第七节规定了人民法院工作人员"违反管理秩序和社会道德的行为"及其纪律责任，具体内容如下：

因工作作风懈怠、工作态度恶劣，造成不良后果的，给予警告、记过或者记大过处分。

故意泄露国家秘密、工作秘密，或者故意泄露因履行职责掌握的商业秘密、个人隐私的，给予记过或者记大过处分；情节较重的，给予降级或者撤职处分；情节严重的，给予开除处分。

弄虚作假，误导、欺骗领导和公众，造成不良后果的，给予警告、记过或者记大过处分；情节较重的，给予降级或者撤职处分；情节严重的，给予开除处分。

因酗酒影响正常工作或者造成其他不良后果的，给予警告、记过或者记大过处分；情节较重的，给予降级、撤职处分；情节严重的，给予开除处分。

违反公务车管理使用规定，发生严重交通事故或者造成其他不良后果的，给予警告、记过或者记大过处分；情节较重的，给予降级或者撤职处分；情节严重的，给予开除处分。

妨碍执行公务或者违反规定干预执行公务的，给予记过或者记大过处分；情节较重的，给予降级或者撤职处分；情节严重的，给予开除处分。

以殴打、辱骂、体罚、非法拘禁或者诽谤、诬告等方式侵犯他人人身权利的，给予记过或者记大过处分；情节较重的，给予降级或者撤职处分；情节严重的，给予开除处分。体罚、虐待被羁押人员，或者殴打、辱骂诉讼参与人、涉诉上访人的，依照前款规

定从重处分。

与他人通奸，造成不良影响的，给予警告、记过或者记大过处分；情节较重的，给予降级或者撤职处分；情节严重的，给予开除处分。与所承办案件的当事人或者当事人亲属发生不正当两性关系的，依照前款规定从重处分。

重婚或者包养情人的，给予撤职或者开除处分。

拒不承担赡养、抚养、扶养义务，或者虐待、遗弃家庭成员的，给予警告、记过或者记大过处分；情节较重的，给予降级或者撤职处分；情节严重的，给予开除处分。

吸食、注射毒品或者参与嫖娼、卖淫、色情淫乱活动的，给予撤职或者开除处分。

参与赌博的，给予警告或者记过处分；情节较重的，给予记大过或者降级处分；情节严重的，给予撤职或者开除处分。为赌博活动提供场所或者其他便利条件的，给予警告、记过或者记大过处分；情节较重的，给予降级、撤职处分；情节严重的，给予开除处分。在工作时间赌博的，给予记过、记大过或者降级处分；屡教不改的，给予撤职或者开除处分。挪用公款赌博的，给予撤职或者开除处分。

参与迷信活动，造成不良影响的，给予警告、记过或者记大过处分。组织迷信活动的，给予降级处分；情节较重的，给予撤职处分；情节严重的，给予开除处分。

违反规定超计划生育的，给予降级处分；情节较重的，给予撤职处分；情节严重的，给予开除处分。

有其他违反管理秩序和社会道德行为的，给予警告、记过或者记大过处分；情节较重的，给予降级或者撤职处分；情节严重的，给予开除处分。

第五章 律师与当事人

第一节 律师与当事人的关系

一、律师与当事人的关系概述

(一) 律师与当事人关系的重要性

律师与当事人，是相互依存、合作共赢的关系。当事人与律师建立委托代理关系时，其利益便与律师利益紧密捆绑在一起了，完成委托代理任务，是双方的共同目标。律师在法律范围内为当事人最大限度地争取合法权益，当事人需要配合律师工作，提供所需的材料和线索，以达到理想的代理效果，并支付律师代理费用。律师与当事人的关系贯穿律师执业活动的始终，处理好律师与当事人之间的关系是律师得以顺利开展执业活动的基本保障。在此意义上说，律师与当事人的关系是律师职业伦理规范的核心对象。

(二) 律师的代理能力

律师的代理能力，是律师与当事人建立关系及其关系存续的重要基础。美国律师协会《职业行为示范规则》规定，律师的代理能力包括以下几个方面：（1）法律知识和技能；（2）细心和准备；（3）称职性的保持。[1] 在中国，律师的代理能力主要包括四个方面。（1）法律能力。法律能力是指律师执业必须具备法律规定的条件。我国《律师法》第五条规定，申请律师执业，应当具备下列条件：①拥护《中华人民共和国宪法》；②通过国家统一法律职业资格考试取得法律职业资格（实行国家统一法律职业资格考试前取得的国家统一司法考试合格证书、律师资格凭证，与国家统一法律职业资格证书具有同等效力）；③在律师事务所实习满一年；④品行良好。（2）业务能力。律师进行案件的代理必须具有所接受案件需要的业务能力。（3）道德能力。律师应当具有很高的职业道德水准，具有法律职业基本的素养。道德能力有很多表现，集中起来概括为一点，即诚信。（4）身体能力。律师接受案件的时候，如果自己的身体条件不能满足当事人案

---

① 参见 [美] 德博拉·L. 罗德、[美] 小杰弗瑞·C. 海泽德：《律师职业伦理与行业管理（第二版）》，许身建等译，知识产权出版社 2015 年版，第 62 页。

件代理的要求，应当向当事人说明情况，拒绝接受代理。

（三）律师与当事人的委托代理关系

律师与当事人的关系，本质上是一种合同关系，律师与当事人的关系应当受《中华人民共和国民法典》（以下简称《民法典》）调整，确立为"委托代理"的合同关系。司法实践中，民事案由有一类"法律服务合同纠纷"，也证实了律师与当事人的关系是一种委托代理关系。

律师与当事人的关系，涉及"律师"与"当事人"两个关系主体。从律师主体的角度，委托代理关系的建立，主要来源于《律师法》对律师权利义务的规定。根据《律师法》第二十八条的规定，律师可以从事下列业务：（1）接受自然人、法人或者其他组织的委托，担任法律顾问；（2）接受民事案件、行政案件当事人的委托，担任代理人，参加诉讼；（3）接受刑事案件犯罪嫌疑人、被告人的委托或者依法接受法律援助机构的指派，担任辩护人，接受自诉案件自诉人、公诉案件被害人或者其近亲属的委托，担任代理人，参加诉讼；（4）接受委托，代理各类诉讼案件的申诉；（5）接受委托，参加调解、仲裁活动；（6）接受委托，提供非诉讼法律服务；（7）解答有关法律的询问、代写诉讼文书和有关法律事务的其他文书。从当事人主体的角度，委托代理关系的建立，主要来源于"三大诉讼法"的确定。根据《民事诉讼法》第六十一条，当事人、法定代理人可以委托一至二人作为诉讼代理人，下列人员可以被委托为诉讼代理人：（1）律师、基层法律服务工作者；（2）当事人的近亲属或者工作人员；（3）当事人所在社区、单位以及有关社会团体推荐的公民。在此，要明确民法上"代理"的含义。在民法中，代理是指代理人在代理权限内，以被代理人的名义从事法律行为，由被代理人承担法律后果。代理具有下列基本特征：（1）代理行为必须是具有法律意义的行为；（2）代理人在代理权限内独立为意思表示；（3）代理人以被代理人的名义为法律行为；（4）被代理人对代理人的代理行为承担法律责任。根据《刑事诉讼法》第三十三条的规定，犯罪嫌疑人、被告人除自己行使辩护权以外，还可以委托一至二人作为辩护人，下列人员可以被委托为辩护人：（1）律师；（2）人民团体或者犯罪嫌疑人、被告人所在单位推荐的人；（3）犯罪嫌疑人、被告人的监护人、亲友。该条明确了律师可以被委托为刑事诉讼辩护人。根据《行政诉讼法》第三十一条的规定，当事人、法定代理人可以委托一至二人作为诉讼代理人。下列人员可以被委托为诉讼代理人：（1）律师、基层法律服务工作者；（2）当事人的近亲属或者工作人员；（3）当事人所在社区、单位以及有关社会团体推荐的公民。

二、律师与当事人关系的建立

（一）律师与当事人关系建立的规范要求

律师在与当事人建立委托代理关系时遵守规范性要求，既是体现律师职业专业性的重要方式，又是增强当事人信任感与服务获得感的重要前提。律师与当事人关系建立的规范要求主要包括三个方面的内容。

第一，规范代理身份。律师代理委托事务，必须由律师事务所统一接受委托，统一收取费用，律师不得以个人名义私自接受委托，更不得私自收取费用。

第二，禁止虚假承诺。律师在执业推广过程中，不得提供虚假信息或者夸大自己的专业能力，不得明示或者暗示与司法、行政等关联机关的特殊关系。但是，禁止律师虚假承诺的要求并不意味着其不能为当事人预测案件的最佳结局。

第三，风险告知义务。律师对于接受委托的案件，应当充分预想到可能发生的各种变化，适时、谨慎、准确、客观地将诉讼结果的不确定性及可能产生的风险告知当事人，以保证当事人能够在充分知情和掌握足够信息的基础上，与律师共同协商确定合理的代理目标和代理思路，并尽可能地避免和化解风险。

（二）律师与当事人关系建立的基本原则

律师与当事人遵守关系建立的基本原则，是律师与当事人顺利建立委托代理关系的基本前提。首先，律师要尊重当事人。律师应当理解、包容、安慰当事人，对于涉及案情的重要问题，应当主动地征求当事人的意见，耐心地解答当事人的提问，倾听当事人不同的意见，与当事人平等地讨论问题。其次，律师要理性引导当事人。引导当事人正确对待法院的判决、裁决等法律文书，引导当事人理性合法地维权。最后，合作的基础是诚信，律师在执业过程中必须遵守执业纪律和职业道德，以诚信贯穿法律服务的全过程。

（三）律师与当事人关系建立的方式

律师与当事人关系建立的方式，主要有两种。一种是通过委托代理合同建立律师与当事人的关系。依据《民法典》的规定，委托合同是委托人和受托人约定，由受托人处理委托人事务的合同。委托人可以特别委托受托人处理一项或者数项事务，也可以概括委托受托人处理一切事务。当事人可以与律师签订委托代理合同，约定由律师代为处理相应的法律事务，由此建立委托代理关系。另一种是通过指定代理，即法律援助制度，建立律师与当事人的关系。我国的法律援助制度，是国家建立的为经济困难公民和符合法定条件的其他当事人无偿提供法律咨询、代理、刑事辩护等法律服务的制度，是国家公共法律服务体系的组成部分。《中华人民共和国法律援助法》（以下简称《法律援助法》）规定，律师协会应当指导和支持律师事务所、律师参与法律援助工作。律师事务所、基层法律服务所、律师、基层法律服务工作者负有依法提供法律援助的义务。《法律援助条例》第十条规定："公民对下列需要代理的事项，因经济困难没有委托代理人的，可以向法律援助机构申请法律援助：（一）依法请求国家赔偿的；（二）请求给予社会保险待遇或者最低生活保障待遇的；（三）请求发给抚恤金、救济金的；（四）请求给付赡养费、抚养费、扶养费的；（五）请求支付劳动报酬的；（六）主张因见义勇为行为产生的民事权益的。"当事人可以通过申请法律援助的方式与律师建立无偿的委托代理关系。

律师的代理权限可分为一般代理权限和特殊代理权限，相应的代理范围由代理权限规定。一般代理权限，主要是指律师代理的诉讼程序中的工作，如出庭应诉、辩论，帮助被代理人收集诉讼证据，起草起诉状或者答辩状，代为申请财产保全、证据保全和先予执行，代为向法院、仲裁机构提供证据，询问证人、鉴定人和勘验人员，发表代理意见，代为申请执行等。特殊代理权限，由特别授权代理产生，主要指全权代理。代理人特别授权指的是委托人以特别授权赋予律师除了一般代理权限以外，尚具有代理当事人对案件的实体问题处理直接做出决定并明确表态的诉讼代理。在特别授权代理下，律师除了可以处理诉讼程序上的事项，还可以帮助当事人处理实体权利，如替被代理人代为承认部分或全部诉讼请求，代为放弃、变更或增加诉讼请求，代为和解，代为反诉，代为提出或申请撤回上诉等。

三、律师与当事人关系的变更与终结

（一）律师与当事人关系的变更

在律师与当事人委托关系存续期间，难免遇到因突然罹患重病等因素导致律师与当事人关系发生变更的情况。在实践中，律师与当事人关系的变更主要表现为转委托。在转委托发生时，应当注意以下几点：第一，需要变更委托事项、权限的，应当征得当事人的同意和授权；第二，未经当事人同意，律师事务所不得将当事人委托的法律事务转委托其他律师事务所办理；第三，非经当事人的同意，不能因转委托而增加当事人的费用支出。

（二）律师与当事人关系的终结

律师和当事人关系的建立和终结，都取决于律师和当事人两方。律师与当事人关系的终结可以分为关系解除和关系终止两种类型，分别对应不同的法定情形。

律师与当事人关系解除的情形主要有：（1）委托人利用律师提供的法律服务从事违法犯罪活动的；（2）委托人要求律师完成无法实现或者不合理的目标的；（3）委托人没有履行委托合同义务的；（4）在事先无法预见的前提下，律师向委托人提供法律服务将会给律师带来不合理的费用负担，或给律师造成难以承受的、不合理的困难的；（5）其他合法的理由的。

律师与当事人关系终止的情形主要有：（1）自然终止，即委托事项办理完毕，律师与当事人关系终止；（2）协商终止，律师与当事人之间是合同关系，经合同双方协商一致，可以终止合同；（3）法定终止，即出现了法律规定或职业伦理规定的情形，如利益冲突、健康问题、行为违规等。

律师与当事人关系的终结，要经历合理的程序。首先，主动选择终结关系的一方要提前告知对方，使得对方有充足的时间做好关系解除的准备。其次，双方要进行积极的沟通，做好委托事务的交接工作。再次，向相关部门或单位及时地进行汇报，以便诉讼等委托工作顺利进行。最后，必要情况下需得到相关负责人或负责部门的批准。

律师与当事人的关系终结后，律师还需要承担一定的附随义务。在律师与当事人关系解除或终止后，律师需要采取适当措施来保护当事人权益，主要包括费用结算、材料移交、信息报告等。

第二节　律师勤勉尽职规则

一、律师勤勉尽职规则的来源

律师勤勉尽职规则，来源于"以委托人利益为中心的代理"理论。该理论的核心内涵是，律师作为当事人法律上的代理人，其最基本的职责是维护当事人的权益。律师与当事人之间委托代理关系的基础是，法律问题本应属于委托人，通过建立委托代理关系，由律师帮助委托人实现法律目标。基本的委托代理关系本质，构成了"以委托人利益为中心的代理"理论的基础。为了体现这种关系服务于委托人的性质，美国律师协会库塔克委员会在制定《职业行为示范规则》时，将通常所说的"律师－委托人关系"重新订正为"委托人－律师关系"，以凸显委托人的中心地位。①

"以委托人为中心的代理"理论源于对律师职业属性的定位。我国 1996 年通过的《律师法》第二条规定，律师是"依法取得律师执业证书，为社会提供法律服务的执业人员"，将律师的性质界定为"社会法律工作者"。现行《律师法》第二条第一款将律师界定为"依法取得律师执业证书，接受委托或者指定，为当事人提供法律服务的执业人员"。从微观角度上说，律师服务的当事人是社会上的自然人、法人和其他组织；从宏观角度来说，律师提供法律服务面向的是社会这个整体。根据《律师法》的规定，律师有权在业务范围内选择承接的业务，对于承接业务和委托人具有一定的自主选择权。需要注意的是，律师是资格授予与执业活动相分离的职业，律师在执业前必须要取得执业资格，它和无须资格授予便可自行决定执业与否的自由职业者亦有区别。

律师的社会角色定位是"以委托人为中心的代理"理论的基础。作为当事人的委托代理人，律师职业的最高价值诉求就是被代理人的利益。正如伯罗汉在 1820 年为英国女王卡罗琳辩护时所说："辩护人在实施其义务时，心中唯有一人，即他的当事人。千方百计地解救当事人，甚至不惜牺牲其他人的利益，是辩护律师的首要和唯一的义务，在实现这一义务时，不必考虑他可能会给他人造成的惊恐、折磨和毁灭。"②

二、律师勤勉尽职规则的内容

律师勤勉尽职规则的内容，主要体现在以下几个方面：

第一，以委托人利益为中心的代理或辩护。一方面，要以当事人要求的利益目标作为工作目标和职业诉求。对于当事人提出的合法的利益需求，要尽可能设计出最佳策略，帮助当事人满足。另一方面，要帮助当事人定位自身利益。由于当事人缺乏法律知识，并且常常对于法律事实"当局者迷"，需要律师帮助其梳理法律事实，并通过法律专业知识的运用提出有力的法律意见，且这些意见不论是在法律上还是道德上都应是严

① 参见陈瑞华：《辩护律师职业伦理的模式转型》，载《华东政法大学学报》2020 年第 3 期，第 10 页。
② 转引自卢少锋、冯雷：《论辩护律师的真实义务》，载《河南社会科学》2019 年第 12 期，第 56 页。

丝合缝的。

第二，勤勉尽职义务表现为律师为当事人利益的付出、贡献。律师作为法律服务提供者，为当事人利益的付出与奉献，不仅表现为通过法律专业知识的运用帮助当事人实现利益目标，还表现为高质量的法律服务过程。例如，认真倾听当事人的法律诉求，从委托人的立场出发思考并理解其要求；在当事人的利益需求不太明确的时候，通过耐心的沟通建立信任关系，并引导其逐步明确利益需求；和当事人一起讨论并确立解决问题的思路，最终提出有效的法律策略等。

第三，勤勉尽职义务的实质是律师在职业活动中的注意义务（以普通专业人员能达到的水平为标准）。律师在职业活动中的注意义务，最重要的是对委托人忠诚，即保密义务，要求律师保守在执业活动中知悉的国家秘密和当事人的商业秘密，不得泄露当事人的隐私。

第三节　律师利益冲突规则

一、律师利益冲突的内涵

（一）律师利益冲突的概念

律师与当事人委托代理关系的基础是忠实义务，当律师有其他职业上或者个人的关系危及这种忠实义务，利益冲突就产生了。[①] 律师利益冲突，是指律师与当前的客户客观上存在着一定的相反利益取向，这种相反利益取向可能是潜在的、隐性的，但它存在于律师通过各种方式提供法律服务的过程中，虽然律师在采取法律行动或提供法律服务时，确实已从最大限度有利于客户的原则出发，也并不能保证这种利益上的冲突一定会被消除。

（二）律师利益冲突的特征

律师利益冲突有以下特征：

第一，律师利益冲突不以发生实际损害结果为条件。律师利益冲突并不要求该冲突已经造成了实际的损害结果，只要对当事人的利益存在潜在的损害风险，就构成了利益冲突。律师的多重代理身份或者律师身份转换所造成的利益冲突，是最常见的律师利益冲突的表现。[②] 例如《律师和律师事务所违法行为处罚办法》第七条规定的，属于《律师法》第四十七条第三项规定的律师"在同一案件中为双方当事人担任代理人，或者代理与本人及其近亲属有利益冲突的法律事务的"违法行为有：（1）在同一民事诉讼、行

---

① 参见〔美〕德博拉·L. 罗德、〔美〕小杰弗瑞·C. 海泽德：《律师职业伦理与行业管理（第二版）》，许身建等译，知识产权出版社 2015 年版，第 158 页。

② 刘薇：《律师执业利益冲突规范的适用——兼论我国律师协会的属性定位》，载《广西政法管理干部学院学报》2023 年第 4 期，第 9 页。

政诉讼或者非诉讼法律事务中同时为有利益冲突的当事人担任代理人或者提供相关法律服务的；（2）在同一刑事案件中同时为被告人和被害人担任辩护人、代理人，或者同时为二名以上的犯罪嫌疑人、被告人担任辩护人的；（3）担任法律顾问期间，为与顾问单位有利益冲突的当事人提供法律服务的；（4）曾担任法官、检察官的律师，以代理人、辩护人的身份承办原任职法院、检察院办理过的案件的；（5）曾经担任仲裁员或者仍在担任仲裁员的律师，以代理人身份承办本人原任职或者现任职的仲裁机构办理的案件的。

第二，律师利益冲突不要求律师具有损害委托人利益的主观过错。律师利益冲突的情形不考虑律师的主观表现，律师事务所在接收、分发案件时，由于利益冲突审查失误常常容易造成律师利益冲突。

第三，律师利益冲突可以通过当事人的事先同意而取得责任豁免。《律师执业行为规范（试行）》（2017年修正）第五十三条规定，委托人知情并签署知情同意书以示豁免的，承办律师在办理案件的过程中应对各自委托人的案件信息予以保密，不得将与案件有关的信息披露给相对人的承办律师。

需要注意的是，《律师协会会员违规行为处分规则（试行）》规定了十一种直接利益冲突的类型，对于该类直接利益冲突的情形，即使能够获得双方当事人的豁免函，律师协会也会认定为构成利益冲突违规，并给予一定的纪律处分。主要包括以下情形：（1）律师在同一案件中为双方当事人担任代理人，或代理与本人或者其近亲属有利益冲突的法律事务的；（2）律师办理诉讼或者非诉讼业务，其近亲属是对方当事人的法定代表人或者代理人的；（3）曾经亲自处理或者审理过某一事项或者案件的行政机关工作人员、审判人员、检察人员、仲裁员，成为律师后又办理该事项或者案件的；（4）同一律师事务所的不同律师同时担任同一刑事案件的被害人的代理人和犯罪嫌疑人、被告人的辩护人，但在该县区域内只有一家律师事务所且事先征得当事人同意的除外；（5）在民事诉讼、行政诉讼、仲裁案件中，同一律师事务所的不同律师同时担任争议双方当事人的代理人，或者本所或其工作人员为一方当事人，本所其他律师担任对方当事人的代理人的；（6）在非诉讼业务中，除各方当事人共同委托外，同一律师事务所的律师同时担任彼此有利害关系的各方当事人的代理人的；（7）在委托关系终止后，同一律师事务所或同一律师在同一案件后续审理或者处理中又接受对方当事人委托的；（8）担任法律顾问期间，为顾问单位的对方当事人或者有利益冲突的当事人代理、辩护的；（9）曾经担任法官、检察官的律师从人民法院、人民检察院离任后，两年内以律师身份担任诉讼代理人或者辩护人；（10）担任所在律师事务所其他律师任仲裁员的仲裁案件代理人的；（11）其他依据律师执业经验和行业常识能够判断为应当主动回避且不得办理的利益冲突情形。

二、律师利益冲突的原因

（一）律师事务所规模不断扩大

随着市场经济的发展，律师事务所的规模快速扩大，以及律师业务范围的扩张和律师事务所市场地位的趋稳，使得律师利益冲突的可能性增大。例如，当律师提供不同部门法律服务时，就可能遇到在不同领域都需要律师服务的同一当事人。那些在地域上、专业领域上或者社会网络上有所垄断的律师事务所，就可能面临或者可能涉及利益冲突的双方当事人都向其寻求帮助的情形。

（二）律师的委托人范围不断变化

一方面，由于市场经济的发展，委托人规模的快速增长，以法人为委托人的企业的规模不断扩大，分支机构和子公司也在不断扩张，这些都增加了切实的、细小的、不经意冲突的可能性。另一方面，法治社会的建设使得更多的社会公众接纳并积极使用法律武器来维权，带来了律师委托人范围的扩张，导致利益冲突双方当事人找到同一律师寻求帮助的可能性增大。同时，律所客户大多只涉及短期的特定委托事项，双方非长期的雇佣关系，律所客户的"构成"常常发生变化，也导致律师利益冲突的增多。

（三）律师之间的横向流动增多

律师之间的横向流动增多，导致了人事上的变化，律师丧失代理资格的风险相应增大，律师利益冲突也发生得更频繁了。律师职业的市场性属性，决定了追求更好的收入和发展空间也是其重要的职业目标，因此律师职业的流动性较大。不论是律师从不发达地区向发达地区流动，还是同一执业地的律师转所，都加大了律师利益冲突的可能性。

（四）律师事务所内部分工更加专业化

律师事务所内部分工的专业化，加大了律师竞争性利益同时发生或者连续发生的可能性。律师事务所内部分工的专业化趋势，表现在律所内不同法律服务部门专司相应的法律业务，配备相应的专业律师团队，比如刑事业务部、知识产权部、房地产建设工程部、公司合规部等。专业的律师团队有助于律所品牌战略的发挥，开拓专业化的法律服务市场，但同时也导致同一案件的双方当事人可能寻求相同的律所或者律师的帮助。

三、规范律师利益冲突的目的

规范律师利益冲突的目的主要包括以下几个方面：

第一，禁止利益冲突可以保证律师对委托人的忠诚。例如，在同时代理中，律师由于掌握双方当事人的便利信息，难免出于自己的专业判断而顾此失彼，容易违反对当事人的忠诚义务，因此《律师法》禁止同时代理。[①]

第二，禁止利益冲突可以保守律师与委托人之间的秘密。当律师在利益冲突方获得一些有利信息时，难免出于恻隐之心或者受利益驱使而泄露委托人的秘密信息，违反保密义务。

第三，禁止利益冲突可以确保代理的质量。禁止利益冲突，可以确保律师专心地为

---

① 刘薇：《律师执业利益冲突规范的适用——兼论我国律师协会的属性定位》，载《广西政法管理干部学院学报》2023年第4期，第10页。

案件的唯一委托人服务，努力地为该委托人争取利益，确保代理的质量。

第四，禁止利益冲突可以保证司法活动的秩序。在律师利益冲突的情形中，律师能够基于其优势地位，对案件结果作出自己的专业判断，并推动案件朝着自己期待的方向发展，但该结果未必是法官或者当事人期待的，影响了司法活动的正常秩序。

四、律师利益冲突的判断标准

律师利益冲突的实质并非表面的利益关系，而是可能对律师的客观性与专业性产生影响，因此，律师利益冲突有具体的判断标准，要考虑利益冲突关系的实质、影响程度等。

第一，律师利益冲突的认定应以委托人而非聘请人为准。在此要区分委托与聘请行为，委托是确立责任和权限的法律关系，聘请是建立雇佣关系的形式，在聘用文书中也可以约定责任和权限。律师利益冲突的认定以委托人而非聘请人为准，是由于律师可以同时受聘于关联公司，并不会造成利益冲突，反而能够充分利用专业资源，为聘请人服务。

第二，律师利益冲突的认定不以收费与否和收费多寡为准。律师代理的收费情况不会直接影响律师工作的客观性与专业性程度，因此不作为律师利益冲突的判断标准。

第三，律师利益冲突的认定不以签订委托代理协议时间为标准。律师签订委托代理协议的早晚也不会直接影响到律师工作的客观性与专业性程度，因此不作为律师利益冲突的判断标准。

第四，律师利益冲突的认定应以律师事务所为准。无论是集中管理模式，还是专业化管理模式，律师事务所的运作始终离不开团队，律师之间也常常交流案件互相学习，因此律师利益冲突的判断应以律师事务所为准，避免隐形的利益冲突。

五、律师利益冲突的分类及相应规则

根据冲突双方身份的不同，律师利益冲突可以分为律师与当事人的利益冲突和当事人之间的利益冲突，不同类型的利益冲突适用不同的规则。

对于律师与当事人之间的利益冲突，主要适用以下规则。第一，律师不得利用提供法律服务的便利，非法牟取当事人利益。第二，除合理合法的法律服务费外，律师不得与当事人产生经济上的联系。第三，律师不得向当事人索取财物，不得获得其他不利于当事人的利益。第四，律师不得利用当事人的信息牟取对当事人有损害的利益。第五，不得免除或限制律师因违法执业或过错给当事人造成损失的责任。

对于当事人之间的利益冲突，主要适用以下规则。第一，律师不得在同一案件中为双方当事人担任代理人。第二，律师不得在同一案件中为当事人及与当事人有利益冲突的第三人担任代理人。第三，律师不得在两个及以上有利害关系的案件中，分别为有利益冲突的当事人代理。第四，律师在担任法律顾问时，不得为与顾问单位有利益冲突的当事人代理。第五，在同一案件中，同一律所的不同律师不得分别代理双方当事人。第六，未征得被代理当事人的允许，律师不得代理与当事人有利益冲突的其他当事人的法律事务。第七，拟接受委托的律师如明知相对方已委托自己近亲属或利害关系人，应回

避；接受委托后得知对方委托了自己的近亲属或利害关系人，应征求当事人意见。第八，曾代理当事人某一事务的律师，在代理关系完结后，也不能代理与当事人有利害关系人的法律事务，除非当事人同意。

六、律师利益冲突的预防

为了有效保护当事人的利益，维护律师职业道德与行业规范，律师利益冲突的预防应当被重视，避免律师利益冲突给律师和当事人造成实际损害。第一，律师事务所应当建立律师的立案申请制度，规定客户或律师向律所提出案件代理申请的流程，明确不同等级律师接受案件的要求和限制条件，明确律师与委托人双方的权利义务，建立律所立案数据库，统一管理律师的执业活动。第二，应当建立专门的业务资料信息库，并开发全体律师和员工具有不同权限的即时利益冲突检索系统。依托大数据技术、人工智能技术等实现该系统的开发，但鉴于成本较高，可以作为律所管理系统的子系统进行设计。第三，律师事务所应当设置专门的利益冲突查证程序。第四，律师事务所应当建立完善的档案管理制度。第五，律师事务所应当完善对转所律师代理案件进行利益冲突审查的制度。目前，律所普遍建立了执业利益冲突审查处理制度，主要查验律师的任职历史、代理案件、与相关当事人的关系等，但还需加强对律师转所过程中案件转委托情况的查验。第六，律师事务所应当对一些容易发生利益冲突的关键环节加强审查。例如在接受委托之前、在转委托等环节加强利益冲突审查。①

七、实务中律师利益冲突的处理

在律师利益冲突发生之后，需要及时对利益关系进行调整，以防止实际损害的发生或者扩大。律师事务所应当确立发生利益冲突后的调整原则，使各种利益冲突情形都有相应的调整方案，而不宜仅仅进行个案调整。首先，在发生利益冲突后，应当督促律师向客户履行告知义务，征求委托人是否同意豁免的意见，以免除律师事务所利益冲突代理的责任。其次，如果本所同一律师在同一业务中接受双方或者多方委托人委托，应当对该律师予以批评，并保留一方委托人的委托，解除与其他委托人的代理或委托关系，退还解除委托关系委托人已缴纳的代理费用。律师事务所中数个律师分别接受同一案件双方或多方委托人委托的，律师事务所应当商请各方委托人签发豁免函；委托人拒绝签发豁免函的，应当保留一方委托人的委托，解除与其他委托人的代理或委托关系，退还解除委托关系委托人已缴纳的代理费用。如果本所律师代理与本人或其近亲属有利益冲突的案件，应当解除委托关系或将案件移交本所其他律师办理。再次，在审查利益冲突时发现的确存在利益冲突情形的，应当由相关合伙人和律师按时间优先和律师事务所整体利益优先的原则进行协商，以确定只接受一方的委托。最后，律师事务所、律师因违反利益冲突规则而导致委托人遭受实际损失的，应当根据委托代理合同的约定向委托人承担责任，律师还应当根据有关规定向所在律师事务所承担责任。

---

① 参见孙一杰：《浅议律师执业利益冲突规则的完善》，载《中国律师》2021年第1期，第75页。

第四节 律师收费规则

一、律师收费的合理性与必要性

改革开放后，我国的律师收费制度逐渐确立，并伴随市场经济的发展不断完善与合理化。在我国，律师收费的合理性是由律师职业的专业性和服务性特征决定的。国家为律师执业设立了行政许可的门槛，成为执业律师需要通过国家统一法律职业资格考试和实习考核，执业准入门槛的设置，体现了律师职业具有专业性，律师提供法律服务的内容和形式也具有一定的专业性。[1] 该专业性决定了律师通过运用专业知识而获得一定的薪酬是合理的。律师还具有服务性，而且该服务参与市场活动，适应市场竞争规律和社会生存规律，因而是有偿性的。律师和当事人委托代理关系的建立，依靠委托代理合同缔结的契约关系，律师依据当事人的委托提供法律服务，和当事人处于平等的法律地位，律师提供的法律服务，属于契约规定的需要其履行职责的劳务，当事人应当支付报酬，服务的有偿性能在一定程度推动社会律师为当事人提供更高质量的服务。[2]

依法合理收费，是律师职业定位的内在要求，也是形成良性的律师和当事人关系的重要方面。在我国，律师提供法律服务实行政府指导价和市场调节价，可以根据律师提供法律服务活动的类型和方式选择适用不同的收费方式。《律师服务收费管理办法》第五条规定："律师事务所依法提供下列法律服务实行政府指导价：（一）代理民事诉讼案件；（二）代理行政诉讼案件；（三）代理国家赔偿案件；（四）为刑事案件犯罪嫌疑人提供法律咨询、代理申诉和控告、申请取保候审，担任被告人的辩护人或自诉人、被害人的诉讼代理人；（五）代理各类诉讼案件的申诉。律师事务所提供其他法律服务的收费实行市场调节价。"

二、律师收费的沿革

我国第一个关于律师收费的成文规范是国务院于 1956 年 5 月批准司法部发布的《律师收费暂行办法》。《律师收费暂行办法》第一条规定："律师的设置是为了给予人民以法律上的帮助，根据目前人民生活水平和案件简易复杂情况，实行按劳取酬的原则，依本办法向当事人收取劳动报酬费。"1981 年 12 月 9 日，司法部、财政部发布了《律师收费试行办法》，该办法第二条规定，律师对国家机关、企业、事业单位、社会团体、人民公社和公民提供法律帮助时，由法律顾问处根据本办法规定的收费标准向委托人收费，并出具收据，律师不得私自收费。确立了由律师事务所作为律师收费主体的收费制度。2006 年 4 月 13 日，国家发展改革委员会、司法部发布了《律师服务收费管理办法》，该办法第三条规定，律师服务收费遵循公开公平、自愿有偿、诚实信用的原则。

---

[1] 参见李军、薛少锋、韩红俊主编：《中国司法制度》，中国政法大学出版社 2009 年版，第 104—105 页。

[2] 参见冀祥德主编：《律师法学的新发展》，中国社会科学出版社 2016 年版，第 17 页。

律师服务应当便民利民，加强内部管理，降低服务成本，为委托人提供方便优质的法律服务。第四条规定，律师收费实行政府指导价和市场调节价。完整地确立了我国的律师收费制度，改变了过去全部以政府指导价为基准的做法，这也是社会主义市场经济不断发展与律师制度不断改革的结果。

三、律师收费的构成

律师收费由两部分费用构成，一是律师费，二是办案费。合理的律师费需要综合考虑多方面的因素，例如律师办案所需的时间、办案难度，接受委托对律师的影响，同一区域相似服务的收费水平，涉案金额和预期结果，律师的声誉和水平，支付方式，律师的办案成本，委托人的承受能力等。办案费用根据法律服务活动类型的不同而有差异，例如仲裁、鉴定、公证的费用，通讯、复印、差旅费，经当事人同意的专家论证费等，办案费用可由律师事务所和委托人协商决定。

四、律师收费的基本要求

我国《律师收费服务管理办法》第三条规定了律师收费的基本原则，即"律师服务收费遵循公开公平、自愿有偿、诚实信用的原则"。律师收费作为法律服务的市场行为，应当遵循公开公平原则，除了旨在形成合理的律师收费市场制度，还要维护健康的市场竞争秩序。自愿有偿原则是由律师和当事人同属平等缔约方的合同地位决定的，遵循基本的市场行为原则。诚实信用原则也是缔结合同的基本原则，要求律师和当事人双方都不得实施欺骗行为，不得扰乱司法活动秩序。此外，律师事务所进行收费还要遵循适当减免原则，提供法律服务时应当便民利民，加强内部管理，降低服务成本，为委托人提供方便优质的法律服务。

五、律师收费的主要方式

1981年12月颁布的《律师收费试行办法》中规定收费方式有两种：计件固定收费和标的额比例收费。后为适应律师工作发展，司法部、财政部、国家物价局于1990年制定了《律师业务收费管理办法及收费标准》，增加了计时收费方式。1997年实施的《律师服务收费管理暂行办法》增加了协商收费的方式。2006年实施的《律师服务收费管理办法》对适用范围予以明确，确定了风险代理收费及排除情形。目前，多数省、自治区、直辖市都结合本地情况制定了具体的律师服务收费管理办法。这些举措对于规范律师的收费行为，促进律师行业健康发展意义重大。[①] 目前，我国律师收费的主要方式有计件收费、按标的额比例收费、计时收费和风险代理收费四种。

计件收费是律师事务所为委托人提供法律咨询、办理法律事务或制作法律文书等服务，按照服务的件数收取服务报酬的收费方式，主要适用于不涉及财产关系的法律事务。以《北京市律师诉讼代理服务收费政府指导价标准》为例，该标准规定了担任刑事案件犯罪嫌疑人、被告人的辩护人以及刑事案件自诉人、被害人的诉讼代理人的服务收

---

① 参见邓天江：《律师收费制度的不足与完善》，载《中国律师》2017年第4期，第94页。

费，按照各办案阶段分别计件收费，侦察阶段收费标准为每件 2000 元至 15000 元，审查起诉阶段收费标准为每件 2000 元至 15000 元，一审阶段收费标准为每件 4000 元至 45000 元。

按标的额比例收费是律师事务所根据当事人争议财产的数额，按比例收取服务报酬的收费方式，主要适用于涉及财产关系的法律事务。《北京市律师诉讼代理服务收费政府指导价标准》规定，担任公民请求支付劳动报酬、工伤赔偿，请求给付赡养费、抚养费、扶养费，请求发给抚恤金、救济金，请求给予社会保险待遇或最低生活保障待遇的民事诉讼、行政诉讼案件代理人的，按标的额比例收费，比例标准为：10 万元以下（含 10 万元），10%（最低收费 3000 元）；10 万元至 100 万元（含 100 万元），6%；100 万元至 1000 万元（含 1000 万元），4%；1000 万元以上，2%；超出规定的，按当事人争议标的额差额累进计费。

计时收费是律师事务所按照确定的单位时间收费标准，根据律师提供法律服务所付出的有效工作时间，计算收取服务报酬的收费方式，可适用于全部法律事务。《北京市律师诉讼代理服务收费政府指导价标准》规定的律师代理刑事、民事、行政诉讼案件和国家赔偿案件，以及代理各类诉讼案件的申诉的计时收费标准为每小时 100 元至 3000 元。

风险代理收费是律师事务所根据法律事务的办理结果，从委托人获得的财产利益中按照约定的数额或者比例收取服务报酬的收费方式。风险代理收费将律师收费与办理法律事务的结果相挂钩，依据办理法律事务的结果来计算、确定律师费用，主要在人身伤害诉讼中使用较多，在一些职业人员的不当执业行为、退税、就业歧视、土地征收、商账征讨等案件中广泛使用，费用多少各异。[①] 该类收费方式以案件取得成功结果为条件，因此备受争议。

六、律师收费的限制性规则

第一，禁止律师私自收费。律师不得私自接受委托，收取费用。我国《律师法》第二十五条规定："律师承办业务，由律师事务所统一接受委托，与委托人签订书面委托合同，按照国家规定统一收取费用并如实入账。律师事务所和律师应当依法纳税。"第四十条规定："律师在执业活动中不得有下列行为：（一）私自接受委托、收取费用，接受委托人的财物或者其他利益……"

第二，禁止违规超额收费。司法部、国家发展和改革委员会、国家市场监督管理总局于 2021 年印发了《关于进一步规范律师服务收费的意见》，在完善律师服务收费政策方面规定，律师事务所不得超出该所在律师协会备案的律师服务费标准收费。律师事务所应当严格执行明码标价制度，将本所在律师协会备案的律师服务费标准在其执业场所显著位置进行公示，接受社会监督。

---

① 参见［美］德博拉·L. 罗德、［美］小杰弗瑞·C. 海泽德：《律师职业伦理与行业管理（第二版）》，许身建等译，知识产权出版社 2015 年版，第 274 页。

第三，禁止部分案件风险代理收费。[①]《律师收费服务管理办法》第十一条规定："办理涉及财产关系的民事案件时，委托人被告知政府指导价后仍要求实行风险代理的，律师事务所可以实行风险代理收费，但下列情形除外：（一）婚姻、继承案件；（二）请求给予社会保险待遇或者最低生活保障待遇的；（三）请求给付赡养费、抚养费、扶养费、抚恤金、救济金、工伤赔偿的；（四）请求支付劳动报酬的等。"第十二条规定："禁止刑事诉讼案件、行政诉讼案件、国家赔偿案件以及群体性诉讼案件实行风险代理收费。"第十三条规定："实行风险代理收费，律师事务所应当与委托人签订风险代理收费合同，约定双方应承担的风险责任、收费方式、收费数额或比例。实行风险代理收费，最高收费金额不得高于收费合同约定标的额的30%。"该办法从禁止风险代理的案件范围、风险代理的收费方式与收费上限等对风险代理进行了明确的规定。

第四，禁止律师利用法律服务谋取当事人争议的权益。《律师法》第四十条第二项规定，律师不得利用提供法律服务的便利牟取当事人争议的权益。当事人委托律师处理有争议的权益，目的是希望律师协助其在法律上取得该争议的权益，为了实现上述目的，当事人往往会基于信任向律师提供各种事实情况和相应的证明文件。如果律师利用其特殊地位，利用对案情的了解和手中掌握的大量证据，趁机牟取当事人争议的权益，必然会对当事人的权益造成极大的侵害。在实践中，律师利用提供法律服务的便利牟取当事人争议的权益的行为主要包括：与委托人约定胜诉后将争议标的物出售给自己，委托他人为自己或为自己的近亲属收购、租赁委托人与他人发生争议的诉讼标的物等。

第五，禁止办理法律援助案件的律师向受援人收费。《法律援助条例》第三条规定："法律援助是政府的责任，县级以上人民政府应当采取积极措施推动法律援助工作，为法律援助提供财政支持，保障法律援助事业与经济、社会协调发展。法律援助经费应当专款专用，接受财政、审计部门的监督。"第二十二条规定："办理法律援助案件的人员，应当遵守职业道德和执业纪律，提供法律援助不得收取任何财物。"《律师服务收费管理办法》也规定了，"律师事务所应当接受指派承办法律援助案件。办理法律援助案件不得向受援人收取任何费用。对于经济确有困难，但不符合法律援助范围的公民，律师事务所可以酌情减收或免收律师服务费"。

七、律师收费的监督

我国《律师收费服务管理办法》规定了律师收费监督制度，律师事务所应当公示律师服务收费管理办法和收费标准等信息，接受社会监督，各级价格主管部门应加强对律师事务所收费的监督检查，各级司法行政部门也应加强对律师事务所、律师法律服务活动的监督检查，公民、法人和其他组织认为律师事务所或律师存在价格违法行为，可以通过函件、电话、来访等形式，向价格主管部门、司法行政部门或者律师协会举报、投诉。地方价格主管部门和司法行政部门不得擅自制定收费标准，超越定价权限的，擅自制定、调整律师服务收费标准的，由上级价格主管部门或者同级人民政府责令改正；情节严重的，提请有关部门对责任人予以处分。

---

① 参见王阳：《关于律师风险代理收费制度的思考》，载《中国司法》2021年第11期，第92页。

八、律师收费的争议解决

因律师收费引起的争议，主要通过申请调解和提起诉讼两种争议解决方式进行处理。《律师收费服务管理办法》第三十条规定："因律师服务收费发生争议的，律师事务所应当与委托人协商解决。协商不成的，可以提请律师事务所所在地的律师协会、司法行政部门和价格主管部门调解处理，也可以申请仲裁或者向人民法院提起诉讼。"

第五节　律师保密规则

一、律师保密规则的内涵

（一）律师保密规则的概念

律师保密规则，是指除了法律、法规或者行业规范有明确规定或当事人同意的以外，律师一方应当对其在处理委托事务过程中所知悉的国家秘密和有关当事人、其他利害关系人的商业秘密、隐私以及不愿泄露的其他情况或信息加以保密。保密义务是律师职业规范的核心内容之一，也是世界律师职业的通识规范。美国《律师职业行为示范规则》第1.6条规定，除非委托人作出了明知同意，以及为了执行代理对信息的披露已经得到了默示授权外，律师不得披露与委托人有关的信息[①]。我国《刑事诉讼法》《律师法》同样对律师保密义务进行了规定。例如，《刑事诉讼法》第四十八条规定："辩护律师对在执业活动中知悉的委托人的有关情况和信息，有权予以保密。"此处的"有权"保密，是指辩护律师"有权"拒绝向外界透露在执业活动中知悉的犯罪嫌疑人、被告人的有关情况和信息，任何机关、团体和个人不得要求辩护律师提供这些情况和信息。同时，基于辩护律师与犯罪嫌疑人、被告人之间的特定关系，辩护律师有义务就其在执业活动中知悉的犯罪嫌疑人、被告人的有关情况和信息保守秘密。《律师法》第三十八条也规定："律师应当保守在执业活动中知悉的国家秘密、商业秘密，不得泄露当事人的隐私。律师对在执业活动中知悉的委托人和其他人不愿泄露的有关情况和信息，应当予以保密。但是，委托人或者其他人准备或者正在实施危害国家安全、公共安全，严重危害他人人身安全的犯罪事实和信息除外。"

（二）律师保密规则的要素

第一，律师保密义务的时间具有持续性。保密义务不仅存续于委托事务的全过程，在代理工作结束后，仍然具有保密义务，有关保密事项并不因为代理关系的结束而结束。

---

① 参见［美］德博拉·L. 罗德、［美］小杰弗瑞·C. 海泽德：《律师职业伦理与行业管理（第二版）》，许身建等译，知识产权出版社2015年版，第68页。

第二，律师保密义务的主体具有广泛性。[①] 不限于委托业务的实际办理律师，该律师所在的律师事务所以及律所其他律师和工作人员也需遵循保密义务。

第三，律师保密义务的对象具有广泛性。律师保密义务的对象不限于国家秘密、当事人商业秘密和隐私信息，还包括通过办理委托人的委托业务而了解到的委托人的其他信息。

第四，律师保密义务的例外。律师保密义务也具有一定的例外情形，但这种例外情形需要有规范的明文规定或者当事人的许可。（1）防止未来侵害的例外。这种情形主要是，律师判断保密可能会导致人身伤亡等严重犯罪的发生或者国家利益受到严重损害。（2）自我保护的例外。律师在代理过程中可能会被迫牵涉进委托人的犯罪行为中，这种情况下律师可以为了保护自己的合法权益而公开委托人的相关信息。（3）授权披露的例外。律师可以公开委托人授权同意公开的信息。

二、律师保密义务的法理基础

律师保密义务的隐私权基础。律师的保密义务是基于公民的隐私权而产生的，隐私权作为一种基本人格权利，是指公民享有私人生活安宁与私人信息依法受到保护，不被他人非法侵扰、知悉、收集、利用和公开的权利。委托人享有隐私权，律师对委托人的隐私信息负有特殊责任，律师的这种保密义务就体现在维护公民的隐私权上。律师在办理案件过程中，为了了解案情，不可避免地会掌握委托人的很多资料、信息、证据，其中有些内容可能属于委托人的隐私信息，有些可能属于商业秘密，有的虽然不是隐私信息和商业秘密，公开也会对委托人产生不利影响，律师对于委托人的这些信息都负有保守秘密的责任。

律师保密义务的契约精神基础。[②] 律师与当事人签订委托合同，建立委托关系，就要遵循合同义务。从契约精神的角度看，律师与委托人之间的合同中有一个隐含条款，那便是应当保守在执业活动中知悉的国家秘密和商业秘密，不得泄露当事人的隐私。在信息权利层面，委托人提供给律师的信息是律师作为受托人收到的财产，对于利用该信息获得的收益，受托人必须进行清晰合理的说明。

律师保密义务还具有公共利益基础。[③] 由于工作需要，律师常常成为经单位负责人批准而接触国家秘密与商业秘密的外部人员，这些承载国家秘密与商业秘密的信息，关系着公共利益，为了确保委托人之间的争论解决符合公共利益，律师需要保守秘密。

三、律师保密规则中的科技手段运用

科技手段的运用为律师保密规则的稳妥履行提供了便利，例如，通过电子邮件加密、使用传真机来保护涉及委托人秘密的往来信息，通过云计算技术存储、传输委托人秘密信息等。通过智能手机沟通涉及委托人秘密的信息时，要向委托人进行风险说明。

---

① 参见徐冉：《保密义务中"律师"外延的比较研究》，载《政法学刊》2021年第6期，第104页。

② 参见黄润秋：《辩护律师保密义务的道德追问》，载《法治现代化研究》2023年第4期，第166页。

③ 参见司莉：《律师保密义务有关理论问题探讨》，载《河南财经政法大学学报》2015年第2期，第108页。

第六节　律师财物保管规则

一、规范律师财物保管的必要性

《律师执业行为规范（试行）》规定了律师保管委托人财产的情形，"律师事务所可以与委托人签订书面保管协议，妥善保管委托人财产，严格履行保管协议"；"律师事务所受委托保管委托人财产时，应当将委托人财产与律师事务所的财产、律师个人财产严格分离"。律师保管、处理委托人的财产，建立在双方互相信任的基础上。信任对于律师与委托人关系的维系非常重要，直接关系到委托人合法权益能否得到有效保障，滥用信任会导致委托关系的破裂。实践中，存在大量律师侵占、挪用委托人交付给律师保管财产的案例，需引以为戒。规范律师财物保管的行为，建立律师财物保管的合理规则，对维护律师职业形象、建立律师与当事人之间的信任关系、维持健康的法律服务市场秩序都是十分重要的。

二、律师财物保管之规范要求

我国律师财物保管主要遵循两个基本原则。一是分离保管原则，主要适用于律师保管资金类财物。资金类财物，主要是指委托人的资金、各类有价证券等。律师在保管这类财物时需要遵循"分离保管原则"，律师需要将委托人的财产与自己的财产进行分离，建立单独的账户独立保存，不能混合保存。二是妥善保管原则，主要适用于律师保管非资金类财物。非资金类财物，主要是指委托人提供的证据材料，包括各类物证、书证等。律师在保管这类财物时需要遵循"妥善保管原则"，必须尽到《民法典》所规定的保管人的注意义务，妥善保管委托人的财物，否则将承担不利的法律后果。

律师财物保管的规则内容分为四个方面。第一，妥善保管规则。律师要妥善保管委托人的财物，不得挪用、占用委托人财物。第二，独立保管规则。委托人委托保管的财物，对于资金类财物要单独设立账户进行保管，对于非资金类财物要进行独立保管。第三，财物取回规则。委托人取回财物时，律师应索取财物接收证明。第四，财务交付规则。委托保管期间需要不断交付的财物，应定期通知当事人谨慎保管书证，保证其安全。

第六章　律师业务推广规范

第一节　律师业务推广概述

一、律师业务推广的概念

为加强律师行业自律管理，维护律师行业的整体形象，规范律师、律师事务所业务推广行为，2018年1月中华全国律师协会审议通过并发布了《中华全国律师协会律师业务推广行为规则（试行）》（以下简称《律师业务推广行为规则（试行）》），规则第二条对律师业务推广的基本概念进行了明确："本规则所称律师业务推广是指律师、律师事务所为扩大影响、承揽业务、树立品牌，自行或授权他人向社会公众发布法律服务信息的行为。"《律师业务推广行为规则（试行）》第二条还对律师业务推广的主要方式予以明确：（1）发布律师个人广告、律师事务所广告；（2）建立、注册和使用网站、博客、微信公众号、领英等互联网媒介；（3）印制和使用名片、宣传册等具有业务推广性质的书面资料或视听资料；（4）出版书籍、发表文章；（5）举办、参加、资助会议、评比、评选活动；（6）其他可传达至社会公众的业务推广方式。《律师执业行为规范（试行）》第三章"律师业务推广行为规范"也专门对"律师业务推广"进行了规范，规范内容具体包括"业务推广原则""律师业务推广广告"以及"律师宣传"。《律师业务推广行为规则（试行）》第二条已经较好地对律师业务推广的概念进行了阐释，但从《律师业务推广行为规则（试行）》与《律师执业行为规范（试行）》的上述具体内容来看，需要明确的是，尽管通常意义上"广告"与"推广"两个词语具有相近的含义，但律师业务推广与律师业务广告是两个不同的概念，广告是律师业务推广的重要也是主要方式之一，在广告之外，律师业务推广还存在许多其他方式，如律师通过出版书籍、发表文章的方式向社会公众展示自己在特定法律专业服务领域的专业性、可靠性，这与律师通过广告宣传的业务推广方式存在显著区别。此外，《律师业务推广行为规则（试行）》第二条的概念界定还表明，律师业务推广的主体不仅限于律师个人，还包括律师事务所，因此，律师业务推广是"律师业务的推广"而不是"律师的业务推广"。

二、律师业务推广限制之历史

律师与律师事务所通过业务推广的方式可以扩大律师与律师事务所的影响力，有利于律师与律师事务所获得更多的法律服务客源、承揽更多业务。业务推广关乎律师与律师事务所的切身利益，在利益驱使之下，律师业务推广过程中难免出现各种乱象，这也是《律师业务推广行为规则（试行）》出台必要性之所在。历史上各国对于律师能否进行业务推广以及对律师业务推广应进行何种限制也曾存在广泛的争论。

（一）中国律师业务推广限制之历史

20 世纪初是中国律师制度发展的起步阶段，此时的大多数律师并不为民众所知，为了招揽业务并提高知名度，律师们纷纷在报纸上刊登广告，向民众介绍自己的情况，所以这一时期报纸上律师广告的数量很多，且经常连续刊登较长时间。律师在广告中通常会介绍自己的海外留学背景、学历、丰富的学识和经验，业务介绍方面则"全盘通吃"，囊括诉讼和非诉业务，因当时律师业务尚未形成明确的分工和专业方向。由于律师在中国的前身"讼师"经常与唯利是图、缠讼等负面形象相关联，因此当时也不乏对律师唯利是图的批评，政府后来也加强了对律师广告的监管，禁止律师在刊登广告时过分自我夸耀、形同商贾夸饰市招。① 新中国成立后，律师制度发展一度停滞，律师的广告行为也因律师职业和服务的受阻放缓。随着 1978 年党的十一届三中全会的胜利召开，沉寂已久的律师制度被唤醒，中国律师制度开始恢复重建，律师广告制度也随着律师制度的恢复与重建而得以探究，一些学者从理论层面就恢复律师制度的必要性、重要性等内容作了大量论证，驳斥了以往人们对律师制度所作的不公正、不合理评价。② 而后国家层面也相继出台《中华人民共和国律师暂行条例》等规定，为律师制度发展奠定了基础，在律师制度发展过程中，对律师业务推广的限制性规范也相继出现。

1993 年司法部发布的《律师职业道德和执业纪律规范》规定，律师不得利用新闻媒介播发炫耀自己、排除同行的广告。1995 年司法部发布的《关于反对律师行业不正当竞争行为的若干规定》对律师及律师事务所的不正当竞争行为进行了列举，其中同律师业务推广有关的不正当竞争行为包括：通过招聘启事、律师事务所简介、领导人题写名称或其他方式，对律师或律师事务所进行不符合实际的宣传；在律师名片上印有律师经历、专业技术职务或其他头衔的；故意诋毁其他律师或律师事务所声誉，争揽业务的。1996 年公布的《律师法》规定律师不得以诋毁其他律师或者支付介绍费等不正当手段争揽业务，对律师推广承揽业务作出了一定的限制。1996 年中华全国律师协会制定通过的《律师职业道德和执业纪律规范》规定，"律师不得损害其他律师的威信和名誉"，不得"贬损或诋毁其他律师和律师事务所"，不得"利用新闻媒介或其他手段炫耀自己、招揽业务、排斥同行"。

1997 年司法部颁布的《律师违法行为处罚办法》将律师以诋毁其他律师、律师事务所或者支付介绍费等不正当手段争揽业务的行为规定为需受处罚之行为。2004 年 3 月司法部发布的《律师和律师事务所违法行为处罚办法》规定了应受处罚的律师不当行为，其中与律师业务推广相关的不当行为有：利用媒体、广告或者其他方式进行不真实

---

① 董陆璐：《民初的法律广告与法律文化（1912—1926）——以〈申报〉为中心的考察》，载《学术研究》2011 年第 4 期，第 46 页。

② 王勇强、付子堂：《实践驱动：新中国律师制度研究 70 年》，载《山东大学学报（哲学社会科学版）》2019 年第 6 期，第 12 页。

或者不适当的宣传的；捏造、散布虚假事实，损害、诋毁其他律师、律师事务所声誉的。

在《律师业务推广规则》与《律师执业行为规范（试行）》出台之前，我国相关法律法规以及律师职业道德与执业规范对律师业务推广未进行系统性的规制，其对律师业务推广进行规制的主要实现方式是禁止律师及律师事务所的不正当竞争行为，相关规范集中围绕对利用新闻媒介发布广告来招揽业务的推广方式进行禁止，对虚假的、夸大的、不适当的律师业务宣传也做了一定的规制。

（二）域外律师业务推广限制之历史

在域外一些国家，律师与律师事务所通过发布法律服务广告的方式来进行业务推广的行为曾经遭到严格限制，这些国家包括美国、日本、英国、德国等。

当今法律服务市场高度商业化以及律师行业发展高度发达的美国，历史上曾对律师业务推广广告大肆限制。美国律师协会 1908 年通过三十二条律师职业伦理规范中规定，禁止普通的、简单的职业名片以外的一切律师广告，不仅禁止直接广告受，而且禁止以宣传工具发表自我赞扬式间接广告。① 1969 年美国律师协会颁布的《职业责任守则（Code of Professional Responsibility）》规定，律师不应当自己或者授权或允许他人通过报纸杂志广告、广播电视公告、城市展示广告或电话簿及其他商业宣传方式，进行自我宣传或"自我炫耀（Self-Laudation）"的形象展示，其理由是，"法律是一种职业（Profession），而不是一种商业（Business）"。②

在日本，1969 年日本律师公会联合会理事会作出了"律师广告原则上应完全禁止"的决议，而后随着日本国民对于法律服务的需求日益增多，日本律师公会联合会于 1985 年召开的理事会上确定了原则上不允许律师做个人广告，同时确认允许律师在弊害较小、经会员一致同意的范围内做业务广告的基本方针。日本禁止律师个人广告的一部分原因在于律师被赋予了崇尚的使命感以及为国民提供法律服务的荣誉感，律师在当时尽管取得律师公会对广告行为之允许，但只能以姓名、住址、电话号码、事务所名称等基本信息事项为广告内容。③

历史上还有英国、德国等许多其他国家都对律师广告予以过禁止，在此不作赘述，纵观各国禁止律师广告的缘由，可见禁止律师广告的重要原因之一在于认为律师广告有损律师的职业形象、职业尊严、职业使命，另一原因是认为律师广告可能对司法制度、公众利益等产生消极影响。

---

① 参见美国律师协会网站，https：//www. americanbar. org/content/dam/aba/administrative/professional _ responsibility/1908 _ code. pdf.

② 闫海、李秋慧：《论律师广告的正当性及其法治建构》，载《政法学刊》2020 年第 2 期，第 15 页。

③ 中绳：《日本律师广告的新规定》，载《政治与法律》1986 年第 5 期，第 38 页。

三、禁止律师业务推广广告的理由

（一）法律职业主义对律师广告的排斥

基于"法律是一种职业（Profession），而不是一种商业（Business）"这一理由而对律师业务推广广告加以谴责反映的是职业与商业的价值冲突，坚持基于律师的特殊职业属性而应当禁止律师广告的人认为律师广告有损律师的职业形象、职业尊严与职业使命。再进一步而言，对律师广告加以谴责而展现的职业与商业的价值冲突背后其实是法律职业主义与法律商业主义这两种不同的甚至对立的法律职业意识形态和话语体系的冲突。[①] 作为法律职业之一的律师，其职业伦理自然也受到法律职业主义的影响。从法律职业主义的观点出发，律师必须出于利他主义而提供法律服务，律师应当将提供法律服务视为一种公益服务，而不是谋取钱财的手段。法律职业主义这种观点和认识与他们对于"职业"这一词语的理解有关。"职业"一词，虽在口语中十分常见，但在概念的层面却有着十分丰富的内涵。"职业（profession）"源于拉丁语"professionem"，意为作出公开声明，这一术语逐渐演化用来描述新进成员宣誓表明他们要致力于与一个博学的职业（calling）相关的理想和活动。这种有关职业的概念决定当今对于职业的定义通常强调的是其特殊的专业知识与道德责任。就律师职业而言，律师职业掌握着常人通常所不能掌握的某种专业知识，在特定事务方面，国家、社会、个人都不得不仰仗他们，他们也因此获得某种社会地位、社会声誉与职业特权，因此，美国律师为他们作为一个职业而共同致力于相同的事业和理想而感到骄傲。另外，职业这一概念通常所蕴含的道德责任含义也影响了美国律师职业对于职业人员的看法，根据美国律师协会的一份报告，职业人员是那些"以公共服务的精神……追求博学艺术"的人。[②] 基于法律职业主义对律师职业的上述认识，律师为扩大影响从而承揽更多业务而发布的法律服务广告被认为滋长了利益至上的风气。法律职业主义主张，律师提供法律服务尽管会获得报酬，但律师提供法律服务的动机绝不能是为了获得报酬，而应当是服务公众或探索学识与技艺，而法律商业主义则允许律师以获取报酬的个人利益为动机提供法律服务。

（二）律师广告可能存在的负面影响

1977 年，美国联邦最高法院审理的贝茨诉亚利桑那州律师协会案（Bates v. State Bar of Arizona）一案中，就律师能否打广告这一问题，支持方与反对方展开了激烈的争论，尽管最后法院判决认为作为一种商业言论的律师广告，只要不具有虚假性、欺骗性、误导性，理应受到宪法第一修正案的保护，但反对律师广告一方的观点为我们展示了律师广告可能存在的负面影响。反对律师广告者一是认为律师广告可能存在误导性。法律服务市场的消费者们大多不具有相关的专业知识，因此他们通常缺乏对所接受的法律服务作出明智评价的能力，而律师提供的法律服务在内容与质量上的差异是较大的，

[①] 黄文艺、宋湘琦：《法律商业主义解析》，载《法商研究》2014 年第 1 期，第 3 页。

[②] ［美］德博拉·L. 罗德、［美］小杰弗瑞·C. 海泽德：《律师的职业责任与规制（第二版）》，王进喜等译，中国人民大学出版社 2013 年版，第 2 页。

律师广告无法很好地体现律师的法律服务质量，消费者也无法基于律师广告对不同的律师服务质量加以比较。二是认为律师广告可能会对司法制度产生消极影响。律师广告可能会使人们将越来越多的纠纷带入法院，扰乱社会安宁，挤占真正需要以司法方式解决的纠纷所需的司法资源。三是认为律师广告会招致不利的经济方面的后果。律师与律师事务所在律师广告方面的成本最终将由消费者负担，律师广告方面的开支还会抬高普通大众迈入律师职业的经济门槛。四是认为律师广告将降低法律服务质量。律师可能会在广告的价格基础上提供一揽子服务而无法满足消费者个性化的法律服务需求。五是认为律师广告将带来对其监督与管理的现实困难。普通民众难以知道其所接受的法律服务是否符合行业基本标准，因此仰仗民众对欺骗性、误导性广告采取诉讼等措施来达到规制和约束律师广告乱象的效果必然收效甚微，这就使得设立专门监督和管理律师广告的机构成为必要，然而律师广告的泛滥使得这一工作面临现实可操作性的困难。

四、律师业务推广的必要性

1977 年美国联邦最高法院审理的贝茨诉亚利桑那州律师协会案使得美国的律师广告得以解禁，律师可以在管理要求许可的范围内发布法律服务广告信息。这种对律师广告态度的转变是世界范围内的，日本、德国等此前禁止律师广告的国家也都渐渐允许律师在规范允许范围内做广告。世界范围内各国对律师广告的解禁不乏律师与律师事务所为其所做的努力，但这一解禁趋势也暗含着律师广告的某种必要性。推动律师广告解禁的最主要影响因素之一便是律师法律服务商业化程度的日益增长。随着市场经济的发展，社会越来越多的行业都开始将商业化运营作为其发展模式，这种商业化趋势也反映在律师职业的执业方式当中。我国 1980 年通过的《律师暂行条例》规定，律师是国家的法律工作者，其任务是为国家机关、企业事业单位、社会团体、人民公社和公民提供法律帮助，以维护法律的正确实施，维护国家、集体的利益和公民的合法权益。而1996 年通过的《律师法》规定，本法所称的律师，是指依法取得律师执业证书，为社会提供法律服务的执业人员。律师向社会公众所提供的法律帮助成为法律服务。根据我国 2017 年发布施行的《国家标准：国民经济行业分类》，"法律服务"是"商务服务业"这一大类下的中类，律师及相关法律服务是"法律服务"中类所涵盖的一个服务类别，指在民事案件、刑事案件和其他案件中，为原被告双方提供法律代理服务，以及为一般民事行为提供的法律咨询服务。从根本上来说，律师广告以及律师业务推广的必要性正是由律师法律服务市场所内含的商业服务市场的运作逻辑所决定的。

商业服务市场的运作机制是市场机制，市场运作具有促进效率提升的显著作用，但这是建立在市场机制运作良好的前提之上的。价格机制是市场机制中的基本机制，在商业市场中，商品价格的变动会引起商品供求关系变化，而供求关系的变化，又反过来引起价格的变动，与供求相互联系、相互制约的市场价格使得商品、服务的价格处于特定供需关系下相对均衡的位置。价格机制发挥作用的一个重要前提是从事经济活动的卖方与买方都对市场的有关经济情况有充分的了解，买方需要对价格信息有充分的了解从而调整自己的需求，卖方需要对买方的需求信息有充分了解从而调整自己的价格。一旦卖方与买方的价格信息、供求信息无法高效传递，价格机制均衡价格的作用就会大打折扣。在律师法律服务这一商业服务市场中，律师通过发布法律服务信息广告等方式进行业务推广能够很好地向消费者传递法律服务市场的价格信息与供给信息，以此为起点，律师与律师事务所通过律师业务推广促进了律师业务市场机制作用的发挥。

具体而言，律师业务推广是发挥律师法律服务市场竞争机制作用之必要。允许律师以广告等方式进行业务推广，使得律师法律服务市场的价格信息与供给信息能够传递到消费者，拓宽了消费者获得法律服务信息来源的渠道，从而使得消费者能够选择更价低质优的法律服务，避免法律服务"柠檬市场（信息不对称市场）"的形成。在"柠檬市场"中，产品的卖方对产品的质量拥有比买方更多的信息，消费者难以判别商品的价值与好坏，从而可能使得商品的提供者失去提升商品质量或者降低商品价格的动力，往往好的商品遭受淘汰，而劣等品会逐渐占领市场。具体到法律服务市场，在缺乏律师业务推广的"柠檬市场"中，消费者无法对不同的律师业务进行横向的好坏比较，而缺乏广泛法律服务信息来源的消费者通常也没有选择其他法律服务提供者的动力与可能性，在这种情况下，律师与律师事务所和客户之间形成了一种较为稳定的供需关系，价格机制大打折扣，客户获得的法律服务之价格在整个法律服务市场来看是否均衡、合理则无法得到保证，律师和律师事务所在缺少竞争对手的情况下也缺乏提升自身服务质量或性价比的动力。律师业务推广降低了消费者发现更低要价或是更优服务的律师业务的难度，增强了律师业务市场竞争的动力，使得提供更价低质优的律师业务的竞争者在市场中得以崭露头角的机会更大，新晋的律师业务提供者可以通过广告等业务推广方式缩短其积累客源与案源的时间，从而得以与律师业务市场既得者进行竞争，消费者得到更优质律师业务的机会也得以增加。

其次，律师业务推广是律师法律服务商业化发展之必要。商务服务业的一个产业特性是顾客导向型的价值增值效应，商业服务的提供者通过与客户不断地交流与合作，为客户提供专业化的增值服务，使其自身蕴涵的价值效应得以放大和增强。随着世界范围内经济社会的迅速发展，人们的法律服务需求在数量和专业化程度方面都有所增长，以顾客需求为导向的律师业务也呈现一种专业化的分工趋势，越来越多的律师都把自己塑造成特定专业法律服务领域内的专家。在专业化的法律服务需求增长的情况之下，消费者比以往更需要一种便捷高效的寻找合适的法律服务提供者的渠道，律师业务推广能够高效、经济地为消费者提供一种获取法律服务信息的便捷渠道。而作为一种商务服务业的律师法律服务产业也正是通过律师业务推广的方式使得客户的法律服务需求与自己提供的法律服务实现对接，在这一过程中既满足了社会的法律服务需求，也实现了自身的经济效益与社会效益。

总之，将律师法律服务作为一种商务服务业任其在市场中发展，则不得不遵循市场机制与产业运作的内在逻辑与规则。但任何市场主体都具有逐利性，为了避免不当的律师业务推广，如为追逐经济利益而侵害法律服务消费者的权益以及律师群体的职业形象，促进律师法律服务市场的良性健康发展，律师业务推广虽有允许之必要性，但也必须受到规则限制。

第二节 律师业务推广的基本原则与基本要求

一、律师业务推广的基本原则

根据我国《律师业务推广行为规则（试行）》第三条的规定，律师、律师事务所进行业务推广应当遵守法律法规和执业规范，公平和诚实竞争，推广内容应当真实、严谨，推广方式应当得体、适度，不得含有误导性信息，不得损害律师职业尊严和行业形象。《律师执业行为规范（试行）》第十六条规定，律师和律师事务所推广律师业务，应当遵守平等、诚信原则，遵守律师职业道德和执业纪律，遵守律师行业公认的行业准则，公平竞争。律师与律师事务所在业务推广的过程中应当遵守平等、诚信的原则进行公平和诚实的竞争，这是被明确规定为律师执业规范的准则。因此，根据《律师业务推广行为规则（试行）》第三条的规定，律师业务推广的基本原则可以概括为：公平和诚实竞争；真实、严谨；得体、适度。

（一）公平和诚实竞争

许可律师业务推广使得律师业务市场的竞争得到充分的开展，律师与律师事务所作为商务服务的提供者，可以追求自身的经济效益，但同时也必须遵守律师职业伦理规范，在律师业务推广过程中遵循公平和诚实竞争的原则。公平竞争是市场经济的基本原则，是市场机制高效运行的重要基础，只有公平竞争才能保持律师法律服务市场的良性健康发展以及更好地维护法律服务消费者的利益。同时，公平竞争有利于形成律师同行之间的良好关系，维护律师职业群体的尊严与价值感，促进律师职业在公众中执业声誉的提高。《律师执业行为规范（试行）》第二十二条规定，律师和律师事务所在业务推广中不得为不正当竞争行为。《律师法》第二十六条规定，律师事务所和律师不得以诋毁其他律师事务所、律师或者支付介绍费等不正当手段承揽业务。上述规定都是对律师及律师事务所的不正当竞争行为之禁止性规定。《律师执业行为规范（试行）》第七十九条对不正当竞争行为的具体行为进行了列举：（1）诋毁、诽谤其他律师或者律师事务所信誉、声誉；（2）无正当理由，以低于同地区同行业收费标准为条件争揽业务，或者采用承诺给予客户、中介人、推荐人回扣、馈赠金钱、财物或者其他利益等方式争揽业务；（3）故意在委托人与其代理律师之间制造纠纷；（4）向委托人明示或者暗示自己或者其所属的律师事务所与司法机关、政府机关、社会团体及其工作人员具有特殊关系；（5）就法律服务结果或者诉讼结果作出虚假承诺；（6）明示或者暗示可以帮助委托人达到不正当目的，或者以不正当的方式、手段达到委托人的目的。

诚实竞争的原则要求律师及律师事务所应当讲求诚实、信用，在业务推广过程中应当诚实地向消费者介绍自身所提供的法律服务的内容、价格等具体信息，不得使用具有欺骗性、误导性的业务宣传方式、内容来诱导、误导寻求法律服务的消费者，也不得利用自身作为法律服务提供者的信息优势对法律服务消费者故意制造信息不对称，以谋求不正当的利益。

（二）真实、严谨

真实、严谨是对律师业务推广的内容提出原则性要求。律师业务推广的内容必须真实，就是指业务推广中的主张和陈述都是客观真实的，律师与律师事务所不得捏造头衔、荣誉、事迹，不得歪曲事实进行虚假的业务推广宣传。律师业务推广的内容必须严谨。这要求律师及律师事务所在发布法律服务广告、建立网站进行自我宣传等业务推广中，要注意业务推广的内容必须用词恰当与准确，避免浮夸、轻佻，如不能自称为某一法律领域的"专家"；律师业务推广所使用的语言文字、图片、背景、音乐等应当能够在公众当中塑造可信赖的律师职业群体形象。此外，律师业务推广的严谨性原则还要求律师及律师事务所要尽到避免业务推广内容存在误导性的义务，虚假的业务推广内容应当得到禁止，但真实的内容也可能具有误导性，业务推广内容严谨性失当将导致因过失而非故意但事实上误导公众的情况发生。如律师及律师事务所在业务推广过程中宣传较高比例的胜诉率可能会让公众误以为其需要代理的案件将更可能胜诉，而事实情况是每个个案因为具体情况的不同而无法通过胜诉率反映出诉讼请求得到支持的可能性。

（三）得体、适度

得体、适度是对律师业务推广方式的原则性要求。律师业务推广方式应当得体、适度，要求律师与律师事务所进行业务推广所使用的方式不得有悖律师使命、有损律师形象，不得采用一般商业广告的艺术夸张宣传手段。根据《广东省律师事务所及律师业务推广宣传行为守则》，律师事务所或律师不得采用下列方式进行业务推广宣传活动：（1）通过户外灯箱、户外拉挂横幅或在移动交通工具上进行推广宣传；（2）在公众聚集场合派发宣传单、册招揽业务；（3）在餐饮、娱乐等不适合的场所设置广告标牌。上述不得体、不适度的业务推广方式可能会给公众一种律师职业高度商业化和低俗的印象，有损律师职业的形象。

二、律师业务推广的基本要求

律师及律师事务所进行业务推广必须遵守规制律师业务推广的国家法律法规、规章、律师职业规范与职业道德。在律师业务推广的主体资格方面，律师与律师事务所都可以进行业务推广，单就广告这一业务推广方式，《律师业务推广行为规则（试行）》第五条规定，具有下列情况之一的，律师和律师事务所不得发布律师广告：（1）未参加年度考核或者未通过年度考核的；（2）处于中止会员权利、停止执业或者停业整顿处罚期间，以及前述期间届满后未满一年的；（3）受到通报批评、公开谴责未满一年的。

在具体内容上，律师个人发布的业务推广信息应当醒目标示律师姓名、律师执业证号、所任职律师事务所名称。律师事务所发布的业务推广信息应当醒目标示律师事务所名称、执业许可证号。律师及律师事务所发布的律师业务广告也应当遵照广告法的可识别性要求，具备可识别性，使公众能够辨明其为广告。律师、律师事务所业务推广信息中载有荣誉称号的，应当载明该荣誉的授予时间和授予机构。

在推广方式上，律师及律师事务所可以通过发布广告、建立网站、发表文章等各种方式进行业务推广，但在使用特定业务推广方式时，律师及律师事务所应当遵守《律师业务推广行为规则（试行）》的相应要求。律师、律师事务所通过互联网和通信手段推广宣传律师业务，应当通过实名认证的网站和自媒体账号进行。律师、律师事务所应当对其开立的互联网媒介账户中的信息内容负责，如果发现他人在其互联网媒介账户中发布违反《律师业务推广行为规则（试行）》的信息，应当及时删除。律师、律师事务所和互联网平台、大众媒体等第三方媒介合作进行业务推广的，无论该第三方是否向律师、律师事务所收取费用，均应当遵守《律师业务推广行为规则（试行）》。律师、律师事务所通过上述第三方媒介进行业务推广的，还应当要求第三方媒介向受众明示律师、律师事务所的姓名、名称、执业证号及所在执业机构及其执业许可证号等信息。

第三节　律师业务推广的基本样态

一、律师业务推广的主体

（一）律师

律师是律师业务推广的重要主体之一。我国《律师法》第二条规定："律师，是指依法取得律师执业证书，接受委托或者指定，为当事人提供法律服务的执业人员。"律师业务推广是律师执业活动的一种，进行律师业务推广的律师必须是符合《律师法》规定的依法取得律师执业证书的律师，仅具备法律职业资格而在律师事务所中从事法律事务的人员不是符合法律规定之要求的律师业务推广的主体。

根据工作性质的不同，律师可以分为专职律师和兼职律师，专职律师与兼职律师都是律师业务推广的适格主体，但是兼职律师通过发布律师法律服务广告的方式进行业务推广时，应当在广告当中载明其兼职律师的身份。

根据服务对象的不同，律师又可以分为社会律师、公职律师、公司律师。社会律师是律师业务推广的主要群体，这是由其提供的法律服务直接面向社会最广大群众决定的，律师业务推广是社会律师扩大影响力、承揽业务的重要途径之一。公司律师则是在企业内部专职从事法律工作的专职律师，其法律服务的范围限于其所在公司而不包括社会大众。公职律师是国家行政部门设立的政府律师，属于本机关、本单位在编在岗的公职人员，主要办理本机关法律事务，以提高政府机构依法行政水平，在法律上维护国家利益。公职律师不得为社会提供有偿法律服务。公司律师与公职律师的服务对象十分特定，且不能向社会提供有偿法律服务，因此公司律师与公职律师不得发布律师服务广告。

律师既可以个人名义发布业务推广信息，也可以所任职的律师事务所名义发布业务推广信息。一些地方律师协会的业务推广行为守则要求，以律师个人名义进行业务推广宣传行为，需经执业的律师事务所同意，如《重庆市律师及律师事务所宣传推广规则》

第八条规定，以律师个人名义发布广告的，需经执业的律师事务所同意，并载明执业律师事务所全称。《律师业务推广行为规则（试行）》对律师以个人名义发布业务推广信息是否需要经过律师事务所同意这一问题并未明确作出规定。

（二）律师事务所

律师事务所是指律师执行职务进行业务活动的工作机构，律师事务所拥有对律师与律师事务所事务的管理权。律师事务所具有与律师不同的法律地位，作为律师业务推广主体的律师事务所在律师业务推广上具有不同于律师的特殊性。在一些国家的历史上，律师以个人名义发布广告进行业务推广是受到禁止的，而律师事务所则可以适度地进行广告宣传。在业务推广的方式上，律师事务所更注重自身品牌的塑造，通过建立网站等方式将自身情况向公众进行介绍。律师及律师事务所进行业务推广需要遵循推广适度的原则，律师事务所在业务推广尤其是律师业务广告中进行自我宣传时，能够采取的推广方式较之于律师而言更广泛，如律师事务所可以在搜索引擎中投放品牌广告，在公众搜索该律师事务所名称时占据搜索结果较大画幅对事务所情况进行总体介绍。

二、律师业务推广的主要内容

（一）必要内容

在律师业务推广信息中，能够帮助业务推广的受众识别业务推广主体是十分重要的。律师及律师事务所发布业务推广信息时，律师的姓名、律师执业证号、所任职律师事务所名称以及律师事务所执业许可证号等基本信息根据《律师业务推广行为规则（试行）》的规定必须在业务推广信息中以醒目的方式标示出来。

（二）任意内容

律师及律师事务所发布业务推广信息在标示必要基本信息之外，还可以根据需要自行选择向业务推广受众展示的信息内容。律师发布业务推广信息还可以包含律师本人的肖像、年龄、性别、学历、学位、执业年限、律师职称、荣誉称号、律师事务所收费标准、联系方式，依法能够向社会提供的法律服务业务范围、专业领域、专业资格等。律师事务所发布业务推广信息还可以包含律师事务所的地址、电话号码、传真号码、电子信箱、网址、公众号，以及律师事务所荣誉称号、所属律师协会、所内执业律师、律师事务所收费标准、依法能够向社会提供的法律服务业务范围简介等。

需要注意的是，律师曾任职的职业，律师及律师事务所的荣誉称号、头衔、专业水平评定等信息虽然是律师及律师事务所可以自由决定是否作为业务推广信息部分的内容，但把一些任意内容纳入业务推广信息当中可能是不恰当的。如就律师曾任职的职业信息而言，尽管律师业务推广相关的法律法规、执业规范等并未明确规定，但一般认为律师曾在公检法机关任职的经历不宜作为业务推广的内容，这一方面是为了避免公众误认为律师能够从公检法机关获得特殊利益，另一方面是为了规范律师职业与公检法机关的关系，维护律师群体职业形象。就律师及律师事务所的荣誉称号、头衔、专业水平评定等信息而言，《律师业务推广行为规则（试行）》第九条规定，律师及律师事务所不得自我宣传其为某一领域的专家或专家单位。律师行业规则委员会认为律师及律师事务所宣传其为专家或专家单位需要以司法行政机关、律师协会和具体某类业务的办理机关或上述机关、团体所认可的机构作出的评定结果作为支撑，否则属于"自我宣传"。[①] 律师及律师事务所在律师广告中使用的荣誉称号也应有上述权威主体的认可。

三、律师业务推广的主要方式

（一）发布律师个人广告、律师事务所广告

《重庆市律师及律师事务所宣传推广规则》规定，律师及律师事务所可以通过发布律师广告的方式宣传自己的业务领域和专业特长。《律师业务推广行为规则（试行）》规定，律师服务广告是指律师、律师事务所通过广告经营者发布的法律服务信息。可见在实践当中，律师个人广告以及律师事务所广告可以统称为律师广告或者律师服务广告。《律师业务推广行为规则（试行）》对律师广告的概念界定较为简洁，律师广告依据其性质，本质上仍属于一种广告，结合《中华人民共和国广告法》（以下简称《广告法》）对广告概念的界定可以对律师广告有更清晰的认识。根据我国《广告法（试行）》之规定，广告是商品经营者或者服务提供者通过一定媒介和形式直接或者间接地介绍自己所推销的商品或者服务的商业活动。据此可以对律师广告的概念进行大致界定，律师广告即律师或律师事务所经由广告经营者通过多种传播媒介传播律师法律服务信息的行为以及上述律师法律服务信息的载体。需要注意的是，《广告法》所称之广告还包括经营主体间接地介绍商品或服务的活动。而根据《律师业务推广行为规则（试行）》之规定，律师及律师事务所出版书籍、发表文章、举办活动等业务推广方式并不直接以与目标客户订立法律服务合同为目的，却也可以起到向目标客户传递自身法律素养与业务能力、律师事务所资质等有助于承揽业务的信息，因此《律师业务推广行为规则（试行）》所称之律师广告应当是狭义上的律师广告，即以律师或律师事务所的联系方式、业务领域、专业能力、收费标准等为主要内容，以承揽业务为直接目的而发布的法律服务推广信息。律师广告的传播媒介主要包括纸质媒介和电子媒介。报纸、杂志、广播等纸质媒介和传统电子媒介是早期律师及律师事务所发布律师广告的重要传播媒介。此外，户外公共场所的广告牌也是律师广告的重要载体。近年来，随着互联网的快速发展与普及，互联网凭借其独特优势成为律师广告的重要媒介。互联网广告具有许多类别，互联网律师广告的类别一般为搜索广告和展示类广告。搜索广告即用户在搜索引擎或其他信息检索平台搜索特定关键词时将广告信息展示在信息检索结果页面的一种广告；展示类广告是通过在网站页面占据一定画幅或是弹出窗口的方式以文字、图片、视频等形式展示广告内容的一种广告。

（二）建立、注册和使用网站、博客、微信公众号、领英等互联网媒介

当前几乎每家律师事务所都建立了自己的网站，律师事务所建立网站可以较为详尽

---

① 吴晨：《律师业务推广行为规则剖析》，载《中国司法》2018年第3期，第57—58页。

地介绍事务所的机构所在地、律师团队、业务领域、专业资质、既往承办案例等各方面的情况，帮助潜在的客户详尽了解律师事务所整体情况以及与律师事务所取得联系，一些律师事务所的网站还提供了便捷的案件咨询链接。律师个人网站也以律师个人简介、业务领域、荣誉头衔、既往案例为主要内容，同时提供与律师取得联系的律师电话、地址、邮箱等。

博客，为音译，英文为 Blog，是 Web Log 的混成词，其正式名称为网络日志，是社会媒体网络的一部分，是一种通常由个人管理、不定期张贴新的文章的网站。律师及律师事务所通常会在博客发布既往承办案例、办案心得、法律知识相关文章、律师事务所活动与动态等信息，同时提供联系方式。

律师和律师事务所都可以开通微信公众号进行业务推广。涵盖各种内容的公众号消息、视频、服务以及微信即时通信的性质使得这种律师业务推广方式有利于与用户建立更强的联系。且微信公众号业务推广成本相对较低，适合广大普通律师和律师事务所。

领英是一个面向全球用户的职业社交平台。律师与律师事务所可以通过在领英建立个人主页详细介绍自身情况，而这些介绍内容可以在其他用户搜索特定关键词时被展现出来。同时领英同众多社交平台一样，作为用户的律师和律师事务所也可以发布法律文章、自身动态等内容来提高关注度，从而寻找潜在的客户或合作伙伴，实现业务的推广。

（三）印制和使用名片、宣传册等具有业务推广性质的书面资料或视听资料

律师事务所可以使用名片宣传自己。根据相关要求，律师名片应当庄重、简洁，名片内容除应印律师事务所名称、律师姓名、联系电话、地址等内容外，还必须加印律师本人的律师执业证书号码。印制宣传册通常被律师事务所用作业务推广手段。律师和律师事务所还可以印制以及使用图片、视频等视听资料宣传自己。

（四）出版书籍、发表文章

随着我国律师队伍整体文化水平的不断提高，越来越多的具有较高法学知识水平的律师出现，一些理论功底深厚，善于把业务中遇到的问题上升到理论的高度来分析、研究，并提出整套独特见解的律师被称为学者型律师，他们分析和研究的结果通常以出版书籍、发表论文等形式呈现。有丰富执业经验的律师也可以将自己的执业经验与心得写成书籍出版或写文章在线上线下发表。

（五）举办、参加、资助会议、评比、评选活动

律师和律师事务所可以通过举办、参加、资助会议、评比、评选活动的方式进行业务推广。律师和律师事务所举办、参加、资助的会议和活动包括学术研讨会、以特定法律问题为主题的讲座活动、专题解答等。律师与律师事务所还可以参与各种对律师及律师事务所的业务能力、业务资质等进行评比、评选的活动。

（六）其他可传达至社会公众的业务推广方式

其他可传达至社会公众的业务推广方式主要包括律师或律师事务所参与普法活动、公益法律援助、慈善捐助等活动，以此提高自身的社会曝光度和积攒美誉度，从而实现业务推广。此外，对客户或者公众口头宣传也是一种业务推广方式。

第四节　律师业务推广的限制性规范

为了规范律师业务推广行为，《律师业务推广行为规则（试行）》第十条、第十一条分别从律师业务推广的内容、方式等方面对律师业务推广行为进行了相应的限制。律师业务推广除应当遵守上述限制性规范外，还应当遵守其他相关法律法规、行政规章、执业规范以及所属地方律师协会对律师业务推广行为的限制性规范。

一、律师业务推广内容限制

（一）禁止虚假宣传

律师、律师事务所进行业务推广应当遵守法律法规和执业规范，诚实竞争，推广内容应当真实。推广内容真实是律师业务推广的基本原则之一。《律师业务推广行为规则（试行）》规定，律师、律师事务所进行业务推广时，不得虚假宣传。《律师执业行为规范（试行）》规定，律师和律师事务所不得进行歪曲事实和法律或者可能使公众对律师产生不合理期望的宣传。律师及律师事务所应当遵守业务推广限制性规范和诚实守信、维护当事人合法权益的职业道德，其业务推广信息中的各项内容都必须有相应材料作为证明和支撑，否则属于虚假宣传。另外，律师和律师事务所在业务推广内容中不得对办案结果进行虚假承诺。《律师职业道德和执业纪律规范》（2001年修正）规定，律师应当遵循诚实守信的原则，客观地告知委托人所委托事项可能出现的法律风险，不得故意对可能出现的风险作不恰当的表述或做虚假承诺。《律师执业行为规范（试行）》第七十九条规定，就法律服务结果或者诉讼结果作出虚假承诺属于律师执业不正当竞争行为。《律师法》第四十七条第二项规定，律师不得以不正当手段承揽业务，《律师和律师事务所违法行为处罚办法》第六条第一项明确规定，以作虚假承诺的方式承揽业务属于《律师法》第四十七条第二项规定的律师"以不正当手段承揽业务的"违法行为。律师及律师事务所在业务推广内容中作虚假承诺即违背了推广内容真实的基本原则，也违背了公平竞争、诚实竞争原则对不正当竞争行为的禁止。

（二）禁止比较宣传

《律师执业行为规范（试行）》第三十四条规定，律师和律师事务所不得进行律师之间或者律师事务所之间的比较宣传。比较宣传是指律师和律师事务所在业务推广内容中对自身与同行的各方面情况进行比较的行为。需要注意的是，比较宣传并不同于恶意贬低其他律师及律师事务所的不正当竞争行为,尽管业务推广内容中进行比较的各方面情况全部客观为真,这种宣传也是根据律师业务推广相应规范而应当禁止的行为。这是因为律师与律师事务所在业务推广中的比较行为通常会刻意凸显自身的优势,这种"拉踩行为"不仅违反了律师及律师事务所与同行之间应当互相尊重的律师职业道德,而且很可能会对消费者的选择产生误导,因为比较宣传为凸显自身优势很可能会片面宣传、以偏概全。

(三)禁止误导性和夸大性宣传

律师和律师事务所进行业务推广时,不得宣示胜诉率、赔偿额等可能使公众对律师法律服务的结果产生不当认识的内容。胜诉率、赔偿额等不当宣传内容并不直接与具体个案的结果相关,很可能会对公众产生误导。另外,律师和律师事务所在业务推广内容中对专业能力、收费标准等方面的介绍应当严谨准确,避免对公众产生误导。《律师执业行为规范(试行)》第八十四条规定,律师和律师事务所不得擅自或者非法使用社会专有名称或者知名度较高的名称以及代表其名称的标志、图形文字、代号以混淆误导委托人。本规范所称的社会特有名称和知名度较高的名称是指:(1)有关政党、司法机关、行政机关、行业协会名称;(2)具有较高社会知名度的高等法学院校或者科研机构的名称;(3)为社会公众共知、具有较高知名度的非律师公众人物名称;(4)知名律师以及律师事务所名称。《律师业务推广行为规则(试行)》第九条规定,律师、律师事务所可以宣传其专业法律服务领域,但不得自我宣称或者暗示其为公认的某一专业领域的专家或者专家单位。律师业务推广内容中未经权威认证与许可使用"专家""首席""优秀"等字眼不仅夸大了自身专业能力,同时可能会对公众造成误导。

(四)禁止未经许可发布客户信息

律师业务推广内容中不得有未经客户许可发布的客户信息。客户信息不仅包括律师执业过程中知悉的客户隐私,也包括通过一定渠道已经向社会公开而不属于客户隐私的客户信息。一些客户信息虽然可以通过公开渠道为人所知,但客户有可能并不接受此信息被用于律师业务推广,因此律师不得未经客户许可而擅自将客户信息纳入业务推广内容当中。

(五)禁止与律师职业形象不相称内容

律师业务推广内容中不得出现与律师职业不相称的文字、图案、图片和视听资料。律师业务推广内容使用的图片、语言、视听资料等应当向公众传达律师职业的可信赖性,不得破坏律师的职业形象。

(六)禁止不正当竞争内容

律师与律师事务所在业务推广内容中不得明示或者暗示其与司法机关、政府机关、社会团体、中介机构及其工作人员有特殊关系,也不得明示或者暗示提供回扣或者其他利益、不收费(法律援助除外)或者降低收费。

二、律师业务推广方式限制

（一）禁止不得体、不适度的业务推广方式

律师业务推广方式应当得体、适度。《律师业务推广行为规则（试行）》第十一条规定，律师业务推广不得使用的有损律师职业形象和律师行业整体利益的业务推广方式：（1）采用艺术夸张手段制作、发布业务推广信息；（2）在公共场所粘贴、散发业务推广信息；（3）以电话、信函、短信、电子邮件等方式针对不特定主体进行业务推广；（4）在法院、检察院、看守所、公安机关、监狱、仲裁委员会等场所附近以广告牌、移动广告、电子信息显示牌等形式发布业务推广信息；（5）其他有损律师职业形象和律师行业整体利益的业务推广方式。一些地方律师协会的律师业务推广规则对不得体、不适度的业务推广方式进行了更细致的规定，如《重庆市律师及律师事务所宣传推广规则》第十条第三项规定，律师及律师事务所不得在监狱、看守所、公安机关及其派出机构办公地等场所附近 300 米内设置广告标牌。

（二）禁止不正当业务推广方式

律师及律师事务所不得以不正当手段进行业务推广。《律师业务推广行为规则（试行）》第十三条规定，律师、律师事务所不得以支付案件介绍费、律师费收入分成等方式与第三方合作进行业务推广。《律师和律师事务所违法行为处罚办法》第六条规定，有下列情形之一的，属于《律师法》第四十七条第二项规定的律师"以不正当手段承揽业务的"违法行为：（1）以误导、利诱、威胁或者作虚假承诺等方式承揽业务的；（2）以支付介绍费、给予回扣、许诺提供利益等方式承揽业务的；（3）以对本人及所在律师事务所进行不真实、不适当宣传或者诋毁其他律师、律师事务所声誉等方式承揽业务的；（4）在律师事务所住所以外设立办公室、接待室承揽业务的。上述行为皆属于不正当的业务推广方式。

三、对违反律师业务推广规范的惩戒

（一）实施惩戒的主体

《律师执业管理办法》第四条规定，司法行政机关依照《律师法》和本办法的规定对律师执业进行监督、指导，律师协会依照《律师法》、协会章程和行业规范对律师执业实行行业自律。我国对律师执业活动的管理既包括司法行政机关的行政管理，也包括律师协会的自律管理。对于违反执业活动规范而需要受到惩戒的律师及律师事务所，司法行政机关主要依据《行政处罚法》《律师法》及《律师和律师事务所违法行为处罚办法》对其进行惩戒，而律师协会主要依据《律师协会会员违规行为处分规则（试行）》实施惩戒。因此我国对于违反律师业务推广规范的惩戒制度是二位一体的，司法行政机关享有行政惩戒权，而律师协会享有行业处分权，司法行政机关与律师协会都是对违反律师业务推广规范的律师及律师事务所实施惩戒的主体。

各级司法行政机关与律师协会对违反律师业务推广规范的惩戒具有不同的分工。司法机关的行政惩戒方面，具体实施惩戒的主体主要是市级司法行政机关；省级司法行政机关主要负责对下级司法行政机关的监督和指导，仅吊销律师执业证书的行政处罚是由省级司法行政机关作出；县级司法行政机关负责日常监督以及向上级提出行政处罚建议。律师协会的行业处分方面，具体实施惩戒的主体主要是设区市的律师协会，省级律师协会仅负责作出取消会员资格的行业处分。

（二）惩戒的形式

1. 司法行政机关的惩戒形式

司法行政机关对违规律师及律师事务所的惩戒形式主要有警告、罚款、吊销执业证书、停止执业、没收违法所得等。具体到违反律师业务推广规范的处罚方面，根据《律师法》以及《律师和律师事务所违法行为处罚办法》的相关规定，律师在业务推广过程中以不正当手段承揽业务的，由司法行政机关给予警告，可以处五千元以下的罚款；有违法所得的，没收违法所得；情节严重的，给予停止执业三个月以下的处罚。律师在业务推广中泄露商业秘密、个人隐私、委托人或其他当事人不愿泄露的情况和信息的，由司法行政机关给予警告，可以处一万元以下的罚款；有违法所得的，没收违法所得；情节严重的，给予停止执业三个月以上六个月以下的处罚。

律师事务所在业务推广过程中以不正当手段承揽业务或者纵容、放任本所律师以不正当手段承揽业务的，由司法行政机关视其情节给予警告、停业整顿一个月以上六个月以下的处罚，可以处十万元以下的罚款；有违法所得的，没收违法所得；情节特别严重的，吊销律师事务所执业许可证书。

2. 律师协会的惩戒形式

律师协会对违规律师及律师事务所的惩戒形式主要有：训诫、警告、通报批评、公开谴责、中止会员权利一个月以上一年以下、取消会员资格。根据《律师协会会员违规行为处分规则（试行）》的相关规定，律师或律师事务所在业务推广中泄露当事人的商业秘密或者个人隐私的，给予警告、通报批评或者公开谴责的纪律处分；情节严重的，给予中止会员权利三个月以上六个月以下的纪律处分。律师或律师事务所违反规定披露、散布不公开审理案件的信息、材料，或者本人、其他律师在办案过程中获悉的有关案件重要信息、证据材料的，给予通报批评、公开谴责或者中止会员权利六个月以上一年以下的纪律处分；情节严重的，给予取消会员资格的纪律处分。对律师或律师事务所业务推广中的不正当竞争行为，给予训诫、警告或者通报批评的纪律处分；情节严重的，给予公开谴责、中止会员权利一个月以上一年以下或者取消会员资格的纪律处分。

第七章　律师事务所

第一节　律师事务所概述

一、律师事务所的概念

（一）律师事务所的定义

律师事务所是在司法行政机关和律师协会的监督与管理下，在法律规定的范围内开展业务活动，为个人、单位等提供法律咨询、文书起草、诉讼代理等法律服务的机构。律师事务所是律师的执业机构，通常由律师组成的团体经营，业务范围主要包括诉讼业务和非诉业务。在我国，律师事务所的法律性质是非法人组织。《民法典》第一百零二条规定："非法人组织是不具有法人资格，但是能够依法以自己的名义从事民事活动的组织。非法人组织包括个人独资企业、合伙企业、不具有法人资格的专业服务机构等。"律师事务所的设立需要满足一定的条件，根据出资方式及组织形式的不同，律师事务所分为合伙律师事务所、个人律师事务所、国资律师事务所及其他律师事务所。

司法部 2023 年 6 月发布的《2022 年度律师、基层法律服务工作统计分析》显示，"截至 2022 年底，全国共有律师事务所 3.86 万多家。其中，合伙所 2.82 万多家，占 73.16%，国资所 604 家，占 1.56%，个人所 9777 家，占 25.28%"。"从律师事务所规模来看，律师 10 人（含）以下的律师事务所 2.53 万多家，占 65.5%，律师 11 人至 20 人（含）的律师事务所 8023 家，占 20.74%，律师 21 人至 50 人（含）的律师事务所 4037 家，占 10.44%，律师 51 人至 100 人（含）的律师事务所 784 家，占 2.03%，律师 100 人以上的律师事务所 500 家，占 1.29%。"[1]

律师事务所在法治建设中有其独特的地位和作用。一方面，律师事务所为律师的执业活动提供了平台；另一方面，律师事务所的存在能够将律师置于监督和管理之下，确保律师为客户提供专业的法律服务。

---

[1]　司法部：《2022 年度律师、基层法律服务工作统计分析》，载司法部网站，https://www.moj.gov.cn/pub/sfbgw/zwxxgk/fdzdgknr/fdzdgknrtjxx/202306/t20230614＿480740.html，2024 年 1 月 20 日访问。

（二）律师事务所的类型

1. 合伙律师事务所

合伙是指两个或两个以上的民事主体根据合伙协议而设立的共同出资、共同经营、共享收益、共担风险的组织。根据《律师法》及《律师事务所管理办法》的规定，"合伙律师事务所可以采用普通合伙或者特殊的普通合伙形式设立"。合伙律师事务所是我国当下律师事务所的主要形式，其中普通合伙制又是合伙律师事务所的主要组织形式。所谓普通合伙，是指由普通合伙人组成，合伙人承担无限连带责任的经营组织形式。合伙律师事务所具有以下特点。第一，合伙人对律师事务所的债务承担无限连带责任。由于合伙人之间的无限连带责任，合伙制下的律师具有较强的责任意识和风险意识，这是合伙律师事务所的优势，但也由于合伙人需要承担较大的风险与责任，一定程度上限制了律师事务所的规模化、专业化发展。第二，合伙律师事务所具有很强的人合属性。合伙人往往基于彼此间的了解、信任和共同目的而结伙。在合伙律师事务所中，合伙人会议或律师会议是决策机构，合伙律师事务所的重大事项应当经会议集体讨论决定通过。

除了普通合伙制，律师事务所还可以采用特殊的普通合伙形式设立。以专业知识和专门技能为客户提供有偿服务的专业服务机构，可以设立为特殊的普通合伙企业。在特殊的普通合伙企业中，一个合伙人或者数个合伙人在执业活动中因故意或者重大过失造成合伙企业债务的，应当承担无限责任或者无限连带责任，其他合伙人以其在合伙企业中的财产份额为限承担责任。合伙人在执业活动中非因故意或者重大过失造成的合伙企业债务以及合伙企业的其他债务，由全体合伙人承担无限连带责任。合伙人执业活动中因故意或者重大过失造成的合伙企业债务，以合伙企业财产对外承担责任后，该合伙人应当按照合伙协议的约定对给合伙企业造成的损失承担赔偿责任。

相较于普通合伙律师事务所，特殊的普通合伙制有助于推动律师事务所的发展转型。在特殊的普通合伙律师事务所中，合伙人通常以过错作为责任承担事由，即当本人在执业活动中出现故意或重大过失造成债务的才需要承担责任。这使得合伙人在律师事务所的经营中将获得更多的保障，也有效地提高了律师事务所的整体抗风险能力，从而为律师事务所稳定队伍、拓展市场、实现长期可持续发展提供物质基础，也更有利于发展更具规模的律师事务所，提升我国法律服务在国际市场中的竞争力。但由于特殊的普通合伙律师事务所设立条件相对严格，我国目前采用这种合伙形式的律师事务所还较少。根据《律师事务所管理办法》的规定，设立特殊的普通合伙律师事务所，应当"有二十名以上合伙人作为设立人"，且"有人民币一千万元以上的资产"，与设立普通合伙律师事务所要求的"有三名以上合伙人作为设立人"和"有人民币三十万元以上的资产"相比，其条件门槛显著提升。

2. 个人律师事务所

个人律师事务所是指由一名律师独立创办的，并以其个人财产对外承担无限责任的律师事务所。许可设立个人律师事务所，符合我国律师行业的实际状况和业务特点，具有重要意义。其一，有利于缓解律师资源区域分布的不均衡。我国各地的经济发展水平存在差异，中西部地区法律人才较为匮乏，律师资源在同一省份不同城市的分布也有所不同。个人律师事务所投入资金较少、经营成本较低，能够广泛地在中小型城市设立，有效推进法律服务资源的优化整合、科学布局和均衡配置，能够在一定程度上解决偏远地区和人口分散地区律师资源不足的问题，满足人民群众对法律服务产品的需求。其二，有助于推动法律服务产品大众化。个人律师事务所作为律师个人出资设立的执业机构，规模较小，具有成本低廉、贴近群众、服务便利等优势，方便律师深入基层、走进社区服务人民群众，降低法律服务费用，解决部分群众打官司难的问题。其三，有利于律师事务所管理的规范化。律师独立执业的需求客观存在，允许个人设立律师事务所能够满足这一需要。同时，个人律师事务所以律师个人全部资产对律师事务所债务承担无限责任，具有责任明确的优点。此外，个人律师事务所组织结构简单、运行效率较高，能够专注客户需求，为当事人提供个性化的法律服务。"但是，由于个人律师事务所通常人手有限，所以办理大案的能力不强，并且风险承担能力比较弱。"[①] 但毋庸置疑的是，个人律师事务所在法律服务市场多元化供给方面起到了积极作用。

3. 国资律师事务所

国资律师事务所指由国家出资设立，依法自主开展律师业务，并以该律师事务所的全部资产对其债务承担责任的律师执业机构。1979 年我国恢复重建了律师制度，并以"国办所"（法律顾问处）的形式设立了一批律师事务所；1980 年后，律师事务所逐步向自负盈亏、自我发展的方向改革；1996 年《律师法》出台，明确规定了可以设立合伙律师事务所，国资律师事务所开启了新一轮的改制；2000 年前后，各地迎来了国资律师事务所脱钩改制的高潮。例如，中国国际贸易促进会 1979 年设立的法律顾问处，于 1984 年更名为"中国环球律师事务所"、1995 年更名为"环球律师事务所"，2000 年根据司法部要求，脱钩改制为"北京市环球律师事务所"。2007 年、2012 年、2017 年，我国先后对《律师法》进行了修订，但均保留了国资律师事务所的相关规定，应该说这是符合我国国情的。在一些经济发展相对落后的边远地区，律师事务所还不能很好地实现自收自支，如果将国资律师事务所"一刀切"地取消，这些地方的律师工资待遇将会成为一个问题，从而影响人民群众对法律服务产品的获取。根据《律师事务所管理办法》的规定，国资律师事务所，由县级司法行政机关筹建，申请设立许可前经所在地的县级人民政府有关部门核拨编制、提供经费保障。国资律师事务所的负责人由本所律师推选，并经所在地的县级司法行政机关同意。国资律师事务所以其全部资产对其债务承担责任，出资单位不承担连带责任。

4. 其他律师事务所

20 世纪 80 年代，我国曾出现过合作制律师事务所。彼时伴随着中国社会与经济的发展，市场对法律服务的需求提升，需要一种能够激发律师积极性的体制，"合作制律师事务所"便登上了历史的舞台。1988 年，司法部《关于下发〈合作制律师事务所试

---

① 陈卫东：《中国律师学（第五版）》，中国人民大学出版社 2023 年版，第 125 页。

点方案〉的通知》，拉开了此后 30 年中国律师事务所发展的序幕。① 合作制律师事务所是由律师采用合作形式组成，为国家机关、社会组织和公民提供法律服务的社会主义性质的事业法人组织。合作制律师事务所采取"集体所有制"模式，以其全部资产对债务承担有限责任。2007 年修订的《律师法》取消了合作制律师事务所。

2018 年 5 月，国务院印发《关于做好自由贸易试验区第四批改革试点经验复制推广工作的通知》，将"扩大内地与港澳合伙型联营律师事务所设立范围"列为在全国范围内复制推广的改革事项。2019 年 1 月，司法部下发《关于扩大内地律师事务所与港澳律师事务所合伙联营地域范围的通知》，将内地与港澳合伙型联营律师事务所的设立范围扩大到全国。合伙联营律师事务所，是指由一家或多家香港或澳门律师事务所与一家内地律师事务所，按照规定和各方协议约定的权利和义务，组建合伙型联营律师事务所，以联营律师事务所的名义对外提供法律服务并承担法律责任的律师事务所组织形式。联营律师事务所采用特殊普通合伙的形式设立。截至 2022 年底，"港澳律师事务所与内地律师事务所建立了 25 家合伙型联营律师事务所"②。

（三）其他与律师事务所有关的机构

1. 律师事务所的境外分支机构

伴随着我国高水平对外开放政策的持续推进，律师事务所也加快了"走出去"的步伐。据司法部统计，到 2022 年，"我国律师事务所在境外共设立分支机构 180 家"③。律师事务所境外分支机构是指我国律师事务所在境外投资设立，经境外有关国家和地区政府部门或有关组织批准或登记，人员、业务、财务受该律师事务实际控制，在境外实质性开展法律服务业务的分支机构。在境外设立分支机构，是为了适应经济全球化进程、形成对外开放新体制、应对维护国家安全稳定新挑战的需求，对于增强我国在国际法律事务中的话语权和影响力，维护我国公民、法人的正当权益具有重要意义。

2. 境外律师事务所的代表机构

外国律师事务所在华设立代表机构、派驻代表，应当经国务院司法行政部门许可。港澳律师事务所在内地设立代表处、派驻代表，应当经省、自治区、直辖市司法厅（局）许可。台湾地区律师事务所可以在福建省、上海市、江苏省、浙江省、广东省设立代表处。"截至 2022 年底，已有来自 22 个国家和地区的 217 家律师事务所在华（内地、大陆）设立 282 家代表机构，其中外国律师事务所驻华代表机构 205 家，香港律师事务所驻内地代表机构 64 家，台湾律师事务所驻大陆代表机构 13 家，8 家在上海自贸

---

① 参见智合研究院：《中国律所 40 年：萌芽、崛起、浪潮与蜕变》，载《中国律师》2019 年第 6 期，第 41 页。

② 司法部：《2022 年度律师、基层法律服务工作统计分析》，载司法部网站，https://www.moj.gov.cn/pub/sfbgw/zwxxgk/fdzdgknr/fdzdgknrtjxx/202306/t20230614_480740.html，2024 年 1 月 20 日访问。

③ 司法部：《2022 年度律师、基层法律服务工作统计分析》，载司法部网站，https://www.moj.gov.cn/pub/sfbgw/zwxxgk/fdzdgknr/fdzdgknrtjxx/202306/t20230614_480740.html，2024 年 1 月 20 日访问。

区设立代表机构的外国律师事务所与中国律师事务所实行联营。"①

二、律师事务所的设立、变更与终止

(一) 律师事务所的设立

1. 律师事务所的设立条件和程序

(1) 律师事务所的设立条件。

律师事务所应当依法设立并取得执业许可证。《律师法》第十四条和《律师事务所管理办法》第八条都对律师事务所的设立条件进行了规定，即有自己的名称、住所和章程，有符合《律师法》和《律师事务所管理办法》规定的律师，设立人应当是具有一定的执业经历且三年内未受过停止执业处罚的律师，有符合国务院司法行政部门规定数额的资产。律师事务所章程应当包括律师事务所的名称和住所，律师事务所的宗旨，律师事务所的组织形式，设立资产的数额和来源，律师事务所负责人的职责以及产生、变更程序，律师事务所决策、管理机构的设置、职责，本所律师的权利与义务，律师事务所有关执业、收费、财务、分配等主要管理制度，律师事务所解散的事由、程序以及清算办法，律师事务所章程的解释、修改程序，律师事务所党组织的设置形式、地位作用、职责权限、参与本所决策、管理的工作机制和党建工作保障措施等，以及其他需要载明的事项。

设立普通合伙律师事务所，还应当有书面合伙协议；有三名以上合伙人作为设立人，设立人应当是具有三年以上执业经历并能够专职执业的律师；有人民币三十万元以上的资产。设立特殊的普通合伙律师事务所，应当有书面合伙协议；有二十名以上合伙人作为设立人，设立人应当是具有三年以上执业经历并能够专职执业的律师；有人民币一千万元以上的资产。合伙协议由全体合伙人协商一致并签名，合伙协议应当载明合伙人姓名、居住地、身份证号、律师执业经历等，合伙人的出资额及出资方式，合伙人的权利、义务，合伙律师事务所负责人的职责以及产生、变更程序，合伙人会议的职责、议事规则等，合伙人收益分配及债务承担方式，合伙人入伙、退伙及除名的条件和程序，合伙人之间争议的解决方法和程序、违反合伙协议承担的责任，合伙协议的解释、修改程序，及其他需要载明的事项。此外，合伙律师事务所的章程也应当载明合伙人的姓名、出资额及出资方式。

个人律师事务所的设立人应当是具有五年以上执业经历并能够专职执业的律师，且有人民币十万元以上的资产。国家出资设立的律师事务所，除符合《律师法》规定的一般条件外，应当至少有两名符合《律师法》规定并能够专职执业的律师。需要国家出资设立律师事务所的，由当地县级司法行政机关筹建，申请设立许可前须经所在地的县级人民政府有关部门核拨编制、提供经费保障。

---

① 司法部：《2022年度律师、基层法律服务工作统计分析》，载司法部网站，https://www.moj.gov.cn/pub/sfbgw/zwxxgk/fdzdgknr/fdzdgknrtjxx/202306/t20230614_480740.html，2024年1月20日访问。

（2）律师事务所的设立程序。

根据《律师法》和《律师事务所管理办法》的规定，设立律师事务所，应当向设区的市级或者直辖市的区人民政府司法行政部门提出申请，由设区的市级或者直辖市的区（县）司法行政机关受理设立申请并进行初审。申请设立律师事务所时，应当提交设立申请书，律师事务所的名称、章程，设立人的名单、简历、身份证明、律师执业证书，律师事务所负责人人选，住所证明，资产证明等材料。设立合伙律师事务所，还应当提交合伙协议；设立国资律师事务所，应当提交所在地县级人民政府有关部门出具的核拨编制、提供经费保障的批件。申请设立许可时，申请人应当如实填报《律师事务所设立申请登记表》。

司法行政机关对申请人提出的设立律师事务所的申请，应当根据下列情况分别作出处理。申请材料齐全、符合法定形式的，应当受理。申请材料不齐全或者不符合法定形式的，应当当场或者自收到申请材料之日起五日内一次告知申请人需要补正的全部内容，申请人按要求补正的，予以受理；逾期不告知的，自收到申请材料之日起即为受理。申请事项明显不符合法定条件或者申请人拒绝补正、无法补正有关材料的，不予受理，并向申请人书面说明理由。受理申请的司法行政机关应当在决定受理之日起二十日内完成对申请材料的审查。在审查过程中，可以征求拟设立律师事务所所在地县级司法行政机关的意见；对于需要调查核实有关情况的，可以要求申请人提供有关证明材料，也可以委托县级司法行政机关进行核实。经审查，应当对设立律师事务所的申请是否符合法定条件、材料是否真实齐全出具审查意见，并将审查意见和全部申请材料报送省、自治区、直辖市司法行政机关。

省、自治区、直辖市司法行政机关应当自收到受理申请机关报送的审查意见和全部申请材料之日起十日内予以审核，作出是否准予设立律师事务所的决定。准予设立的，应当自决定之日起十日内向申请人颁发律师事务所执业许可证；不准予设立的，应当向申请人书面说明理由。律师事务所执业许可证分为正本和副本。正本用于办公场所悬挂，副本用于接受查验。正本和副本具有同等的法律效力。律师事务所执业许可证应当载明的内容、制作的规格、证号编制办法，由司法部规定。执业许可证由司法部统一制作。

律师事务所设立申请人应当在领取执业许可证后六十日内，按照有关规定刻制印章、开立银行账户、办理税务登记，完成律师事务所开业的各项准备工作，并将刻制的律师事务所公章、财务章印模和开立的银行账户报所在地设区的市级或者直辖市的区（县）司法行政机关备案。

2. 律师事务所分所的设立条件和程序

律师事务所分所是指律师事务所基于业务扩展、品牌传播、占领市场等目的，依照法定条件和程序设立的分支机构。设立分所是实现律师事务所规模化的重要方式之一。《律师法》第十九条规定："成立三年以上并具有二十名以上执业律师的合伙律师事务所，可以设立分所。"因此，目前仅合伙律师事务所可以设立分所，同时合伙律师事务所应当对其分所的债务承担责任。

《律师事务所管理办法》对律师事务所分所的设立条件和程序作出了详细规定。首先，设立分所的律师事务所应当是成立三年以上并具有二十名以上执业律师的合伙律师事务所，并且分所应当设立在本所所在地的市、县以外的地方，设在直辖市、设区的市的合伙律师事务所可以在本所所在城区以外的区、县设立分所。其次，律师事务所及其分所受到停业整顿处罚期限未满的，该所不得申请设立分所；律师事务所的分所受到吊销执业许可证处罚的，该所自分所受到处罚之日起二年内不得申请设立分所。最后，分所应当具备下列条件，即有符合《律师事务所名称管理办法》规定的名称，有自己的住所，有三名以上律师事务所派驻的专职律师，有人民币三十万元以上的资产，分所负责人应当是具有三年以上的执业经历并能够专职执业且在担任负责人前三年内未受过停止执业处罚的律师。此外，省、自治区、直辖市司法行政机关可以根据本地经济社会发展和律师业发展状况，提高分所派驻律师条件和资产条件，报司法部批准后实施；律师事务所到经济欠发达的市、县设立分所的，派驻律师条件可以降至一至二名、资产条件可以降至人民币十万元，具体适用地区由省、自治区、直辖市司法行政机关确定。

律师事务所申请设立分所，应当提交设立分所申请书，本所基本情况、本所设立许可机关为其出具的符合《律师法》第十九条和《律师事务所管理办法》第三十三条规定条件的证明，本所执业许可证复印件，本所章程和合伙协议，拟在分所执业的律师的名单、简历、身份证明和律师执业证书复印件，拟任分所负责人的人选及基本情况、该人选执业许可机关为其出具的符合《律师事务所管理办法》规定条件的证明，分所的名称、分所住所证明和资产证明，本所制定的分所管理办法等材料。申请设立分所时，申请人应当如实填报《律师事务所分所设立申请登记表》。律师事务所申请设立分所，由拟设立分所所在地设区的市级或者直辖市区（县）司法行政机关受理并进行初审，报省、自治区、直辖市司法行政机关审核，决定是否准予设立分所。准予设立分所的，由设立许可机关向申请人颁发律师事务所分所执业许可证。

3. 律师事务所境外分支机构的设立条件和程序

根据司法部2019年印发的《律师事务所境外分支机构备案管理规定》，律师事务所设立境外分支机构的，在依照驻在国和地区规定获准执业后的三十日内，应当将该国（地区）律师监管机构的批准（登记）文件复印件，分支机构的名称、驻在地址、机构类型、设立方式、负责人、派驻律师及行政人员、聘请当地律师及雇员、业务范围、通讯方式等情况报所在地的省、自治区、直辖市司法行政机关备案。律师事务所变更其境外分支机构设立形式、名称、负责人和其他派驻律师的，应当在驻在国和地区办结变更手续后的三十日内，将有关变更材料报所在地的省、自治区、直辖市司法行政机关备案。律师事务所决定停办其境外分支机构的，应当在驻在国和地区办结注销手续后的三十日内，将有关材料报所在地的省、自治区、直辖市司法行政机关备案。律师事务所境外分支机构违反我国法律、损害我国国家安全和社会公共利益，违反职业道德和执业纪律的，省、自治区、直辖市司法行政机关应当视情况责令其所属的律师事务所对其进行整顿或予以撤销。律师事务所对其境外分支机构律师疏于管理，造成重大影响的，省、自治区、直辖市司法行政机关依法对该律师事务所给予处罚。

（二）律师事务所的变更与终止

1. 律师事务所的变更

律师事务所的变更是指律师事务所依照法定程序变更名称、负责人、章程、合伙协议、住所、合伙人及组织形式的情形。律师事务所变更名称、负责人、章程、合伙协议的，应当经所在地设区的市级或者直辖市的区（县）司法行政机关审查后报原审核机关批准。具体办法按律师事务所设立许可程序办理。律师事务所变更住所、合伙人的，应当自变更之日起十五日内经所在地设区的市级或者直辖市的区（县）司法行政机关报原审核机关备案。

律师事务所跨县、不设区的市、市辖区变更住所，需要相应变更负责对其实施日常监督管理的司法行政机关的，应当在办理备案手续后，由其所在地设区的市级司法行政机关或者直辖市司法行政机关将有关变更情况通知律师事务所迁入地的县级司法行政机关。律师事务所拟将住所迁移至其他省、自治区、直辖市的，应当按照注销原律师事务所、设立新的律师事务所的程序办理。律师事务所变更合伙人，包括吸收新合伙人、合伙人退伙、合伙人因法定事由或者经合伙人会议决议被除名。新合伙人应当从专职执业并具有三年以上执业经历的律师中产生，但司法部另有规定的除外。受到六个月以上停止执业处罚的律师，处罚期满未逾三年的，不得担任合伙人。合伙人退伙、被除名的，律师事务所应当依照法律、本所章程和合伙协议处理相关财产权益、债务承担等事务。因合伙人变更需要修改合伙协议的，修改后的合伙协议应当按照《律师事务所管理办法》第二十六条的规定报批。律师事务所变更组织形式的，在自行依法处理好业务衔接、人员安排、资产处置、债务承担等事务并对章程、合伙协议作出相应修改后方可申请变更。

律师事务所因分立、合并需要对原律师事务所进行变更，或者注销原律师事务所、设立新的律师事务所的，应当在自行依法处理好相关律师事务所的业务衔接、人员安排、资产处置、债务承担等事务后，提交分立协议或者合并协议等申请材料，按照《律师事务所管理办法》的相关规定办理。

律师事务所决定变更分所负责人的，应当经分所所在地设区的市级或者直辖市区（县）司法行政机关报分所设立许可机关批准；变更派驻分所律师的，参照《律师执业管理办法》有关律师变更执业机构的规定办理。分所变更住所的，应当自变更之日起十五日内，经分所所在地设区的市级或者直辖市区（县）司法行政机关报分所设立许可机关备案。律师事务所变更分所名称的，应当自名称获准变更之日起三十日内，经分所所在地设区的市级或者直辖市区（县）司法行政机关向分所设立许可机关申请变更分所名称。

2. 律师事务所的终止

律师事务所的终止是指律师事务所在法律规定的终止事由发生后，停止受理业务、依法进行清算并办理注销手续及其他事项的情形。律师事务所应当终止的情形主要包括：不能保持法定设立条件，经限期整改仍不符合条件的；律师事务所执业证书被依法吊销的；自行决定解散的；法律、行政法规规定应当终止的其他情形。律师事务所终止的，由颁发执业证书的部门注销该律师事务所的执业证书。

律师事务所在取得设立许可后，六个月内未开业或者无正当理由停止业务活动满一年的，视为自行停办，应当终止。律师事务所在受到停业整顿处罚期限未满前，不得自行决定解散。律师事务所在终止事由发生后，不得受理新的业务。律师事务所在终止事由发生后，应当向社会公告，依照有关规定进行清算，依法处置资产分割、债务清偿等事务。律师事务所应当在清算结束后十五日内向所在地设区的市级或者直辖市的区（县）司法行政机关提交注销申请书、清算报告、本所执业许可证以及其他有关材料，由其出具审查意见后连同全部注销申请材料报原审核机关审核，办理注销手续。律师事务所拒不履行公告、清算义务的，由设区的市级或者直辖市的区（县）司法行政机关向社会公告后，可以直接报原审核机关办理注销手续。律师事务所被注销后的债权、债务由律师事务所的设立人、合伙人承担。律师事务所被注销的，其业务档案、财务账簿、本所印章的移管、处置，按照有关规定办理。

律师事务所分所应当终止的情形包括：律师事务所依法终止的；律师事务所不能保持《律师法》和《律师事务所管理办法》规定设立分所的条件，经限期整改仍不符合条件的；分所不能保持《律师事务所管理办法》规定的设立条件，经限期整改仍不符合条件的；分所在取得设立许可后六个月内未开业或者无正当理由停止业务活动满一年的；律师事务所决定停办分所的；分所执业许可证被依法吊销的；法律、行政法规规定应当终止的其他情形。分所终止的，由分所设立许可机关注销分所执业许可证。分所终止的有关事宜按照律师事务所终止的规定办理。

第二节　律师与律师事务所的关系

一、律师执业概说

（一）律师的实习考核

律师是依法取得律师执业证书，接受委托或者指定为当事人提供法律服务的执业人员。没有取得律师执业证书的人员，不得以律师名义从事法律服务业务。因此，律师要正式执业首先必须取得律师执业证书。根据《律师法》的规定，申请律师执业应当在律师事务所实习满一年。

律师事务所应当与申请实习人员签订《实习协议》。其中，《实习协议》应有申请实习人员姓名，律师事务所名称、住所，实习指导律师的姓名、律师执业证号、执业年限，拟安排实习的起止日期，申请实习人员和律师事务所双方的权利、义务及违约责任，律师事务所与实习人员约定的实习期间的劳动报酬或者生活补助等主要内容。同时，接收实习的律师事务所应当为拟申请实习的人员向该所住所地设区的市级律师协会申请实习登记，提交《申请律师执业人员实习管理规则》第七条规定的材料。律师事务所应先对实习人员提交材料的真实性进行形式审查。

律师事务所负责组织实施其接收的实习人员的实务训练。律师事务所应当按照中华全国律师协会制定的实务训练指南，指派符合条件的律师指导实习人员进行实务训练，并为实习人员进行实务训练提供必要的条件和保障。律师事务所指派的实习指导律师应当具有较高的政治素质、职业道德素质、业务素质和丰富的实务经验，并满足其他相应的条件。一名实习指导律师同时指导的实习人员一般不超过两名。

律师事务所应当对实习活动履行管理职责，主要包括制订实习指导计划，健全实习指导律师和实习人员管理制度；组织实习人员参加律师事务所政治、业务学习和实践活动；定期或者适时召开会议，通报实习人员的实习情况，研究实习工作的改进措施；对实习指导律师履行职责的情况进行监督，发现问题及时纠正，对严重违背规定职责的，应当停止其指导实习的工作；对实习人员在实习期间的表现及实习效果进行监督和考查，并在实习结束时为其出具《实习鉴定书》。律师事务所党组织对实习人员在实习期间的政治表现进行考查；律师事务所为实习人员出具《实习鉴定书》应当征求律师事务所党组织意见。实习人员自实习期满之日起一年内，通过其实习的律师事务所向负责实习考核的律师协会提出实习考核申请，并提交相应材料。

（二）律师的正式执业

律师事务所是律师的执业机构，因此律师必须在律师事务所执业。根据《律师法》第六条的规定，申请律师执业，应当向司法行政机关提交律师事务所出具的同意接收申请人的证明。《律师法》第十条还规定："律师只能在一个律师事务所执业。律师变更执业机构的，应当申请换发律师执业证书。"律师事务所对本所执业律师负有教育、管理和监督的职责。此外，根据《律师执业管理办法》第二十三条的规定，律师与律师事务所解除聘用合同或者所在的律师事务所被注销，在六个月内未被其他律师事务所聘用的，应由其执业地的原审核颁证机关收回、注销其律师执业证书。

二、律师与律师事务所的法律关系

（一）理论学说

由于律师事务所类型多样，法律性质较为复杂，因此目前对律师与律师事务所之间的关系尚未形成共识。《中华人民共和国劳动合同法实施条例》（以下简称《劳动合同法实施条例》）第三条规定："依法成立的会计师事务所、律师事务所等合伙组织和基金会，属于劳动合同法规定的用人单位。"该条例仅对"合伙组织"的律师事务所进行了明确规定，对于国资律师事务所、个人律师事务所与本所律师之间的关系没有作出相应的说明。理论上对律师与律师事务所之间是否存在劳动关系有肯定和否定两种观点。

1. 劳动关系肯定说

劳动关系是指机关、企事业单位、社会团体和个体经济组织等用人单位与劳动者个人之间，依法签订劳动合同，劳动者接受用人单位的管理、从事用人单位安排的工作、成为用人单位的成员，并从用人单位领取报酬和受劳动保护所产生的法律关系。① 从构成要件上看，成立劳动关系主要有三点。第一，用人单位和劳动者符合法律、法规规定的主体资格。律师作为自然人，与一般的劳动者并无差异，律师事务所则属于《中华人民共和国劳动合同法》（以下简称《劳动合同法》）中的"民办非企业单位"，具有用人单位的主体资格。第二，劳动者受用人单位的劳动管理，从事用人单位安排的有报酬的劳动。律师在律师事务所执业，必须接受律师事务所的监督和管理，律师事务所也应当履行监管的义务，同时律师事务所受理业务后交由律师具体承办，并按照一定的规则向承办律师支付报酬。第三，劳动者提供的劳动是用人单位业务的组成部分。律师以其智力劳动为当事人提供法律服务，这正是律师事务所的主要业务活动。因此，律师与律师事务所之间成立劳动关系。

2. 劳动关系否定说

也有观点指出，无论是根据《中华人民共和国劳动法》（以下简称《劳动法》）还是《律师法》相关规定，律师与律师事务所之间是否成立劳动关系还有待商榷和研究。其一，律师事务所不具有法律规定的"用人单位"的内涵，因为律师事务所并不需要律师的劳动，律师主要是为当事人服务的。从律师工作的这一特征和方式来看，律师与律师事务所之间的关系与劳动合同双方（即劳动者与用人单位）之间的关系有明显的区别。与其说律师事务所是律师的"用人单位"，不如说律师事务所是介于委托人和律师之间的中介服务机构。其二，虽然律师与委托人之间的合同以律师事务所的名义统一签订，但事实上，律师一般以个人或团队的形式自行联系并办理业务，律师事务所对承办律师没有自由安排的权利，只能按照委托人选定的律师"分配"案件。从收入管理上看，律师事务所仅对办案费用抽取"管理费"等，其余的均归律师个人。除了少数实行律所受案、统筹管理、统一分配的律师事务所，这些事项通常都不涉及其他律师。其三，律师事务所中只有合伙人参与律师事务所的管理，且主要是形式和程序上的，与本所其他律师之间在业务上都是平等关系，没有具体的管理者与被管理者。如果将律师事务所看作中介机构，那么律师与律师事务所之间就更应当是平等的法律关系。

（二）司法认定

在实践中，律师事务所内部运行机制千差万别，使得律师与律师事务所之间的法律关系愈加复杂。但总体而言，无论是一味地肯定还是一味地否定律师与律师事务所之间的劳动关系都不合适。

例如，在刘某某诉北京市中伦文德（济南）律师事务所劳动争议案中，一审法院认为，刘某某系提成律师，与北京市中伦文德（济南）律师事务所之间并未有身份隶属关系，不受《劳动法》及《劳动合同法》的调整，故北京市中伦文德（济南）律师事务所与刘某某之间不存在劳动关系。② 二审法院同样以无充足证据证明刘某某受北京市中伦

---

① 沈建峰：《论劳动关系的实践界定——以中德司法机关的判决为考察重点》，载《法律适用》2012年第12期，第90页。

② 参见济南市历下区人民法院民事判决书，（2020）鲁0102民初5614号。

文德（济南）律师事务所的管理、指挥或者监督，无法证明其与北京市中伦文德（济南）律师事务所之间存在身份隶属关系，支持了一审法院的判决。[1] 再审申请中，高级人民法院认为，根据《劳动合同法实施条例》第三条的规定，"依法成立的会计师事务所、律师事务所等合伙组织和基金会，属于劳动合同法规定的用人单位"，北京市中伦文德（济南）律师事务所属于法律规定的用人单位，可以作为劳动合同的主体，但是北京市中伦文德（济南）律师事务所与刘某某建立的是否是劳动关系还取决于双方合同关系的认定，并非律师事务所与律师建立的关系均为劳动关系。刘某某为专职提成律师，其工资来源于自己的业务收入提成，并非北京市中伦文德（济南）律师事务所根据刘某某的业务量确定，表明刘某某未给北京市中伦文德（济南）律师事务所提供劳动；刘某某的工作时间、内容完全由自己支配、安排，双方没有约定刘某某接受北京市中伦文德（济南）律师事务所的制度管理。这些事实表明刘某某与北京市中伦文德（济南）律师事务所之间不存在劳动关系。对于《律师法》第六条要求申请律师执业必须提交"律师事务所出具的同意接受申请人的证明"，第十条规定"律师只能在一个律师事务所执业"，第二十五条规定"律师承办业务，由律师事务所统一接受委托，与委托人签订书面委托合同，按照国家规定同意收取费用并如实入账"，法院认为刘某某办理案件由北京市中伦文德（济南）律师事务所统一收案、统一收费、统一指派是为了办案手续合法化，这也是双方成就聘用合同关系的目的，不足以证明双方为劳动合同关系。[2]

又如，在广东世纪华人律师事务所与陈某某劳动争议案中，一审法院判决广东世纪华人律师事务所应承担工伤保险责任用工主体责任。[3] 但二审法院认为，承担工伤保险责任用工主体责任的前提条件是劳动者与用工单位存在劳动关系，或者虽然没有劳动关系但用工单位存在违法情形，法律、法规规定应当承担工伤保险责任的。陈某某作为专职律师，其与广东世纪华人律师事务所签订有《律师聘用合同书》，陈某某根据自己的业务需要开展工作，其收入来源为自己的业务收入，并非广东世纪华人律师事务所根据其劳动量来确定、发放，陈某某自己缴纳社保费用以及承担办公的日常费用包括办公场地的租金，其工作时间、内容完全由自己支配安排，并不受广东世纪华人律师事务所劳动管理，因此，陈某某与广东世纪华人律师事务所之间不存在劳动关系。《律师法》第六条要求申请律师执业必须提交"律师事务所出具的同意接受申请人的证明"，第十条规定"律师只能在一个律师事务所执业"，第二十五条规定"律师承办业务，由律师事务所统一接受委托，与委托人签订书面委托合同，按照国家规定统一收取费用并如实入账"。广东世纪华人律师事务所与陈某某签订《律师聘用合同书》符合法律规定，不存在广东世纪华人律师事务所聘用陈某某违反法律规定的情形。[4] 再审申请法院对此予以认可。[5]

此外，在王某某诉北京大成（重庆）律师事务所合同纠纷案中，法院认为，律师行

① 参见山东省济南市中级人民法院民事判决书，（2021）鲁 01 民终 276 号。
② 参见山东省高级人民法院民事裁定书，（2021）鲁民申 6952 号。
③ 参见广东省深圳市罗湖区人民法院民事判决书，（2018）粤 0303 民初 12384 号。
④ 参见广东省深圳市中级人民法院民事判决书，（2018）粤 03 民终 19386 号。
⑤ 参见广东省高级人民法院民事裁定书，（2019）粤民申 10405 号。

业存在特殊性，有授薪制律师、挂靠律师即提成律师的区别，即便律师事务所和律师双方签订了劳动合同，也要具体分析律师在律师事务所中工作的具体情况来判断双方是否存在劳动关系。第一，律师事务所在机关定性上，虽属于一类特殊组织形式，但其作为民办非企业单位，属于事业组织的范畴，符合《劳动法》规定的用人单位条件。第二，《律师执业管理办法》第四十七条第三款规定了"律师执业，应当遵守所在律师事务所的执业管理制度，接受律师事务所的指导和监督，参加律师执业年度考核"。由此可见，提成律师亦要接受律师事务所的"管理"，但此"管理"有指导与监督的性质，并非劳动合同意义上的"劳动管理与被管理"，无支配与被支配的从属关系。第三，北京大成（重庆）律师事务所不向王某某分配任何案源、不向王某某发放工资，故不符合"从事用人单位安排的有报酬的劳动"的要求。第四，劳动合同虽然约定王某某每月基本工资为税前 3500 元，但是王某某亦称其并无基本工资，北京大成（重庆）律师事务所无需按约定每月支付工资。第五，《律师事务所管理办法》第五十一条规定："合伙律师事务所和国家出资设立的律师事务所应当按照规定为聘用的律师和辅助人员办理失业、养老、医疗等社会保险。个人律师事务所聘用律师和辅助人员的，应当按前款规定为其办理社会保险。"由此可见，社会保险缴费记录仅能证明被告为原告参保的事实，无论提成律师还是授薪律师，律师事务所均应为其参保，但参保不是双方存在劳动关系的依据。故原、被告双方无劳动关系。[1]

而在山东万锦律师事务所诉朱某某劳动争议案中，原告主张朱某某实习期间双方是劳务关系，被告执业之后为提成制律师。一审法院认为，朱某某在山东万锦律师事务所工作期间，按照山东万锦律师事务所的安排从事行政和律师助理的工作，该工作属于山东万锦律师事务所业务组成范围。原、被告双方约定固定工资，签订劳动合同并进行就业登记，山东万锦律师事务所根据实习协议和劳动合同约定的工资数额每月按时向朱某某支付固定工资，原告对其主张朱某某实行提成制的证据不足。双方签订的实习协议约定，被告作为实习人员听从实习指导律师的安排、完成指定任务、接受律师事务所各项制度的管理，律师事务所对实习人员进行管理、为实习人员提供必要的实习环境和条件。律师聘用合同约定，被告接受律师事务所工作安排和任务分配、遵守律师事务所各项规章制度、接受律师事务所的领导和监督。因此，山东万锦律师事务所与朱某某具有管理与被管理的隶属关系。故而原、被告之间的法律关系系劳动关系非平等主体之间的挂靠关系。[2] 二审法院认为，山东万锦律师事务所与朱某某签订劳动合同，朱某某前期在万锦律师所从事律师助理等工作，山东万锦律师事务所为朱某某发放劳动报酬、缴纳社会保险费，朱某某在取得律师执业证之后，依然从事山东万锦律师事务所安排的工作，无证据显示双方实行提成制，双方符合建立劳动关系的主体资格，认定双方存在劳动关系并无不当。[3] 再审申请法院也认可了这一说法。[4]

由此可见，司法实践中对于律师与律师事务所之间是否存在劳动关系有着不同的认

① 参见重庆市渝北区人民法院民事判决书，（2019）渝 0112 民初 28443 号。
② 参见山东省青岛市市北区人民法院民事判决书，（2021）鲁 0203 民初 1729 号。
③ 参见山东省青岛市中级人民法院民事判决书，（2021）鲁 02 民终 14666 号。
④ 参见山东省高级人民法院民事裁定书，（2022）鲁民申 6547 号。

识，且需要结合个案具体情况进行分析。特别是现实中存在的"挂靠"的形式，模糊了律师与律师事务所之间的法律关系。对此，一方面应当加强理论研究，对实践中出现的问题进行梳理和总结，为解决此类问题提供智识支撑；另一方面还应当尽快完善相应法律法规，以立法的形式规范律师与律师事务所之间的关系，推动律师服务行业健康发展。

三、律师与律师事务所的管理关系

（一）业务管理关系

1. 业务的受理与承办

律师承办业务，应当由律师事务所统一接受委托，与委托人签订书面委托合同。律师应当与委托人就委托事项范围、内容、权限、费用、期限等进行协商，经协商达成一致后，由律师事务所与委托人签署委托协议。律师事务所在接受委托之前，应当进行利益冲突审查并作出是否接受委托的决定，不得违反规定受理与本所承办业务及其委托人有利益冲突的业务。律师及律师事务所与委托人之间存在利害关系或利益冲突，有禁止接受委托情形的，不得与当事人建立或维持委托关系。律师和律师事务所发现有应当主动提出回避的情形，应当告知委托人利益冲突的事实和可能产生的后果，由委托人决定是否建立或维持委托关系。委托人决定建立或维持委托关系的，应当签署知情同意书，表明当事人已经知悉存在利益冲突的基本事实和可能产生的法律后果，以及当事人明确同意与律师事务所及律师建立或维持委托关系。委托人知情并签署知情同意书以示豁免的，承办律师在办理案件的过程中应对各自委托人的案件信息予以保密，不得将与案件有关的信息披露给相对人的承办律师。律师应当服从律师事务所对受理业务进行的利益冲突审查及其决定。

2. 收费的管理与分配

律师承办业务，应当按照规定由律师事务所向委托人统一收取律师费和有关办案费用，不得私自收费，不得接受委托人的财物或者其他利益。2021年底，司法部会同国家发展改革委、国家市场监督管理总局研究制定了《关于进一步规范律师服务收费的意见》，对规范律师服务收费行为、严格限制律师风险代理收费、健全律师事务所收费管理制度、强化律师服务收费监管等问题作出明确规定。该意见指出，律师事务所应当建立健全收案管理、收费管理、财务管理、专用业务文书管理、档案管理等内部管理制度，确保律师业务全面登记、全程留痕。建立律师业务统一登记编码制度，加快推进律师管理信息系统业务数据采集，按照统一规则对律师事务所受理的案件进行编号，做到案件编号与收费合同、收费票据一一对应，杜绝私自收案收费。律师服务收费应当由财务人员统一收取、统一入账、统一结算，并及时出具合法票据，不得用内部收据等代替合法票据，不得由律师直接向当事人收取律师服务费。确因交通不便等特殊情况，当事人提出由律师代为收取律师服务费的，律师应当在代收后三个工作日内将代收的律师服务费转入律师事务所账户。律师事务所应当建立和实行合理的分配制度及激励机制，加强对本所律师的教育管理，引导律师践行服务为民理念，树立正确的价值观、义利观，恪守职业道德和执业纪律，严格遵守律师服务收费各项管理规定。强化内部监督制约，确保律师服务收费全流程可控，认真办理涉及收费的投诉举报，及时纠正律师违法违规收费行为。

3. 疑难复杂案件指导

《律师事务所管理办法》第四十九条规定："律师事务所应当建立健全重大疑难案件的请示报告、集体研究和检查督导制度，规范受理程序，指导监督律师依法办理重大疑难案件。"疑难复杂案件往往涉及不同法律领域或多个法律关系，需要律师具备深厚的专业知识基础和丰富的实务经验。作为律师的执业机构，律师事务所应当注重律师承办案件的完成质量。在面对疑难复杂案件时，律师事务所应当为客户选择在案件相关领域具有丰富经验的专业律师，并定期组织律师集体讨论案件中的疑难法律事项。通过集体会商、集思广益，共同出谋划策，实现律师事务所资源的集中与整合。通过充分的研讨和评估，解决律师在案件办理过程中遇到的疑难复杂问题，提高重大、疑难、复杂案件和法律事务的办理质量与效率，从而提升律师事务所整体业务水平，为客户提供全方位、高水准的法律服务。

（二）教育监督关系

1. 教育引导律师行为

律师事务所应当依法履行管理职责，教育管理本所律师依法、规范承办业务，对律师在执业活动中遵守职业道德、执业纪律的情况进行监督。首先，律师事务所应当加强党的建设，充分发挥党组织的战斗堡垒作用和党员律师的先锋模范作用。律师事务所有三名以上正式党员的，应当根据《中国共产党章程》的规定，经上级党组织批准，成立党的基层组织，并按期进行换届。律师事务所正式党员不足三人的，应当通过联合成立党组织、上级党组织选派党建工作指导员等方式开展党的工作，并在条件具备时及时成立党的基层组织。律师事务所应当建立完善党组织参与律师事务所决策、管理的工作机制，为党组织开展活动、做好工作提供场地、人员和经费等支持。其次，律师事务所应当教育和引导本所律师和辅助人员遵守宪法和法律，遵守职业道德和执业纪律，依法、诚信、规范执业，接受本所监督管理，遵守本所章程和规章制度，维护本所的形象和声誉，以及履行法律法规、规章及行业规范规定的其他义务。同时，律师事务所应当加强对本所律师的职业道德和执业纪律教育，组织开展业务学习和经验交流活动，为律师参加业务培训和继续教育提供条件。最后，律师事务所应当建立律师表彰奖励制度，对依法、诚信、规范执业表现突出的律师予以表彰奖励。通过表彰优秀先进，树立典型，有效教育和引导律师规范执业。

2. 处理律师违规行为

律师事务所应当建立健全执业管理、投诉查处、年度考核等制度，对于本所律师违反法律法规及执业纪律的行为及时作出处理，不得放任、纵容。首先，律师事务所应当建立投诉查处制度，及时查处、纠正本所律师在执业活动中的违法违规行为，调处在执业中与委托人之间的纠纷；认为需要对被投诉律师给予行政处罚或者行业惩戒的，应当及时向所在地县级司法行政机关或者律师协会报告。已担任合伙人的律师受到六个月以上停止执业处罚的，自处罚决定生效之日起至处罚期满后三年内，不得担任合伙人。其次，律师事务所应当建立律师执业年度考核制度，按照规定对本所律师的执业表现和遵守职业道德、执业纪律的情况进行考核，评定等次，实施奖惩，建立律师执业档案和诚信档案。最后，律师事务所应当建立违规律师辞退和除名制度，对违法违规执业、违反本所章程及管理制度或者年度考核不称职的律师，可以将其辞退或者经合伙人会议通过将其除名，有关处理结果报所在地县级司法行政机关和律师协会备案。此外，律师事务所应当通过本所网站等，公开本所律师和辅助人员的基本信息和奖惩情况。

（三）执业保障关系

律师事务所应当依法保障律师及其他工作人员的合法权益，为律师执业提供必要的工作条件。律师享有获得律师事务所提供的必要工作条件和劳动保障、获得劳动报酬及享受有关福利待遇等权利。合伙律师事务所和国家出资设立的律师事务所还应当按照规定为聘用的律师和辅助人员办理失业、养老、医疗等社会保险；个人律师事务所聘用律师的，也应当按规定为其办理社会保险。此外，律师事务所应当按照规定，设立执业风险、事业发展、社会保障等基金。

第三节　律师事务所的行为规范

一、对主管机构的义务

（一）对司法行政机关的义务

司法行政机关是律师事务所的管理部门。《律师法》第四条规定："司法行政部门依照本法对律师、律师事务所和律师协会进行监督、指导。"因此，律师事务所应当遵守对司法行政机关的义务，主要有以下两类。其一，登记义务。律师事务所不需要进行工商登记，也不需要进行民政登记，但依法在司法行政机关登记审核后才能成立。律师事务所应当遵守向管理机关登记管理行为的义务，变更名称、住所、章程、合伙人或者解散等重大事项的应在规定的时间内报司法行政机关审核，办理变更登记。律师事务所不得使用未经核定的名称从事法律服务活动，或者擅自改变、出借律师事务所名称；不得将不符合条件的人员发展为合伙人或推选为律师事务所负责人；未经批准，不得在住所以外的地方办公、接待或设立分支机构。其二，管理义务。律师事务所应当于每年的一季度经所在地县级司法行政机关向设区的市级司法行政机关提交上一年度本所执业情况报告和律师执业考核结果，直辖市的律师事务所的执业情况报告和律师执业考核结果直接向所在地区（县）司法行政机关提交，接受司法行政机关的年度检查考核。律师事务所应主动维护律师管理的严肃性，不向司法行政机关、律师协会提供虚假证明材料、隐瞒重要事实或者有其他弄虚作假行为，不纵容本所律师或其他人员违法违规执业。

（二）对律师行业协会的义务

律师协会是由律师、律师事务所组成的社会团体法人，是律师的自律性组织。中华全国律师协会是全国性的律师自律组织，依法对律师行业实施管理。省、自治区、直辖市设立地方律师协会，设区的市根据需要可以设立地方律师协会。《律师法》第四十五条规定，"律师、律师事务所应当加入所在地的地方律师协会。加入地方律师协会的律师、律师事务所，同时是全国律师协会的会员。律师协会会员享有律师协会章程规定的权利，履行律师协会章程规定的义务"。

律师协会制定行业规范和惩戒规则，对律师事务所实施奖励和惩戒。律师事务所应当遵守律师协会制定的律师行业规范和规则。此外，律师事务所因执业行为成为刑事、民事被告，或者受到行政机关调查、处罚的，应当向律师协会书面报告；律师事务所认为需要对被投诉律师给予行政处罚或者行业惩戒的，应当及时向所在地县级司法行政机关或者律师协会报告；律师事务所辞退或除名违法违规执业、违反本所章程及管理制度或者年度考核不称职的律师，有关处理结果应当报所在地县级司法行政机关和律师协会备案。

二、对外部的行为规范

（一）对委托人的行为规范

律师事务所对委托人的行为应当符合法律法规、行业规范及法律职业伦理的要求。第一，律师事务所不得进行歪曲事实和法律或者可能使公众对律师产生不合理期望的宣传，不得就法律服务结果或者诉讼结果作出虚假承诺；律师事务所不得擅自或者非法使用社会专有名称或者知名度较高的名称以及代表其名称的标志、图形文字、代号以误导委托人；律师事务所不得自我声明或者暗示其被公认或者证明为某一专业领域的权威或专家。第二，律师事务所不得利用提供法律服务的便利牟取当事人争议的权益，不得违法与委托人就争议的权益产生经济上的联系；律师事务所受委托保管财产时，应当将委托人财产与律师事务所财产、律师个人财产严格分离，严格履行保管协议，妥善保管。第三，未经同意律师事务所不得将委托人的法律事务委托其他律师事务所办理，紧急情况下为维护委托人利益而转委托的，应当及时告知委托人；受委托律师遇有不能履行委托协议的情况时，律师事务所应另行指定其他律师继续承办并及时告知委托人，非经委托人的同意不得因转委托而增加委托人的费用支出。第四，律师事务所不得在同一案件中为双方当事人或有利益冲突的当事人委派律师。律师事务所受理业务，应当进行利益冲突审查，不得违反规定受理与本所承办业务及其委托人有利益冲突的业务。

（二）同行之间的行为规范

律师事务所推广律师业务，应当遵守平等、诚信原则，遵守律师职业道德和执业纪律，遵守律师行业公认的行业准则，公平竞争。一是宣传推广方面。首先，律师事务所不得进行律师之间、律师事务所之间的比较宣传，不得在公众场合及媒体上发表恶意贬低、诋毁、损害同行声誉的言论。其次，律师事务所不得伪造或冒用荣誉称号，使用已获得的荣誉称号应当注明获得时间和期限，不得变造已获得的荣誉称号用于广告宣传。最后，律师事务所不得明示或暗示本所与司法机关、政府机关、社会团体及其工作人员具有特殊关系，不得以明示或暗示的方式表达可以帮助委托人达到不正当目的或以不正当方式、手段达到委托人的目的。二是业务承揽方面。首先，律师事务所不得采用支付介绍费等方式进行业务竞争，无正当理由不得以低于同地区同行业收费标准为条件争揽业务，律师事务所相互之间不得采用串通抬高或压低费用的方式承揽业务。其次，律师事务所不得通过对某一类的法律服务垄断的方式限制其他律师事务所正当的业务竞争，不得利用律师兼有的其他身份影响承办案件正常处理从而进行业务竞争。最后，律师事务所不得为争揽业务，不正当获取、泄露其他律师及律师事务所收费报价等暂未公开的信息，不得采取损害相关律师事务所合法权益的手段排挤公平竞争，不得故意在委托人与其代理律师之间制造纠纷。三是律师执业方面。律师事务所不得以不正当手段阻挠合伙人或本所其他律师退所。

（三）其他行为规范

此外，律师事务所还应遵循其他行为规范。例如，律师事务所应当在法定业务范围内开展业务活动并依法纳税，不得从事法律服务以外的经营活动，不得以独资、与他人合资或者委托持股方式兴办企业，并委派律师担任上述企业法定代表人、总经理职务。律师事务所应当按照国家规定履行法律援助义务，及时安排本所律师承办法律援助案件，向受援人提供符合标准的法律服务，并为办理法律援助案件提供条件和便利。无正当理由不得拒绝接受法律援助机构指派的法律援助案件。律师事务所不得向法官、检察官、仲裁员以及其他有关工作人员行贿，介绍贿赂或者指使、诱导当事人行贿等。

三、律师事务所的法律责任

（一）民事责任

律师违法执业或者因过错给当事人造成损失的，由其所在的律师事务所承担赔偿责任。从类型上看，律师事务所承担民事责任的情形主要包括律师违法执业和过错损害。违法执业是指律师或律师事务所违反《律师法》《律师执业管理办法》等法律法规的要求，违法从事律师执业活动侵害委托人合法权益情形。过错损害则是指律师在提供法律服务的过程中，因故意或者重大过失导致委托人受到损害的情形。律师事务所作为法律服务的专业主体，应当对其接受委托的法律事务承担专业标准的注意义务；但律师是否存在过错，应当根据客观事实进行判断。律师事务所承担赔偿责任后，可以向有故意或者重大过失行为的律师追偿。普通合伙律师事务所的合伙人对律师事务所的债务承担无限连带责任。特殊的普通合伙律师事务所一个合伙人或者数个合伙人在执业活动中因故意或者重大过失造成律师事务所债务的，应当承担无限责任或者无限连带责任，其他合伙人以其在律师事务所中的财产份额为限承担责任；合伙人在执业活动中非因故意或者重大过失造成的律师事务所债务，由全体合伙人承担无限连带责任。个人律师事务所的设立人对律师事务所的债务承担无限责任，国家出资设立的律师事务所以其全部资产对其债务承担责任。

（二）行政责任

律师事务所违反规定接受委托、收取费用的，违反法定程序办理变更名称、负责人、章程、合伙协议、住所、合伙人等重大事项的，从事法律服务以外的经营活动的，以诋毁其他律师事务所、律师或者支付介绍费等不正当手段承揽业务的，违反规定接受有利益冲突的案件的，拒绝履行法律援助义务的，向司法行政部门提供虚假材料或者有其他弄虚作假行为的，对本所律师疏于管理且造成严重后果的，由设区的市级或者直辖市的区人民政府司法行政部门视其情节给予警告、停业整顿一个月以上六个月以下的处罚，同时可处十万元以下的罚款；有违法所得的，没收违法所得；情节特别严重的，由省、自治区、直辖市人民政府司法行政部门吊销律师事务所执业证书。律师事务所因上述违法行为受到处罚的，对其负责人视情节轻重，给予警告或者处二万元以下的罚款。律师事务所因违反《律师法》规定，在受到停业整顿处罚期满后二年内又发生应当给予停业整顿处罚情形的，由省、自治区、直辖市人民政府司法行政部门吊销律师事务所执业证书。律师事务所对司法行政机关给予的行政处罚，享有陈述权、申辩权、要求听证权；对行政处罚决定不服的，有权依法申请行政复议或者提起行政诉讼；因司法行政机关违法给予行政处罚受到损害的，有权依法提出赔偿要求。"2022 年，106 家律师事务所受到行政处罚，309 家律师事务所受到行业惩戒；540 名律师受到行政处罚，1131 名律师受到行业惩戒。"①

（三）刑事责任

律师、律师事务所的违法行为构成犯罪，应当依法追究刑事责任的，司法行政机关应当将案件移送司法机关处理，不得以行政处罚代替刑事处罚。《刑法》第三十条规定："公司、企业、事业单位、机关、团体实施的危害社会的行为，法律规定为单位犯罪的，应当负刑事责任。"但以合伙形式成立的律师执业机构，不属于《刑法》第三十条所规定的国家机关、国有公司、企业、事业单位、人民团体等刑法意义上的单位范畴，不具有单位犯罪的主体资格。因为"将合伙企业作为单位犯罪主体违反了合伙人罪责自负原则。将合伙企业排除于单位犯罪主体之外，是司法解释与指导性案例的主旋律，也是司法实践中的普遍性做法"②。因此，司法实践中往往通过追究律师个人的刑事责任来实现刑事处罚。对于律师个人的刑事责任，我国《刑法》进行了相应的规定。例如，《刑法》第三百零六条规定："在刑事诉讼中，辩护人、诉讼代理人毁灭、伪造证据，帮助当事人毁灭、伪造证据，威胁、引诱证人违背事实改变证言或者作伪证的，处三年以下有期徒刑或者拘役；情节严重的，处三年以上七年以下有期徒刑。"又如，《刑法》第三

---

① 司法部：《2022 年度律师、基层法律服务工作统计分析》，载司法部网站，https://www.moj.gov.cn/pub/sfbgw/zwxxgk/fdzdgknr/fdzdgknrtjxx/202306/t20230614_480740.html，2024 年 1 月 20 日访问。

② 刘俊海：《合伙企业不是单位犯罪主体的法律逻辑》，载《法律适用》2019 年第 23 期，第 40 页。

百零八条之一规定："司法工作人员、辩护人、诉讼代理人或者其他诉讼参与人，泄露依法不公开审理的案件中不应当公开的信息，造成信息公开传播或者其他严重后果的，处三年以下有期徒刑、拘役或者管制，并处或者单处罚金。"

第八章　律师与律师

律师们无论在案件合作还是信息分享中，都应本着相互尊重、携手合作的原则，相互间形成一种默契的合作关系，这种默契不仅仅是为了行业的稳定，更是为了服务客户时能够发挥最大的优势，促进律师的持续健康成长，并进一步营造一个和谐良好的法律行业生态。因此，律师之间虽然在具体的法律服务中会有相互竞争，但是在竞争的同时，也应保持一种和谐的共赢心态，共同推动整个法律行业的蓬勃发展。

第一节　律师间的相处原则

律师之间应该相互尊重、相互协助和公平竞争，严格遵循律师的行为规范和同行之间的公平竞争原则，不能有任何违反职业道德、执业纪律或不正当竞争的行为。律师们在与同行公平竞争的基础上，能够展现出更好的专业素养，也将为整个法律界的和谐共处添砖加瓦，促使律师事业茁壮成长。

一、相互尊重、公平竞争

律师之间相互尊重、彼此公平竞争才能更好地为客户提供优质的法律服务，推动整个法律行业不断向前发展。相互尊重不仅是律师与同行之间相处的基本原则，也构成了律师间合作的根基，律师在职业生涯中应当给予同行以尊重，彼此学习和协助，以共同提升执业能力。《律师执业行为规范（试行）》第七十三条规定："律师与其他律师之间应当相互帮助、相互尊重。"第七十四条规定："在庭审或者谈判过程中各方律师应当互相尊重，不得使用挖苦、讽刺或者侮辱性的语言。"同时，第七十五条也规定："律师或律师事务所不得在公众场合及媒体上发表恶意贬低、诋毁、损害同行声誉的言论。"换言之，除了客观和真实地描述事实外，律师不能对其他律师和律师事务所发表过分的评论，应谨慎地发表与同行相关的观点，不论是在司法过程中，还是在公众场合，禁止对其他律师的职业声誉进行贬损或诋毁。

处理好与同行的关系，是每一个成熟律师所应当做到的。在这个专业领域里，同行之间的默契和信任是法律事务顺利处理的关键。律师们应该以合作共赢的心态相互支持，共同应对法律挑战。律师间的互相尊重不仅有助于减少同行冲突，促进互利共赢，同时也有助于营造良好的工作氛围，促进律师职业整体的稳定发展。

二、同业互助义务

律师同行之间的关系，应当是基于共同的道路而产生的良性竞争关系。随着律师行业更加专业化、精细化和团队化，律师在提供法律服务的过程中，必然面临与同行接触、合作的现实，在这种情况下，律师之间的互帮互助、交流互补不仅有助于营造一个健康良好的律师执业环境，避免律师间的摩擦与不公平竞争，同时也有助于律师提高个人素质、专业水平和获得良好的执业声誉。

（一）律师间交换不同的案源或者是互相推荐案源

在职业生涯中，每个律师都可能会碰到超出自己专业领域或能力范围的案件。在这种情境下，律师可以选择与有能力的同行分享案件来源，或者基于此与同行进行案件交换，而无须强行接手。随着愿意交换或推荐案源的律师数量逐渐增加，当事人不仅可以更迅速地找到与自己需求相匹配的律师，而且案源资源也会得到更为合理的分配，这将为律师创造一个更加和谐的工作环境。在这个共享案源的氛围中，律师们形成了一种紧密的合作网络。在案源交流的基础上，律师们更容易深入研究各自擅长的领域，他们不再孤军奋战，而是相互支持、互通有无。这种合作精神不仅能够提升案件处理质效，也为法律界注入了新的活力。

（二）律师间可以跨部门、跨律所协作

合作模式不仅使每个律师事务所都能充分发挥自己的优势，也为客户提供了更全面、专业的法律服务。律师这一职业群体具有高度的自由度和工作灵活性，在法律服务市场持续演变的背景下，律师们更应跨越障碍，追求"无界限的合作"。

当遇到涉及多个业务领域的案件时，律师们可以自由地进行跨部门甚至跨律师事务所的合作。这样不仅能为当事人提供更为全面的服务，还能让律师的专业技能变得更为精细。在信息技术较为发达的互联网时代，信息的流通速度也日益加快。律师们可以通过各种方式进行交流，通过信息共享展开有效的合作，同行协作的机会越多，共赢的可能性也就越高。随着更多的律师有能力突破各种障碍，实现合作共享，案件资源也能得到更为合理的分配，这无疑为律师行业的进一步发展奠定了基础。律师们通过互通经验与智慧，共同应对复杂多变的挑战。这样的协作模式不仅提升了整个法律行业的专业水平，也为客户提供了更全面、高效的法律服务。在这种合作共赢的氛围中，律师们逐渐建立起紧密的业务网络，案件的分享与交换不仅仅局限于同城，跨地区、跨国的合作也会日益增多。

（三）多名律师为同一当事人提供法律服务

职业生涯中，很多律师不可避免会遇到需要与其他律师一同执业，共同为同一当事人服务的情形。这种情况下，在处理法律相关事宜时，律师应当展现出强烈的团队合作精神，相互支持和协作，避免单打独斗的局面，如此才能收获最优的共赢结果。

"对律师来说，一个人执业可能需要奋斗，两个人执业可能需要配合，三个人执业

可能需要分工，四个人执业可能需要协调，五个人执业就必然需要管理。"① 现代社会分工的细化和复杂的案件事实对律师个体提出了更大的挑战，律师单打独斗已经不是最好的选择，团队协作越来越多，团队各司其职的精细化分工模式，更利于律师的专业发展和律所的收入增长。当两名甚至更多律师为同一当事人提供法律服务时，需要遵守同业互助义务，按照《律师执业行为规范（试行）》第十条的规定，"尊重同行，公平竞争，同业互助"。一名合格的律师，必须自觉维护同自己有业务交往的同事间的平等权利，对其进行必要的关心和监督。同时，为了避免由于职业不同而产生工作上的冲突和摩擦，要通过建立正常的沟通渠道来实现合作效用最大化。

同一法律事务中的一方当事人，通常会面临一些共同的问题，有时具有相同的利益，在这种情况下，同一方当事人委托的律师之间应当就代理事项进行交流协商，采取共同的立场，提出有效的法律意见，提高代理和辩护的效率与成功率。同时，作为共同当事人中的每名当事人，都有自己独立的利益要求，律师在从事代理、辩护活动时应保持执业的独立性，与其他律师的交流和协商不能损害自己委托人的利益。② 此外，律师不得妨碍和干扰委托人对其他律师的正常聘请，若发现自己与案件或者另外一名律师之间有利害关系或利益冲突，律师应当主动回避。

第二节　反对不正当竞争行为

律师之间的竞争是指律师为了承揽法律业务，扩大自己的市场竞争力，吸引客户与案源，而采取的预防、限制或排除其他律师办理相关法律事务的措施，《律师执业行为规范（试行）》第七十八条规定："律师和律师事务所不得采用不正当手段进行业务竞争，损害其他律师及律师事务所的声誉或者其他合法权益。"律师之间的关系核心在于维持公正的竞争环境，只有这样，律师才能有足够的条件来展示他们的专业能力，确保每一位律师和每一个律师事务所都能平等地获得法律服务的机会，并以其真实的专业水平和声誉赢得社会大众的正面评价，从而更有效地保护当事人的权益，并促进律师行业的健康成长。律师公平竞争不仅符合法治的原则，也有利于推动法律服务的优质化和社会的法治建设。

一、律师的不正当竞争行为

部分律师为了追求更高的经济回报，会对同行进行不择手段的恶性竞争。例如，通过设定远低于常规行业标准的价格来吸引相关当事人；为了吸引案件来源，采用针对同一专业内其他律师的负面攻击策略；通过使用虚假的宣传和其他不正当的宣传策略，对自己进行包装，实施与实际情况不符的宣传，如利用各种机构的名义来吸引更多的案源；通过非法回扣和利用不正当关系为自己创造利益；等等，这些律师间的不正当竞争

---

① 李峰、梁静、丁娟：《律师制度改革热点问题研究》，人民法院出版社 2004 年版，第 187 页。
② 陈宜、李本森主编：《律师职业行为规则论》，北京大学出版社 2006 年版，第 184 页。

行为将严重扰乱律师行业的正常秩序。《律师执业行为规范（试行）》第七十九条详细列举了律师执业不正当竞争的诸多表现形式：

（1）诋毁、诽谤其他律师或者律师事务所信誉、声誉；

（2）无正当理由，以低于同地区同行业收费标准为条件争揽业务，或者采用承诺给予客户、中介人、推荐人回扣、馈赠金钱、财物或者其他利益等方式争揽业务；

（3）故意在委托人与其代理律师之间制造纠纷；

（4）向委托人明示或者暗示自己或者其属的律师事务所与司法机关、政府机关、社会团体及其工作人员具有特殊关系；

（5）就法律服务结果或者诉讼结果作出虚假承诺；

（6）明示或者暗示可以帮助委托人达到不正当目的，或者以不正当的方式、手段达到委托人的目的。

伴随着市场经济的不断壮大和信息技术的持续进步，律师之间的不公平竞争方式已不仅仅局限于上述几种，而是变得更为多元、技术化和不易察觉。律师之间的恶性竞争往往会消耗大量的时间和精力，从而导致当事人真正需要的法律咨询和服务空间被压缩。在无法提供优质法律服务的情况下，部分律师只能通过恶性竞争来吸引当事人，最终这种恶性循环将会越来越严重，给律师业务的发展带来了内部的压力。律师行业内原本应该存在一种可以相互推动、共同繁荣和进步的健康竞争关系，但不幸的是，由于恶性竞争的出现，行业内的竞争关系变得更加紧张，甚至演变成了敌对关系。这种恶性竞争和过分商业化的趋势，不仅会直接导致律师群体的职业道德下降，而且会严重妨碍律师行业的健康发展。

例如某案例中，某律师事务所在其网站上采用"中国××行业专业律所第一品牌""纠纷调解成功率全国第一"及"创造并保持了××领域维权领域调解结案率最高的纪录"等广告宣传用语，经群众实名举报，司法局调查核实为对外进行不真实、不适当宣传。《律师法》第五十条规定，律师事务所以诋毁其他律师事务所、律师或者支付介绍费等不正当手段承揽业务的，由设区的市级或者直辖市的区人民政府司法行政部门视其情节给予警告、停业整顿一个月以上六个月以下的处罚，可以处十万元以下的罚款；情节特别严重的，由省、自治区、直辖市人民政府司法行政部门吊销律师事务所执业证书。本案该律师事务所利用虚假宣传进行业内不正当竞争，应在法定的行政处罚种类及幅度的范围内对其进行处罚。

二、规制律师间的不正当竞争行为

解决律师执业中的不正当竞争问题，需要将行业自律与外部规制进行结合，即国家提供政策方面的支持，社会公众提供反馈与监督，律师提升自身的自律性与服务水平，这样才有助于促进律师之间关系的和谐发展，建立良性的法律服务市场秩序。

（一）政策法规层面规制律师不正当竞争行为

为规制律师行业的不正当竞争行为，我国陆续出台了一系列法律规章与行业规范，包括《律师法》《律师执业行为规范》《律师和律师事务所违法行为处罚办法》等，各个省市的律师协会也根据各自的实际情况，制定了详细的管理措施，例如，《深圳市律师协会律师职业道德守则》（2013 年版）第三十一条规定，律师之间、律师事务所之间应当公平竞争、互相尊重、互相支持，不得采用贬损诋毁同行、不合理低价等不正当手段进行不正当竞争。

（二）律师应将社会主义法治服务的核心理念融入实际的法律服务中

律师需要对自己的知识体系进行完善，吸纳新的专业知识，提升自己的执业能力和技巧，要了解最新的法律和实践趋势，以便能够胜任每一个代理辩护的案件；律师还需要具备强烈的社会正义感和社会责任感，必须坚守公平、平等、诚实和信用的原则，同时也要遵循律师的职业道德和职业规范，遵循律师行业公认的标准。在日常工作中，律师应不断提升自己的专业素养，确保不为违法利益所动，不为难或阻碍他人。

在执业过程中，律师必须不断提高自己的专业技能，强化道德修养，并始终保持社会正义感。一位杰出的律师不仅需要具备市场观念，还应具备团队合作精神，在追求经济效益的同时，也不能忽视社会效益，从而塑造律师的积极职业形象，构建一个健康的竞争环境，并营造一个规范的法律服务市场。

（三）优化外围环境，并加大对律师的双层监督力度

1. 社会监督

建立社会监督机制，可以从社会的信息公开机制开始，律师行业的标准化实践必须受到社会大众的严格监管。为了加强执业活动的监督机制，需要建立一种社会披露制度，确保律师和律师事务所的不当行为能够定期或不定期地在协会和社会各领域被公之于众，其目的是让社会大众知晓律师在其执业中可能出现的违规行为，并借此督促律师遵循规定进行执业。各个地区的律师协会都应该充分利用信息技术，在网络、公告板和各种会议上，定期公开其所在地区的执业人员涉及的不正当竞争案件。最大限度地利用社会大众的力量，对律师的执业记录进行监控，确保执业处罚与社会的监督能够有效地结合起来。

2. 上级监督

律师作为一种法律职业，需要有高度自觉的职业道德规范和行为规范来约束自己的言行，也需要有力的惩治机制作为外部约束，否则就会偏离正确的道路，甚至走向犯罪。所有级别的律师协会都应充分发挥其在行业中的监督和指导职责，完善律师的惩戒组织结构，加强律师惩戒委员会的职能，规范律师惩戒流程，为防治律师在执业过程中的不正当竞争行为提供组织保障。此外，需要建立健全律师失信联合惩戒体系，加强对律师失信行为的追责力度，维护司法公正，在司法领域内建立诚信自律与违法惩罚相结合的长效机制，完善相关法律法规和标准，同时加强对律师从业行为、诚信经营等方面的教育引导，提升广大律师的法律意识与道德素质。

第九章 律师与法官、检察官

法官在司法体系中担任裁判这一角色，通过对案件的公正判决来确保法治的实现。检察官承担着监督公权力、维护法律尊严的职责，对于打击犯罪、维护社会秩序至关重要。律师作为法律顾问和代理人，在法庭上为当事人提供法律支持，为公正司法发挥关键作用。法官、检察官和律师共同构建了一个稳定的法治框架，为社会的发展奠定了坚实的基础。虽然三者在维护司法公正和社会正义的过程中选择的路径有所不同，但最终目标是一致的。

第一节 律师与法官、 检察官的关系

在法治的道路上，每个法律职业者都应是社会正义的捍卫者，法官、检察官和律师都肩负着重要的责任，是全面依法治国的关键力量，也是社会主义法治队伍中不可或缺的一部分，只有正确处理三者之间的关系，才能确保法治体系的健康运行，促使社会在公正和平等的基础上不断前行。

一、律师与法官的关系

律师与法官虽然共属于法律职业共同体，但是角色的分工不同导致其职业要求与行为规范也存在不同。法官具有中立性，司法过程中需要不偏不倚，全面审视案件的真实情况并正确适用法律[1]，做出合法判决。而律师作为代理人和辩护一方，需要站在自己当事人的角度收集证据，提交有利于当事人的证据与材料，让法官正视被代理人的合理诉求并作出有利于己方的司法判决。

"从确保所有刑事案件审判的公正性、合理性、裁判可接受性而言，辩护律师都是法庭最可信赖和应当依靠的力量。"[2] 法官与律师之间理论上应呈现一种简单而纯粹的"表达和判断"的关系，在法治国家，公平正义不再是口头的描述和公众的梦想，而已经变成令人欣喜的现实，律师是谙熟法律的精英，法官也只可能由杰出的法学家或律师担任，法官和律师之间已经形成一个"法律职业共同体"，相互之间的对话容易进行。律师在庭上向法官依法、充分表达观点，法官只服从法律，依法、公正地作出裁判——

---

[1] 程路芸：《律师与法官的关系问题探讨》，载《管理观察》2018 年第 13 期，第 77 页。

[2] 沈德咏：《我们应当如何防范冤假错案》，载《人民法院报》2013 年 5 月 6 日，第 2 版。

这就是法官和律师之间的理想关系。[①] 只有法官与律师二者各司其职，才能使庭审活动得出最为合理公正的裁判。实际上，律师与法官并非敌对的关系，而是合作的伙伴。法官和律师都是以追求公平正义为共同目标，具有法律认知和法律思维习惯的法律人，法庭的构成中不单只有法官居中裁判，也需要律师群体运用自己的专业知识帮助当事人去维护自己的权益，促使扮演中立角色的法官客观查清事实和正确适用法律。

二、律师与检察官的关系

虽然司法实践中的检律关系已经不再是紧张的状态，但在抗辩式诉讼中，律师和检察官之间仍存在对抗。检察官代表国家提起公诉，指控被告人有罪，行使批捕、起诉等公权力，这是控诉方的责任；律师通常会以辩护律师或诉讼代理人的角色与检察官进行激烈的竞争，并且提出被告人无罪或罪轻的观点。此外，检察机关的定位是国家法律监督机关，其法定职能是维护国家法律的统一正确实施，对律师等其他诉讼参与主体进行监督。而律师在诉讼过程中依法履行职责，行使诉讼权利，发表辩护代理意见，事实上又是对审判权、检察权、侦查权的一种监督和制约。

这样的控辩关系很容易被理解为检察官和律师之间存在明显的对立关系，但是控辩的两方并不是完全对立的，实际上，二者之间还存在某种程度的一致性。根据我国的法律条文，检察部门在审查逮捕的过程中，也必须考虑辩护律师的建议。除此之外，许多检察部门还安排律师参与各种工作，除了案件听证、信访接待、质量评估、诉讼监督、公益诉讼等需要律师参与外，还会定期开展检察官和律师同堂培训和交流研讨等活动。可以说，律师在某种程度上可以与检察官合作，但这种合作并不是为了牺牲当事人的利益，而是为了从最有利于当事人的立场出发，寻找最优的法律解决方案。检察官与律师之间的既相互对抗又相互合作关系，有助于法庭在最大程度上发现和查明事实真相，从而作出公正的判决，维护司法公正。

第二节　律师与法官、检察官相互交往的规范

无论是法官、检察官还是律师，都为国家法治事业贡献着自己的力量，是法律职业共同体中不可或缺的角色，对于维护国家法治和社会公平正义发挥核心作用。然而，一些司法人员的违纪违法案例显示，法官、检察官与律师之间的不正当交往问题仍然存在，这严重影响了司法公正和司法权威。因此，有必要建立法官、检察官以及其他司法工作人员与律师之间的交往规范体系，以确保法治廉洁，维护司法信仰。

一、律师不得利用与法官、检察官的特殊关系妨碍司法公正

除了诉讼领域，法官、检察官和律师在其他领域的互动和交流也应受到重视。私下接触与司法诉讼活动有着间接的联系，不当接触甚至会直接影响到司法的公正性，对法

---

① 钱泊霖：《论法官与律师的关系》，载《才智》2014年第10期，第230页。

律职业共同体的清正建设产生不利影响。《律师执业管理办法》第三十六条规定："律师与法官、检察官、仲裁员以及其他有关工作人员接触交往，应当遵守法律及相关规定，不得违反规定会见法官、检察官、仲裁员以及其他有关工作人员，向其行贿、许诺提供利益、介绍贿赂，指使、诱导当事人行贿，或者向法官、检察官、仲裁员以及其他工作人员打探办案机关内部对案件的办理意见、承办其介绍的案件，利用与法官、检察官、仲裁员以及其他有关工作人员的特殊关系，影响依法办理案件。"法官、检察官和律师构成了社会主义法治队伍的核心部分，是全面推进法治国家建设的关键力量。党中央多次强调了建设德才兼备的高素质法治工作队伍的重要性，并对法官、检察官与律师之间的交往进行了明确的规范要求，旨在防止律师与法官、检察官通过特殊的朋友或亲戚关系，以及贿赂、受贿、利益输送等手段进行勾结，从而为加强法治队伍的建设提供了明确的方向和基本的指导原则。

二、禁止律师与法官、检察官不正当交往

为了解决法官、检察官和律师之间存在的不正当交往的现实问题，党中央曾进行全国政法队伍的教育整顿，将"法院、检察院离任人员违规从事律师职业、充当司法掮客"列为政法系统的"六大顽疾"之一，最高人民法院、最高人民检察院、司法部印发的《关于进一步规范法院、检察院离任人员从事律师职业的意见》第五条规定："各级人民法院、人民检察院离任人员不得以任何形式，为法官、检察官与律师不正当接触交往牵线搭桥，充当司法掮客；不得采用隐名代理等方式，规避从业限制规定，违规提供法律服务。"此外，《关于建立健全禁止法官、检察官与律师不正当接触交往制度机制的意见》有效地建立起禁止法官、检察官和律师不正当交往的制度，为建立法官、检察官和律师之间单纯的联系提供制度性的保障和原则性指引，该意见第三条规定，严禁法官、检察官与律师有下列接触交往行为：

（1）在案件办理过程中，非因办案需要且未经批准在非工作场所、非工作时间与辩护、代理律师接触。

（2）接受律师或者律师事务所请托，过问、干预或者插手其他法官、检察官正在办理的案件，为律师或者律师事务所请托说情、打探案情、通风报信；为案件承办法官、检察官私下会见案件辩护、代理律师牵线搭桥；非因工作需要，为律师或者律师事务所转递涉案材料；向律师泄露案情、办案工作秘密或者其他依法依规不得泄露的情况；违规为律师或律师事务所出具与案件有关的各类专家意见。

（3）为律师介绍案件；为当事人推荐、介绍律师作为诉讼代理人、辩护人；要求、建议或者暗示当事人更换符合代理条件的律师；索取或者收受案件代理费用或者其他利益。

（4）向律师或者其当事人索贿，接受律师或者其当事人行贿；索取或者收受律师借礼尚往来、婚丧嫁娶等赠送的礼金、礼品、消费卡和有价证券、股权、其他金融产品等财物；向律师借款、租借房屋、借用交通工具、通信工具或者其他物品；接受律师吃请、娱乐等可能影响公正履行职务的安排。

（5）非因工作需要且未经批准，擅自参加律师事务所或者律师举办的讲座、座谈、研讨、培训、论坛、学术交流、开业庆典等活动；以提供法律咨询、法律服务等名义接

受律师事务所或者律师输送的相关利益。

（6）与律师以合作、合资、代持等方式，经商办企业或者从事其他营利性活动；本人配偶、子女及其配偶在律师事务所担任"隐名合伙人"；本人配偶、子女及其配偶显名或者隐名与律师"合作"开办企业或者"合作"投资；默许、纵容、包庇配偶、子女及其配偶或者其他特定关系人在律师事务所违规取酬；向律师或律师事务所放贷收取高额利息。

（7）其他可能影响司法公正和司法权威的不正当接触交往行为。

三、律师应该尊重法官、检察官

对于法官来说，坚持"辩护人是法官准确办案的协助者"之观点，意味着必须放下傲慢和固执的姿态，以谦卑和开放之心认真倾听辩护人的意见。对于辩护人而言，从当事人的角度当好法官的助理，意味着只能严格依据事实、证据和法律辩护，尽可能为法官理清思路、发现争点、寻找到有理有据的裁判思路提供帮助。[1] 双方应当互相尊重，法官在庭审中应当尊重律师，认真听取律师的发言与意见，给予律师应有的自由并保证律师的正当权利，尊重和保护他们的人格尊严。[2] 律师也要相应给予法官尊重，律师对法官的尊重不仅体现在礼节上，还涉及庭前的充分准备，包括与法官共同确保庭审流程的顺利进行。在法庭中，律师的发言应当简练、直击问题的核心，真诚地接受法官的裁决，避免传播可能损害法官和法院的不当言论，以及做出可能损害法院尊严和司法权威的行为。同时，在保护当事人的合法权益的基础上，律师还需要承担起相应的社会责任，对于当事人提出的不适当的诉求，应给予适当的劝导[3]，并与法官合作解决存在的矛盾，以维护社会的稳定，而不是仅仅从当事人的利益出发，对法官提出不合逻辑的倾向于当事人的裁判请求，这样的不当行为不仅会影响自身的职业声誉，也会扰乱司法的正常秩序。

例如某案例中，被告的某建筑公司的代理律师收到法院判决后，立即联系了主审法官，尽管法官已经明确告知其不服裁判结果的救济途径，该律师仍然言辞激烈地表达了自己的不满，频繁说出质疑法官能力、怀疑法官与其他律师之间存在特殊关系等不当言论，并用侮辱性的言辞攻击法官。该律师的行为不仅触犯了《律师法》中关于律师必须严格遵守执业道德和纪律的条款，还构成了妨碍诉讼进程的行为。律师和法官都是法律职业从业者，双方更应该遵循法律、协同进行诉讼、彼此尊重和信任，以共同促进司法公正和法治的进步。

---

① 陈学权：《论辩护律师的法庭地位——以律师与法官的关系为视角》，载《法学杂志》2020年第1期，第110页。

② 程路芸：《律师与法官的关系问题探讨》，载《管理观察》2018年第13期，第77页。

③ 程路芸：《律师与法官的关系问题探讨》，载《管理观察》2018年第13期，第80页。

第十章 律师与行业主管部门

律师由司法行政机关与律师协会实行双重管理，这实际上是一种"两结合"的管理模式，是我国律师体系的核心部分，为律师制度的有效实施提供了坚实的保障和组织支撑。司法行政机关作为律师的主管部门，负责律师的监督、执业资格的审查和授予等职责。他们通过严格的资格审查和管理，确保了律师的专业素质和执业能力。司法行政机关还负责监督律师的执业行为，确保律师依法履行职责，维护正常的司法秩序。而律师协会作为律师的职业组织，起到了促进律师行业发展、维护律师权益的作用。此外，律师协会还负责组织律师培训，制定行业规范，从而维护律师形象，提高律师的职业素养和服务质量。这种管理模式在律师制度的有效实施中发挥了重要作用，为律师行业的发展和社会公正提供了坚实的基础。

第一节 我国律师行业管理体制的内涵与发展

双重管理的模式使得律师既受到行政机关的监管，又能够通过协会自我管理和自我约束。这种模式确保了律师的独立性和专业性，使其能够更好地履行法律援助、法律顾问、诉讼代理等职责。同时，双重管理也为律师制度的规范化和规范化发展提供了有效的机制和平台。总的来说，双重管理是我国律师体系的核心部分，为律师制度的有效实施提供了坚实的保障和组织支撑。通过司法行政机关和律师协会的双重管理，律师的专业素质得到了提升，律师服务质量得到了保障，律师制度也得到了更好的发展和完善。

一、我国律师行业管理体制的内涵

律师的管理体制代表了国家对律师及其工作指导的整体框架、职责界定和监督机制，我国律师的"两结合"管理体制，即司法行政机关的宏观行政管理与律师协会行业管理相结合的律师管理体制，可以被总结为司法行政机关的绝对领导模式。其中，司法行政机关占据了主导地位，而律师协会则起到了辅助的作用。《律师法》作为我国律师制度的基础法律，是目前反映我国律师管理制度的核心标准，为司法行政部门和律师协会在律师管理活动中的角色扮演提供了初步的指引，其总则第四条明确提出："司法行政部门依照本法对律师、律师事务所和律师协会进行监督、指导。"

律师协会与司法行政机关的关系可以从两个方面进行认识：一方面，司法行政机关作为律师协会的监督管理机关，需要在宏观上对律师协会的工作进行把握，保证律师协会合法、有效地行使管理权力；另一方面，律师协会作为行政分权的产物，需要充分发挥其专业性、自主性的优势，在授权范围内进行自我管理、自我服务，司法行政机关应予以充分尊重。[①]《律师法》第四十四条规定："全国律师协会章程由全国会员代表大会制定，报国务院司法行政部门备案。地方律师协会章程由地方会员代表大会制定，报同级司法行政部门备案。地方律师协会章程不得与全国律师协会章程相抵触。"

二、律师管理体制的历史发展

我国律师管理体制是随着律师行业的改革和迅速发展而不断改革创新的，其发展变迁的历程与国家政治、经济、法律的发展变化紧密相关。自新中国成立初期律师制度初创及"文化大革命"结束恢复重建律师制度至今，律师管理体制经历了从单一的司法行政管理到司法行政机关与律师行业协会共同管理的变化过程。1993年，经国务院批准的《司法部关于深化律师工作改革的方案》正式确立了"两结合"律师管理体制的基本框架。经过二十余年的实践，总体上讲，"两结合"的律师管理体制适合中国国情，适应我国律师行业发展的需要，有力地推进了律师行业的发展。[②]尽管变更颇多，律师"两结合"管理体制还是在改革与实践中不断得以完善。

（一）律师管理体制的重新建立、稳步发展

自1979年律师制度重新建立以来，司法行政部门对律师的工作进行了全方位和细致的管理。作为唯一负责律师工作管理的部门，司法行政机关无疑是全方位负责的，掌握着绝对的管理权力，并发挥着权威性的控制作用；律师协会作为一个社会组织，主要任务是"保护律师的合法权利，分享工作心得，推动律师业务的进展，并加强与国内外法律从业者的联系"。这种对律师机构进行集中管理的管理模式，在律师制度恢复和重建的阶段，对建立律师工作机构、组织律师团队以及开展律师相关业务都发挥了重要的促进作用。然而，一切事务都是由国家全权负责管理，律师事务缺乏必要的人力、财力和物力的自主权，限制了律师和律师事务所充分发挥其主动性和积极性。加上受到国家司法行政编制的制约，律师事务所的工作人员难以独立履行职责，这导致了律师团队的发展步伐缓慢。因此，对律师制度进行改革成为当务之急。为了推动律师事务所向独立发展方向前进，后来的律师制度改革的目标是逐渐完善管理流程，并赋予律师更多的决策自由。

（二）律师管理体制的改革深化

1986年，随着全国律师协会的成立，司法行政部门逐渐将部分管理职责转交律师协会，律师协会在司法行政机关的管理中起到辅助作用，司法行政机关在律师工作管理中的核心地位被削弱。尽管如此，律师协会的主要领导仍然由司法行政机关的负责人来

---

① 刘薇：《律师执业利益冲突规范的适用——兼论我国律师协会的属性定位》，载《广西政法管理干部学院学报》2023年第4期，第14—15页。

② 陈宜：《"两结合"律师管理体制的经验总结与深化》，载《中国司法》2019年第2期，第80页。

担任，这使得司法行政机关在律师工作管理中继续发挥主导作用。随着我国经济体制改革的深入发展，特别是社会主义市场经济体制的确立与完善，律师行业面临着新的机遇和挑战：一是改革开放给我国经济生活注入了活力，二是市场经济要求律师必须适应市场竞争的需要。因此，1989年司法部在《关于加强司法行政机关对律师工作的领导和管理的通知》中明确规定，在对律师业务的指导和管理过程中，各级司法行政部门应深入了解律师业务的独特性，并尊重律师事务所的决策自主权。同时，加强律师的专业培训和业务水平评估，提高整体素质。国家司法行政机关在组织建设中，更加注重律师的意见和建议，形成合理的政策，推动了律师队伍的健康发展，让律师更好地履行维护法律权益的职责，为法治建设贡献更大的力量。

（三）"两结合"管理体制的提出与发展

区别于新中国成立初期律师协会隶属于司法行政机关的做法，1993年12月司法部在《关于深化律师工作改革的方案》中指明了律师工作改革的指导思想、目标和任务，进一步明确律师协会与司法行政部门之间的权力边界，提出"从我国国情和律师工作的实际出发，建立司法行政机关的行政管理与律师协会行业管理相结合的管理体制。经过一个时期的实践后，逐步向司法机关宏观管理下的律师协会行业管理过渡"。为我国现行的律师管理制度提供了一个基础框架，并加速了律师工作的改革和发展进程。经过数年的发展，1996年《律师法》正式颁布，明确了司法行政机关对律师工作的监督和指导职责；律师协会被定义为社会团体法人，并且是师工作的行业管理机构，虽然它是律师的自律组织，但在实质性管理方面仍然存在不足。在职能方面，律师工作管理由司法行政机关主导，逐渐转变为由司法行政机关发挥宏观指导作用，律师协会主要负责自律作用的管理体制。

各地的律师协会也积极完善自身建设，取得了显著的发展，基本建立了律师协会的三级架构。很多省、自治区、直辖市的律师协会已经实现了与司法行政机关的分离，全体理事、常务理事、会长、副会长都由执业律师担任，司法行政机关的负责人不再兼任职务。律师协会在内部建设上投入了更多的努力，并在律师的管理活动中展现出更为主动和积极的态度。

第二节　司法行政机关对律师的管理职能

司法行政机关作为政府的职能部门，是政府的组成部分，其行使公权力的性质决定了司法行政机关在律师管理工作中要将维护公共利益作为制定政策、实施管理行为所应遵循的基本原则。[①] 2016年修订的《律师执业管理办法》第四条规定："司法行政机关依照《律师法》和本办法的规定对律师执业进行监督、指导。"从"两结合"管理体制的发展脉络来看，司法行政机关对律师的管理逐渐从主导型控制权转向了宏观的指导性

---

① 陈宜：《"两结合"律师管理体制的经验总结与深化》，载《中国司法》2019年第2期，第84页。

职权，微观任务也逐步交由律师协会或律师事务所负责管理。

一、司法行政机关管理律师的组织机构设置

在我国，司法行政机关对律师的管理是按照四级结构来进行的。这四级结构包括中央、省、市、县政府中的司法行政部门，也就是中央的司法部，省、自治区、直辖市的司法厅（局），市、地级的司法局，以及县、市、区级的司法局。尽管乡镇一级设有司法所，但它们并不负责律师的管理工作。国务院 1998 年 6 月批准的《司法部职能配置、内设机构和人员编制规定》中规定，根据职责需要，司法部共设 9 个职能司（局、厅）和政治部。

根据各自的职责划分，县级及以上的地方、各级人民政府的司法行政部门是负责本行政区律师业务的主要部门。这些部门根据法律、法规和规章的要求以及各自的职责，对律师事务所进行行政管理，这包括对律师事务所的成立进行审核和登记，以及对同级律师协会的章程进行备案。

二、司法行政机关行使对律师的管理职能

司法部是主管全国司法行政工作的国务院组成部门，根据《司法部职能配置、内设机构和人员编制规定》的规定，司法部在律师管理方面的主要职责是指导监督律师、法律顾问、法律援助工作和公证机构及公证业务活动，负责委托香港特别行政区和澳门地区公证律师办理公证事务。司法行政部门的公权力管理代表了国家对律师行业的管理。

2002 年《司法部关于召开第五次全国律师代表大会的通知》指出了司法行政机关对律师行业的管理职能：一是制订律师行业的宏观发展政策，通过制订规章、规范性文件，指导、推动律师行业健康发展；二是实施资质管理，通过资格授予、吊销执业证书等职能，对律师行业进行调控；三是对法律服务市场进行监管和对律师协会进行监督、指导；四是协调有关部门，制订配套政策，改善律师执业环境。进一步深化"两结合"体制改革，使得司法行政机关与律师协会职能得到进一步区分。具体来说，我国司法行政机关对律师的管理职能可以概括为如下几点。

（一）对律师与律师事务所违规行为的惩戒权

司法行政机关对律师、律师事务所的违法行为实施行政处罚，应当根据《行政处罚法》《律师法》《律师和律师事务所违法行为处罚办法》以及司法部关于行政处罚程序的规定进行。2010 年司法部发布的《律师和律师事务所违法行为处罚方法》对律师和律师事务所的各类不规范行为，以及相应的处罚结果和程序，都有了更为详细的规定，更好地反映了司法行政部门在律师管理活动中的惩戒权。该处罚方法规定，律师、律师事务所有违法行为，应当给予行政处罚的，由司法行政机关依照《律师法》《行政处罚法》和有关法律、法规、规章以及本办法的规定实施行政处罚。该处罚方法也规定了司法行政机关实施行政处罚的原则：应当遵循公正、公开的原则；应当以事实为依据，与违法行为的性质、情节以及社会危害程度相当；应当坚持处罚与教育相结合，教育引导律师、律师事务所依法执业，恪守职业道德和执业纪律。

（二）授予、吊销律师执业许可

《律师法》第六条规定，若律师申请执业，应当向设区的市级或者直辖市的区人民政府司法行政部门提出申请，并提交国家统一法律职业资格证书、律师协会出具的申请人实习考核合格的材料等申请资料。受理申请的部门应当自受理之日起二十日内予以审查，并将审查意见和全部申请材料报送省、自治区、直辖市人民政府司法行政部门。省、自治区、直辖市人民政府司法行政部门应当自收到报送材料之日起十日内予以审核，作出是否准予执业的决定。准予执业的，向申请人颁发律师执业证书；不准予执业的，向申请人书面说明理由。

既然司法行政部门有授予律师执业的权力，相应的就有吊销律师执业许可的权力。《律师法》第九条规定："有下列情形之一的，由省、自治区、直辖市人民政府司法行政部门撤销准予执业的决定，并注销被准予执业人员的律师执业证书：（一）申请人以欺诈、贿赂等不正当手段取得律师执业证书的；（二）对不符合本法规定条件的申请人准予执业的。"

（三）对律师与律师事务所的监督管理权

我国律师的日常执业活动，律师事务所的设立、重大事项变革与解散都在司法行政机关的监督管理之下。《律师执业管理办法》第五十五条规定："司法行政机关应当加强对实施律师执业许可和日常监督管理活动的层级监督，按照规定建立有关工作的统计、请示、报告、督办等制度。"负责律师执业许可实施、律师执业年度考核结果备案或者奖励、处罚的司法行政机关，应当及时将有关许可决定、备案情况、奖惩情况通报下级司法行政机关，并报送上一级司法行政机关。该办法第五十七条规定："司法行政机关应当加强对律师协会的指导、监督，支持律师协会依照《律师法》和协会章程、行业规范对律师执业活动实行行业自律，建立健全行政管理与行业自律相结合的协调、协作机制。"同时，该办法进一步规定了不同层级的司法行政机关对律师和律师事务所的具体监督内容。

县级司法行政机关对执业机构在本行政区域的律师的执业活动进行日常监督管理，履行下列职责：（1）检查、监督律师在执业活动中遵守法律、法规、规章和职业道德、执业纪律的情况；（2）受理对律师的举报和投诉；（3）监督律师履行行政处罚和实行整改的情况；（4）掌握律师事务所对律师执业年度考核的情况；（5）司法部和省、自治区、直辖市司法行政机关规定的其他职责。

设区的市级与直辖市的区（县）司法行政机关履行下列监督管理职责：（1）掌握本行政区域律师队伍建设和发展情况，制定加强律师队伍建设的措施和办法；（2）指导、监督下一级司法行政机关对律师执业的日常监督管理工作，组织开展对律师执业的专项检查或者专项考核工作，指导对律师重大投诉案件的查处工作；（3）对律师进行表彰；（4）依法定职权对律师的违法行为实施行政处罚，对依法应当给予吊销律师执业证书处罚的，向上一级司法行政机关提出处罚建议；（5）对律师事务所的律师执业年度考核结果实行备案监督；（6）受理、审查律师执业、变更执业机构、执业证书注销申请事项；

（7）建立律师执业档案，负责有关律师执业许可、变更、注销等信息的公开工作；

（8）法律、法规、规章规定的其他职责。

省、自治区、直辖市司法行政机关履行下列监督管理职责：（1）掌握、评估本行政区域律师队伍建设情况和总体执业水平，制定律师队伍的发展规划和有关政策，制定加强律师执业管理的规范性文件；（2）监督、指导下级司法行政机关对律师执业的监督管理工作，组织、指导对律师执业的专项检查或者专项考核工作；（3）组织对律师的表彰活动；（4）依法对律师的严重违法行为实施吊销律师执业证书的处罚，监督、指导下一级司法行政机关的行政处罚工作，办理有关行政复议和申诉案件；（5）办理律师执业核准、变更执业机构核准和执业证书注销事项；（6）负责有关本行政区域律师队伍、执业情况、管理事务等重大信息的公开工作；（7）法律、法规、规章规定的其他职责。可以看到，不同层级的司法行政机关的监督管理内容不同，较高级别的司法行政机关相应地拥有制定有关律师管理政策文件的权力。

第三节　律师协会的辅助性管理职能

从理论角度看，律师协会主要是一个涉及律师行业管理的行业自律组织，由从事律师工作的专业人士和相关部门共同组成，其管理范围覆盖了某一特定地区的所有律师事务所和律师。一方面，在我国现行的律师管理体系中，律师协会充当了司法行政部门对律师进行管理的辅助机构，是推动律师行业向前发展的关键力量，并代表了律师行业的共同利益，在法律行业占据了关键的位置。律师作为律师协会的一员，有责任遵循协会的章程，并听从协会对其成员的指导和管理。另一方面，律师协会具有独立性，其独立于司法行政机关以及律师事务所。司法部 2016 年修订的《律师执业管理办法》第四条规定，律师协会依照《律师法》、协会章程和行业规范对律师执业实行行业自律。同时，《律师法》第四十三条规定，"律师协会是社会团体法人，是律师的自律性组织"。作为行业自治组织，律师协会在执行法律所赋予的行业事务管理职责时，拥有独立的决策权，并可以代表自己向外界行使权利，同时对所做之事承担独立责任。

律师协会在其日常的行政管理活动中所作出的管理决策，将对律师的执业权益产生直接的影响。《律师法》和《律师协会章程》分别对律师协会职能作出了相关规定。律师协会的行业自律管理功能主要有以下八个方面：

（1）对律师的正当权益进行保护，保证律师依法执业；

（2）总结、交流律师工作经验；

（3）制定行业规范和惩戒规则；

（4）做好对律师的培训工作，包括业务、执业道德、纪律等，做好律师的年度考核工作；

（5）承担对实习人员的培养、教育、管理和考核工作；

（6）表彰和处罚对律师、律师事务所的工作；

（7）处理律师在执业过程中的矛盾和纠纷，正确处理投诉和申诉活动；

（8）依法规定的其他职责。

正是因为律师协会具有专业性、法律性及特殊性，其肩负着保护律师合法权益、维护社会公平正义的使命，所以需要加强律师协会建设，深化律师制度改革、推进律师队伍建设和律师工作发展。2016 年司法部出台的《关于进一步加强律师协会建设的意见》指出，推动律师协会组织机构进一步健全，发挥律师协会的职能，有利于律师执业权利保障、执业行为规范体系的完善，以及行业自律管理水平的提高。

一、我国律师协会的机构设置

我国律师协会是管理律师事务、具有行政职能的行业组织，合理划分各级律师协会的职能分工，按照不同职级与责任承担律师管理的重要任务，不仅是律师行业成长的基本需求，也是构建有序律师队伍的关键支撑。

2002 年 1 月《司法部关于召开第五次全国律师代表大会的通知》中指出，全国律师协会应主要负责制定行业规范、宣传、对外交流、指导地方协会开展工作等职能，省、自治区、直辖市律师协会主要负责会员的日常管理、培训、纪律查处等职能，地（市）协会（分会）应负责当地会员的日常管理、律师事务所建设、投诉调查等职能。受到律师行业发展水平的制约，我国律师协会目前采用的是三级组织结构。在中央、省、市这三个层级中，中央级别被称为中华全国律师协会，而省、自治区、直辖市级别则被命名为×省（自治区、市）律师协会，市、地级别可以根据实际需求成立律师协会，即×市（地）律师协会。下级律师协会作为上级律师协会的固定团体成员，受到上级律师协会的指导和监管。律师协会采纳了议行分离的管理模式，其中律师代表大会及其下属的理事会和常务理事会作为权力机构，负责讨论和决策在律师行业发展过程中需要通过行业自律管理来解决的关键问题；律师协会的秘书处是律师代表大会的常规办公部门，它主要负责执行律师代表大会、理事会和常务理事会作出的各项决策和决定，并有责任向律师代表大会、理事会和常务理事会提交工作报告。律师协会的主要领导机构是由律师代表大会选出的理事会，其任期为三年，而协会的会长、副会长和常务理事则由理事会选出，他们的任期与理事会保持一致。

二、我国律师协会行使的职能

为了确保律师协会的管理得以统一并保障其正常运营，职能规定是必不可少的，我国《律师法》赋予了律师协会八项职能。《律师法》第四十六条规定，律师协会应当履行下列职责：

（1）保障律师依法执业，维护律师的合法权益；

（2）总结、交流律师工作经验；

（3）制定行业规范和惩戒规则；

（4）组织律师业务培训和职业道德、执业纪律教育，对律师的执业活动进行考核；

（5）组织管理申请律师执业人员的实习活动，对实习人员进行考核；

（6）对律师、律师事务所实施奖励和惩戒；

（7）受理对律师的投诉或者举报，调解律师执业活动中发生的纠纷，受理律师的申诉；

（8）法律、行政法规、规章以及律师协会章程规定的其他职责。

此外，《中华全国律师协会章程》第六条规定，律师协会履行下列职责：

（1）保障律师依法执业，维护律师的合法权益；

（2）总结、交流律师工作经验；

（3）制定行业规范和惩戒规则；

（4）组织律师业务培训和职业道德、执业纪律教育，对律师的执业活动进行考核；

（5）组织管理申请律师执业人员的实习活动，对实习人员进行考核；

（6）对律师、律师事务所实施奖励和惩戒；

（7）受理对律师的投诉或者举报，调解律师执业活动中发生的纠纷，受理律师的申诉；

（8）法律、行政法规和规章规定的其他职责。

2002年1月《司法部关于召开第五次全国律师代表大会的通知》中，对律师协会的职责又作了这样的表述："律师协会要加强自身建设，尽快担负起行业自律管理职责。律师协会应抓好以下工作：一是制订行业规范和行业管理政策；二是抓好律师的再教育工作；三是负责律师维权工作；四是对会员进行日常管理。主要包括：会员登记，律师事务所、律师的年检注册，指导律师事务所的建设，律师间、律师与当事人间纠纷的调处、律师的日常教育等；五是对律师事务所、律师违法违规行为进行调查和处分；六是开展国际交流和合作；七是加强与有关部门的联系，推动律师业务的开拓和律师作用的发挥；八是完成司法行政机关委托、交办的事宜。"通过对上述法律法规的分析，我们可以总结出律师协会所拥有的几项核心权力，包括制定行业规章和规范权、律师执业活动的奖罚考核权以及律师行业纠纷的调解权等。这些职责为协会在律师管理和行业自律方面提供了关键的参考，它们不仅是维护社会经济稳定的有力工具，同时也是鼓励行业协会成员主动遵循行业规定的核心准则。司法部一直在积极支持和推动律师协会的自律管理，加强其管理职能，在国家的重视和支持下，2017年通过的《律师法》进一步扩充了律师协会的管理职责与权限，律师协会的职能再次得到加强。

第四节　律师应履行的自觉规范义务

律师事务所是律师提供法律服务的核心机构，律师有义务严格遵循事务所的各项规章制度和行为规范，以保障律师事务所更加科学和合理的管理，从而进一步提高律师事务所的服务质量和水平。

一、律师办理业务由律师事务所统一收案、统一收费

律师承办法律业务，应该由所在的律师事务所接受当事人委托、与委托人当面签订书面的委托代理合同，并且向当事人统一收取费用。《律师法》第二十五条规定："律师承办业务，由律师事务所统一接受委托，与委托人签订书面委托合同，按照国家规定统

一收取费用并如实入账。律师事务所和律师应当依法纳税。"此外，《律师法》第四十条第一款规定，律师不得有"私自接受委托、收取费用，接受委托人的财物或者其他利益"的行为，若律师实践中违反该义务，不与委托人签订书面合同，或者绕过所在律所，私下收取委托人费用，则应该统一按违规行为处理。

二、律师不得同时在两个律师事务所执业

2017 年修订的《律师执业行为规范（试行）》规定："律师只能在一个律师事务所执业。"这是出于律师对律师事务所负有的忠诚的道德责任，也是律师事务所加强内部管理的要求，该规定不仅有利于稳固法律市场，还使律师的行为得到进一步规范，从而更好地保障当事人的合法权益。

律师作为法律服务的专业人士，其职责是为当事人提供合法、公正的法律服务。律师事务所不仅要确保律师的专业水平和工作质量，还要维护律师事务所的声誉和利益。在律师执业过程中，律师事务所需要对律师的行为进行有效管理，确保律师按照法律和职业道德规范开展工作。如果一个律师在多个律师事务所执业，可能会出现利益冲突、信息泄露等问题，给律师事务所和当事人带来不必要的风险和困扰。律师事务所加强对律师的内部管理，可以有效地避免这些问题的发生，此外还有利于稳固法律市场。如果律师可以随意在多个事务所执业，可能会导致市场竞争不公平，一些大型事务所可能会通过引入多个律师来垄断市场资源，给中小型事务所带来不公平竞争。而限制律师在多个事务所执业，可以维护市场的公平竞争环境，促进法律服务市场的健康发展。

三、律师遇到难题及时请示

一般来说，律师办理业务具有自由度和灵活性，律师事务所对于律师选择案件并不会多加干涉，但是如果遇到承办难度较大、范围较广、案情复杂的案件，律师可以请示律师事务所组织会议，召集多名律师集体讨论案件，从而汇聚智慧，更加合理地解决难题。另外，为了减少可能发生的错误，律师对于重大疑难、难以办理的案件，应该及时向律师事务所的主任请示，以获得组织的支持与援助，从而提升法律服务水平与能力。律师事务所作为律师的依托和支持，不仅能够提供必要的资源和信息，还能够提供专业意见和指导，通过与律师事务所的合作与交流，律师能够更好地应对复杂案件的挑战，确保案件的顺利进行，使客户的合法权益得到维护，律师事务所也能通过与律师的合作，提升自身的声誉和业务水平，为客户提供更加优质的法律服务。因此，律师与律师事务所之间的密切合作和有效沟通是非常重要的，这有助于保障法律事务的顺利进行，提升整个律师行业的专业水准。

第十一章 公职律师与公司律师

第一节 公职律师

一、公职律师制度概述

（一）公职律师的概念

2014年党的十八届四中全会通过的《中共中央关于全面推进依法治国若干重大问题的决定》明确提出"构建社会律师、公职律师、公司律师等优势互补、结构合理的律师队伍。提高律师队伍业务素质，完善执业保障机制"。按照律师从事业务的专业领域、类型与特征，对律师进行分类管理，总体上将律师群体分为社会律师、公职律师和公司律师。2019年实施的《公职律师管理办法》明确了公职律师的内涵，公职律师指的是"任职于党政机关或者人民团体，依法取得司法行政机关颁发的公职律师证书，在本单位从事法律事务工作的公职人员"。

（二）公职律师的特征

公职律师作为律师队伍的重要组成，除法律职业性外，还具有以下群体特征：

第一，身份的双重性。[1] 公职律师具有双重身份，受到《公务员法》和《律师法》的双重约束，公职律师既可以是公务员，也可以是外聘法律专业人士；既可以是一个专门从事法律事务的岗位，也可以是赋予并非专门从事法律事务岗位的人员的一种专业身份。

第二，法律服务的无偿性。公职律师为国家机关、社会团体提供的法律事务服务是无偿的。这是因为公职律师具有公职人员身份，享有稳定的薪资待遇、福利保障，为所在单位提供法律事务服务是其本职工作。国家机关、社会团体不需根据公职律师开展的服务内容向其支付额外费用。[2]

第三，服务对象的特定性。公职律师具有公务员身份，只能为其所任职的单位提供内部法律事务服务。公职律师只对内服务而不对外执业，是各国公职律师制度的普遍性

---

[1] 参见姚尚贤：《公职律师制度深化改革的起点、问题与应对》，载《法治社会》2018年第2期，第108页。

[2] 参见李鑫：《中国特色公职律师制度的试点经验及其完善路径研究》，载《兰州大学学报（社会科学版）》2018年第1期，第78页。

规定。公职律师严禁面向社会开展法律服务，严禁拥有本单位以外的其他当事人。服务对象的特定性避免了公职律师对外执业可能造成的利益冲突。

第四，管理的多重性。目前，对公职律师实施的管理实质上是身份与岗位的双重管理。在过往十余年我国各地方公职律师试点工作中，出现了以下三种较具代表性的公职律师管理模式，第一种是以扬州模式为代表的外聘社会律师转任公职律师管理模式，第二种是以厦门、山东周村和四川模式为代表的岗位公职律师管理模式，第三种是以广州模式为代表的双轨制公职律师管理模式。三种管理模式将在后文详细阐述。

第五，法律服务的独立性。虽然公职律师本质上属于专职于某一单位的律师，固定处理其所处单位的相关法律事务，但其提供法律服务时不得受单位公、私权力的掣肘，独立用其专业法律知识为所在单位提供相关法律服务，监督领导层对重大事件的决策。

（三）公职律师制度的重要性

在各级党政机关普遍设立公职律师，是以习近平同志为核心的党中央立足全面依法治国全局作出的重要决策部署。目前，各单位发布的关于加强公职律师队伍建设的部门规章已逾60项，期望通过建设公职律师制度发挥其在体制机制完善、市场监管、化解行政矛盾等多方面的重要作用。

首先，建设公职律师制度，是建立政府法律顾问制度的迫切需求，是完善中国特色律师制度的重要组成部分。[①] 通过建立公职律师制度，对公职律师的法律地位、权利义务内容进行全面的明确和保障，有利于根据实际需求，具体化、情景化地保障其执业权利，旨在将对律师执业权利的保障真正落实到律师与各类国家机关、社会主体的沟通和交往之中，明确政府法律顾问制度的运行规则。中国特色律师制度建设，要求按照律师所从事业务的专业领域、类型与特征，对律师进行分类管理，总体上将律师群体分为社会律师、公职律师和公司律师。建立公职律师制度，按照所从事法律事务的类型及基本工作规律，为公职律师群体设定有针对性的、专门的管理模式和评价标准，从而有效管理不同特征、性质的律师群体，积极促进其职业发展。

其次，建设公职律师制度，能够有效规范政府行为，促进政府依法行政。随着依法执政和依法行政相关改革的快速推进，政府运作过程本身对法律服务的需求更加明确和强烈，且有一部分需求因保密性和专业壁垒的存在，只能通过公职律师在政府系统内部得到解决和满足。公职律师作为法律专业人士，在政府的运作过程中始终保持和展现着法律人的独立性，在执业过程中可以实现对行政权力的有效制约和监督，并凭借这种专业性和独立性成为政府机构与社会公众进行理性对话与沟通的有效渠道。

最后，建设公职律师制度，能够帮助政府更好地适应市场经济的发展，维护社会的公平正义。随着市场经济的发展，社会风险千变万化，行政机关需要不断增强社会治理的有效性和风险防控的能力，有效维护社会公平正义。公职律师可以为行政机关提供法律风险评估和咨询服务，在行政机关制定执法措施或采取行政行动之前，公职律师可以分析相关法律法规，帮助行政机关评估可能的法律风险和合规问题，使行政机关避免违

---

① 参见方华堂：《关于完善公职律师制度的思考》，载《中国司法》2021年第1期，第94页。

法行为，确保执法过程合法合规。

（四）公职律师的法律地位

《律师法》第二条规定："本法所称律师，是指依法取得律师执业证书，接受委托或者指定，为当事人提供法律服务的执业人员。"由于部分政府法律顾问向公职律师转化的历史原因，现行《律师法》的调整对象主要是取得律师执业证书的社会律师，不包括取得公职律师证书而未取得律师执业证的公职律师。[①]

目前设立公职律师制度的主要依据是《关于推行法律顾问制度和公职律师公司律师制度的意见》与《公职律师管理办法》。依照《关于推行法律顾问制度和公职律师公司律师制度的意见》和《公职律师管理办法》的规定，公职律师是党政机关或人民团体的公职人员。国家公务员，是各国负责统筹管理经济社会秩序和国家公共资源，维护国家法律规定贯彻执行的公职人员。在我国，公务员依法履行公职，纳入国家行政编制，由国家财政负担工资福利，公务员职位按职位的性质、特点和管理需要，划分为综合管理类、专业技术类和行政执法类等类别。公职律师既然具有公务员的身份，就要接受国家人力资源和社会保障部国家公务员局的管理，享有公务员的权利，承担公务员的义务，通过国家公务员考试进行录用，遵循相应的升降机制和退出机制。此外，司法行政机关对公职律师业务活动进行监督、指导，公职律师所在单位对公职律师进行日常管理，律师协会对公职律师实行行业自律。

（五）公职律师与其他类型律师的区别

1. 公职律师与社会律师

公职律师与社会律师身份和执业范围不同。公职律师是党政机关或人民团体的公职人员，只能为本单位服务，代表本单位从事律师法律事务。社会律师的执业机构是律师事务所，依法为各类社会主体提供有偿法律服务。公职律师不得在律师事务所等法律服务机构兼职，不得以律师身份办理所在单位以外的诉讼或者非诉讼法律事务，不得从事有偿法律服务。但公职律师同社会律师一样，都需具备专业的法律知识，从事法律事务，两者在服务市场经济主体时优势互补、各有侧重。社会律师执业范围较广，可以服务于公职律师的法律服务对象，但公职律师更熟悉本单位、本行业的政策法规和实际情况，能够结合实际工作提出更具针对性的法律意见和建议，更有效地防范和化解本单位、本行业法律风险。司法部发布的《2023年法治政府建设年度报告》中显示，截至2023年底，全国公职律师发展到11.48万人，为有效推进依法行政提供了坚实的人才支撑。在实际工作中，党政机关、人民团体应从需要处理的法律事务的难度、数量、效率等方面考虑是否还需要外聘社会律师。

公职律师与社会律师管理模式类似。司法行政机关和律师协会指导、监督公职律师办公室工作，公职律师办公室在接收案件、办案流程、业务卷宗管理方面有与律师事务

---

① 参见骆涌：《公务员分类改革背景下构建新型公职律师制度的思考》，载《中国司法》2020年第10期，第92页。

所相似的制度。公职律师同社会律师一样，参与司法部门和律师协会组织的业务学习研讨和培训、对外交流等活动，参加律师职称评定，接受业务卷宗检查和工作业绩考核。

公职律师和社会律师可以相互转化。符合转化条件的公职律师可以通过直接申请成为社会律师，社会律师可以通过公务员招录方式成为公职人员并申请成为公职律师。

2. 公职律师与政府律师

政府律师是服务于政府行政机关的专门律师，具有一定的独立性，其法律意见受到政府机关的强烈重视，其服务部门主要是政府法制办。[①] 相较政府律师的法律服务范围，公职律师的服务范围相对广泛。在各地公职律师的职责范围中，公职律师的服务对象，主要为行政机关、事业单位、人民团体，实践中公职律师还有一个重要的服务对象，就是国有企业或政府作为出资人的国有资产管理企业。可以说，对于公职律师职责范围的界定实际上是呈扩大化趋势的。

由于公职律师的管理模式尚未完全明确，公职律师执业机构与政府法制办在职责方面常常发生重叠甚至冲突，在公职律师制度建设试点中，部分地区依靠公职律师管理部门负责人较强的个人能力来协调公职律师与政府法制办之间的关系，并形成一个公职律师承办政府法律事务的基本规则，即只有政府法制部门主动提请公职律师执业机构协助或处理的案子，公职律师事务所才会派员介入相关法律事务的处理，且其介入的程度和范围皆由政府法制部门设定。

3. 公职律师与政府法律顾问

《关于推行法律顾问制度和公职律师公司律师制度的意见》明确了公职律师与政府法律顾问的关系，提出公职律师是党政机关法律顾问的重要组成部分。

公职律师与政府法律顾问都是服务于党政机关的律师群体，但其在法律服务范围、服务方式等方面具有明显区别。公职律师作为国家公务员，具备行政编制，为其服务单位提供无偿法律服务，政府法律顾问则是社会律师，与政府党政机关属于合同关系，提供有偿法律服务。

公职律师服务党政机关时职责宽泛，政府法律顾问服务党政机关时职责狭窄。目前的实践中，"政府法律顾问大多扮演着没有实质约束力的咨询角色"[②]，政府法制部门人员、公职律师和政府法律顾问三个群体的人员存在部分重叠，但在很多地区政府法律顾问都是特指政府外聘或外请的律师、法学研究者等法律专业人士。在政府重大决策的合规合法性审查、规范性文件的起草和讨论、行政诉讼、行政复议案件的处理等法律事务中，公职律师和政府法律顾问所起到的作用并没有明显区别。但从主体性质角度和二者与政府机构形成的法律关系角度看，公职律师的意见为政府内部法律意见，政府法律顾问的意见为外部法律意见，在独立性和立场方面是有较大区别的。另外，考虑到目前政府法律顾问都还未与政府机关建立实质性的法律关系，在公职律师制度的试点中，政府

[①] 参见侯志强、姚明全：《我国政府法律顾问制度存在的问题及完善》，载《中共郑州市委党校学报》2019年第3期，第62页。

[②] 宋智敏：《从"法律咨询者"到"法治守护者"——改革语境下政府法律顾问角色的转换》，载《政治与法律》2016年第1期，第60页。

日常法律事务一般由岗位公职律师负责，在制定重大规范、涉及重大行政诉讼案件的情况中，才由公职律师和政府法律顾问共同参与。

4. 公职律师与法律援助律师

公职律师和法律援助律师既有相同之处又存在区别。二者相同之处主要体现在都向服务对象提供无偿法律服务。但二者设立目的不同，公职律师旨在有效地提高政府机构在处理法律事务时的效率和准确性，以加强政府机构对国家利益的维护；法律援助律师则旨在保障"法律面前人人平等"的宪法基本原则，以实现保护人权和维护司法公正与平衡的目的。二者职责范围也不同。公职律师的职责主要是为所在的党政机关或人民团体提供免费的法律服务，包括：为政府或相关部门行政决策提供法律咨询意见和法律建议，参与政府职能部门的规范文件的审查；参与政府或部门规范性文件的起草、审议和修改工作；受政府或部门委托调查和处理具体的法律事务，代理政府及相关部门进行诉讼；为本单位或本系统内部提供法律服务，包括提供法律咨询意见、处理相关法律问题、为领导决策提供法律依据；开展法制宣传教育，义务为公民解答法律咨询问题等。法律援助律师的职责则主要是为经济困难或特殊案件的公民提供免费的法律服务，包括：受理、审查、批准公民法律援助申请，接收公安、检察院、法院发出的法律援助通知书；组织、指派法律援助人员办理法律援助事项；监督案件办理质量；组织提供法律咨询；开展法律援助宣传等。目前，司法部要求公职律师不再办理法律援助案件。此外，法律援助律师不具有排他性，公职律师则具有排他性。法律援助律师可以同时向不同服务对象提供法律援助；公职律师则只能为其所在单位提供法律服务，不得在律师事务所等法律服务机构兼职，不得以律师身份办理所在单位以外的诉讼或者非诉讼法律事务。

（六）公职律师的沿革

1. 公职律师的发展

1993 年，司法部《关于深化律师工作改革的方案》提出律师要承担为改革开放和经济建设服务，为民主和法制建设服务，维护国家利益和公民合法权益，维护国家法律正确实施的职责，并将"担任政府、企事业单位的法律顾问"作为律师职业的首要任务，为公职律师的专业化发展指明了方向。2002 年，司法部《关于开展公职律师试点工作的意见》（现已失效）指出，建立公职律师制度是我国加入世界贸易组织后社会经济生活发展的客观需要，也是推进依法治国、实施依法行政、进一步完善我国律师结构的需要，该意见在总结公职律师试点经验的基础上，提出了进一步推动开展并规范公职律师试点工作的具体措施。2003 年，国务院发布《法律援助条例》，将法律援助工作从公职律师职责中分离出去，形成了专门的法律援助制度。2005 年，中国证监会授予 153 人公职律师资格，成为全国第一家开展公职律师试点的中央单位，率先建立了公职律师制度。① 2016 年，中共中央办公厅、国务院办公厅印发《关于推行法律顾问制度和公职律师公司律师制度的意见》，正式将"全面形成与经济社会发展和法律服务需求相适应的中国特色法律顾问、公职律师、公司律师制度体系"确立为律师制度建设的目标任务。2018 年，司法部发布了《公职律师管理办法》，为加强公职律师队伍建设，规范公职律师管理，发挥公职律师在全面依法治国中的职能作用规定了具体准则。

2. 公职律师的执业机构

在公职律师的试点实践中，出现了以下三类公职律师的执业机构。②

第一类，公职律师办公室。以扬州市为代表，采用外聘社会律师转任公职律师的模式。在扬州市司法局内设立公职律师办公室，负责公职律师选拔、管理、培训、考核等。由公职律师办公室统一接受政府、行政机关、事业单位的委托，公职律师办公室在分案、案件管理等日常管理中与律师事务所相似。

第二类，公职律师事务所。以广州模式为代表，在区县一级建立公职律师事务所，实行专职与兼职双轨制的公职律师管理模式。该模式将公职律师分为两类：一类是专职公职律师，即供职于市、区县两级律师事务所的公职律师；另一类是岗位公职律师，即"分别任职于公安、国土、税务、工商、民政、质监、海关、检验检疫等 50 多个省市单位的法务部门"③ 被授予公职律师资格的国家公务人员。广州模式最大的特点在于设立了专门的公职律师事务所，由公职律师事务所负责辖域内公职律师的管理工作，进而实现了公职律师管理模式与社会律师"律师在律所执业、律所管律师"管理模式的靠近和融合，也强化了公职律师对于自身律师身份的认知和认同。无论是专职公职律师还是岗位公职律师，在对外代理政府机构法律事务的时候，都可以在公职律师事务所开具所函。特别值得关注的是，岗位公职律师在代表所在单位参加行政诉讼、仲裁等活动，既可以选择以代理律师的身份出现，也可以以所在机构代表的身份出现时，一般都会选择向公职律师事务所申请开具所函并以代理人身份出现，因为岗位公职律师普遍认为代理人的身份更能体现出自身的专业性和独立性，更能够在专业活动中与相对人进行理性的对话和沟通。

第三类，岗位公职律师。岗位公职律师模式又可细分为两种。一种以厦门模式为代表，通过所在单位对公职律师进行管理。厦门的公职律师"由所在单位进行人事管理、考核培训、职务晋升，司法行政机关负责对公职律师进行资质管理和业务监督"④。厦门模式的特点在于其对公职律师的管理模式简单且直接，避免了多头管理带来的权责界分不明问题。另一种以山东、四川模式为代表，通过公职律师办公室实现对公职律师的管理。山东淄博市周村区在 2003 年成立周村区公职律师办公室，为正科级常设单位，

① 参见《中国证监会率先建立公职律师制度》，载新浪财经网，https://finance.sina.com.cn/roll/20050715/0532203717.shtml?qq-pf-to=pcqq.group，2005 年 7 月 15 日。

② 参见李鑫：《中国特色公职律师制度的试点经验及其完善路径研究》，载《兰州大学学报（社会科学版）》2018 年第 1 期，第 78 页。

③ 谭祥平、蒋泓：《公职律师服务政府法治建设探析》，载《中国司法》2015 年第 2 期，第 43 页。

④ 文心：《处在理想与现实之间的公职律师——"公职律师理论与实践研讨会"综述》，载《中国律师》2007 年第 9 期，第 86 页。

经费由区财政单独划拨。周村模式在山东省内推广后，山东省在省工商局、山东银监会、济南市公安局等单位共批准设立了 13 个公职律师办公室，[①] 负责公职律师管理和保障工作。四川模式中，四川监狱、戒毒所等垂直管理的系统内已经开始大力发展公职律师，并在省监狱管理局、省戒毒管理局内设立公职律师管理办公室，负责本系统内公职律师的管理和保障工作。

3. 其他地区的公职律师

不同地区公职律师的设置目的和职责范围均有所不同。在美国，公职律师即政府律师，包括了地方、州、联邦机构的执业律师；检察官、公设辩护人；首席检察官等可代理美国政府的其他律师。在英国，随着高级大律师地位的衰落，作为国王法律顾问的皇家诉讼代办人和皇家事务律师日渐融合，并最终融为一体，成为官方律师；在英国，从事政府法律工作的律师，与社会私人执业机构的律师在权限、责任和范围上相差无几。

在我国香港，政府律师是指受聘在立法会、律政司、法律援助署、海关总署、廉政公署等机关中工作的律师，是港府公务员，与大陆公职律师的性质相似，但在职责分工、监督管理、激励机制等方面则有所不同。

二、公职律师的权利与义务

（一）公职律师的权利

公职律师的双重身份决定了其既享有律师的职业权利，又享有公务员的职业权利，主要有六项。（1）会见、阅卷、调查取证和发问、质证、辩论、辩护等权利。（2）有权获得与履行职责相关的信息、文件、资料和必需的工作职权条件。（3）享有律师协会会员的权利。（4）律师的其他执业权利，即拒绝代理，参加诉讼活动，执业区域不受限制。（5）非因法定理由不被免职、降职、辞退或者行政处分；获得劳动报酬和享受保险、福利待遇；对机关工作和领导人员提出批评和建议等公务员的权利。（6）列席政府会议及发表意见、参与立法等其他权利。

（二）公职律师的义务

公职律师的义务主要有：

（1）接受所在单位的管理、监督，根据委托或者指派办理法律事务。

（2）不得从事有偿法律服务。

（3）不得在律师事务所等法律服务机构兼职。

（4）不得以律师身份办理所在单位以外的诉讼或者非诉讼法律事务。

（5）应当加入律师协会，履行会员义务。违反职业义务，将受到所在单位、司法行政机关或者律师协会的惩戒。

---

① 参见张良庆、李华培：《关于山东公职律师试点工作的调查与思考》，载《中国司法》2015 年第 11 期，第41 页。

（三）公职律师可以从事的法律事务

公职律师可以受所在单位委托或者指派从事下列法律事务：

（1）为所在单位讨论决定重大事项提供法律意见；

（2）参与法律法规规章草案、党内法规草案和规范性文件送审稿的起草、论证；

（3）参与合作项目洽谈、对外招标、政府采购等事务，起草、修改、审核重要的法律文书或者合同、协议；

（4）参与信访接待、矛盾调处、涉法涉诉案件化解、突发事件处置、政府信息公开、国家赔偿等工作；

（5）参与行政处罚审核、行政裁决、行政复议、行政诉讼等工作；

（6）落实"谁执法谁普法"的普法责任制，开展普法宣传教育；

（7）办理民事案件的诉讼和调解、仲裁等法律事务；

（8）所在单位委托或者指派的其他法律事务。

三、我国公职律师制度规则

（一）公职律师的任职

1. 公职律师的任职条件

申请颁发公职律师证书应当具备以下条件：

（1）拥护《中华人民共和国宪法》；

（2）依法取得法律职业资格或者律师资格；

（3）具有公职人员身份；

（4）从事法律事务工作二年以上，或者曾经担任法官、检察官、律师一年以上；

（5）品行良好；

（6）所在单位同意其担任公职律师。

2. 公职律师任职的禁止性条件

《公职律师管理办法》第六条规定，申请人有下列情形之一的，不予颁发公职律师证书：

（1）无民事行为能力或者限制民事行为能力的；

（2）曾被吊销律师、公证员执业证书的；

（3）涉嫌犯罪、司法程序尚未终结的，或者涉嫌违纪违法、正在接受审查的；

（4）上一年度公务员年度考核结果被确定为不称职的；

（5）正被列为失信联合惩戒对象的。

3. 终止担任公职律师的情形

《公职律师管理办法》第十条规定，公职律师有下列情形之一的，由原颁证机关收回、注销其公职律师证书：

（1）本人不愿意继续担任公职律师，经所在单位同意后向司法行政机关申请注销的；

（2）所在单位不同意其继续担任公职律师，向司法行政机关申请注销的；

（3）因辞职、调任、转任、退休或者辞退、开除等原因，不再具备担任公职律师条件的；

（4）连续两次公职律师年度考核被评定为不称职的；

（5）以欺诈、隐瞒、伪造材料等不正当手段取得公职律师证书的；

（6）其他不得继续担任公职律师的情形。

4．申请公职律师需要的材料

《公职律师管理办法》第七条规定，申请颁发公职律师证书，应当由申请人所在单位向司法行政机关提交下列材料：

（1）国家统一法律职业资格证书或者律师资格证书；

（2）申请人的居民身份证明和公职人员身份证明；

（3）申请人本人填写、经所在单位同意并签章的公职律师申请表；

（4）申请人符合本办法第五条第四项规定条件的工作经历、执业经历证明。

（二）公职律师的管理

1．公职律师的遴选和管理

《公职律师管理办法》第十八条规定，党政机关和人民团体负责本单位公职律师的遴选和管理工作。

2．公职律师的资格授予

《公职律师管理办法》第九条规定，司法行政机关对收到的公职律师申请，应当进行审查。设区的市级或者直辖市的区（县）司法行政机关对收到的公职律师申请，应当提出初审意见后再报省、自治区、直辖市司法行政机关审查。经审查，申请人符合公职律师任职条件、申请材料齐全的，司法部或者省、自治区、直辖市司法行政机关应当向申请人颁发公职律师证书。

3．公职律师的监督指导

司法行政机关对公职律师业务活动进行监督、指导，监督、指导方式与对社会律师、公司律师的相同。

4．公职律师的日常管理

《公职律师管理办法》第十九条规定，公职律师所在单位承担法律事务工作职能的部门负责本单位公职律师日常业务管理，根据需要统筹调配和使用本单位公职律师，制定并完善法律事务指派、承办、反馈、督办等工作流程。党政机关和人民团体可以根据工作需要，加强对本系统公职律师工作的统一指导和管理，在所属各单位之间统筹调配和使用公职律师。公职律师以律师身份代表所在单位从事诉讼、仲裁等法律事务工作时，负责调配和使用的单位应当根据需要为其出具委托公函。律师职业分类管理下，社会律师的管理以市场调节为主，行业自律与行政监管并行；公司律师的管理由司法行政机关、所在单位、律师协会共同进行；公职律师的管理由司法行政机关、所在单位、律师协会共同进行。

5. 公职律师的行业自律

律师协会对公职律师实行行业自律，行业自律的方式与社会律师、公司律师相同。

6. 公职律师的档案建立

《公职律师管理办法》第二十条规定，司法行政机关应当会同公职律师所在单位建立公职律师档案，将公职律师年度考核、表彰奖励、处罚惩戒、参加培训等情况记入档案。

7. 公职律师的年度考核

《公职律师管理办法》第二十一条规定，公职律师所在单位应当对本单位公职律师进行年度考核，重点考核其遵守法律法规和职业道德、履行岗位职责、从事法律事务工作数量和质量等方面的情况，提出称职、基本称职或者不称职的考核等次意见，并报送司法行政机关备案。

8. 公职律师的业务培训

《公职律师管理办法》第二十二条规定，公职律师所在单位、司法行政机关、律师协会应当建立公职律师业务培训制度，制订公职律师培训计划，对公职律师开展政策理论培训和法律实务技能培训。

9. 公职律师的表彰奖励

《公职律师管理办法》第二十三条规定，公职律师所在单位、司法行政机关、律师协会应当建立健全公职律师表彰奖励制度，对勤勉尽责、表现优异、贡献突出的公职律师给予表彰，在绩效考评、评先评优、人才推荐、干部选拔等方面予以激励。

（三）公职律师向社会律师转化的条件

建立公职律师向社会律师的转化机制，是公职律师职业激励的重要内容。《公职律师管理办法》第十一条规定，担任公职律师满三年并且最后一次公职律师年度考核被评定为称职的人员，脱离原单位后申请社会律师执业的，可以经律师协会考核合格后直接向设区的市级或者直辖市的区（县）司法行政机关申请颁发社会律师执业证书，其担任公职律师的经历计入社会律师执业年限。可见，公职律师向社会律师转化，需同时满足以下四个条件：（1）担任公职律师满三年；（2）最后一次公职律师年度考核被评定为称职；（3）脱离原单位；（4）律师协会考核合格。

（四）有关公职律师的其他规定

各地、各单位出台的《公职律师管理实施办法》在《公职律师管理办法》的基础上，还规定了公职律师管理、运行的更多细节，以切实推进各地法治政府建设，规范公职律师管理工作，提升依法行政能力和水平。例如：具备担任法律顾问的条件但没有法律职业资格的人员可以成为公职律师；公职律师职前培训制度；公职律师所在单位决策合法性审查、重大事项决定、起草规范文件草案需要参考公职律师的意见，需要给予公职律师相应物质保障；党政机关和人民团体公职人员可以申请担任公职律师；有公共事务管理职能的事业单位、社会团体及其他组织，可设公职律师。[①]

第二节　公司律师

一、公司律师制度概述

（一）公司律师的概念

《公司律师管理办法》第二条规定，公司律师是指"与国有企业订立劳动合同，依法取得司法行政机关颁发的公司律师证书，在本企业从事法律事务工作的员工"。可见，成为公司律师首先需要在国有企业任职。

公司律师制度在结构上与公职律师制度有诸多相像之处，两者都是由司法部提出的，公司律师制度的沿革也与公职律师制度相同。

（二）公司律师的特征

公司律师作为律师队伍的重要组成，除法律职业性外，还具有以下群体特征：

第一，身份的双重性。公司律师既是律师队伍的重要组成，也是企业员工。

第二，法律服务的无偿性。公司律师作为企业的在职员工，无偿为所在企事业提供法律服务。

第三，服务对象的特定性。公司律师只能为本单位提供法律服务，不得面向社会提供有偿法律服务，不得在社会上的律师事务所以及法律服务机构兼职，不得以律师身份办理本单位以外的诉讼与非诉讼案件。

第四，管理的多重性。司法行政机关对公司律师业务活动进行监督、指导，公司律师所在单位对公司律师进行日常管理，律师协会对公司律师实行行业自律。

第五，法律服务的独立性。公司律师本质上属于专职于某一单位的律师，固定处理其所在单位的相关法律事务，其提供法律服务时不受公司权力的掣肘，独立运用其专业知识为所在单位提供相关法律服务，监督领导层对重大事件的决策。

第六，业务的复杂性。除了为企业改制重组、并购上市、产权转让、破产重整等重大经营决策提供法律意见，参与企业章程、董事会运行规则等企业重要规章制度的制定、修改等公司内部业务，公司律师的职业行为还可超出公司内部事务，代表公司进行一些外部业务，如进行商业谈判、调解、诉讼等。

[①]　参见《甘肃省公职律师管理办法》《内蒙古自治区市场监督管理局公职律师管理办法》《广东省司法厅关于公职律师管理实施办法》《陕西省公职律师管理实施办法》《山东省公职律师管理实施办法》等。

（三）公司律师制度的重要性

我国公司律师制度的构建与实践主要基于三种迫切的需求。

第一，法律服务市场的多元化需求。市场竞争的国际化和企业发展的现代化孕育出了多元化的法律服务需求。改革开放以来，尤其是我国加入世界贸易组织之后，企业经营的外部环境发生了巨大的变化，移动互联网的发展又创造了一个不受地域限制的全球工作环境和视野，企业面临的市场竞争日益复杂与激烈，面临的法律风险也更加多变，这对企业的合规管理与风险防控都提出了更高的要求。从美国国际贸易委员会受理的"337 调查"案件来看，自 2002 年以来，我国一直是全球被发起"337 调查"数量最多的国家，2019 年的被调查数甚至达到全球的 60％，[①] 其中绝大多数案件的案由是专利侵权，其次还有商业秘密、版权、商标侵权等。[②] 2019 年上海闵行区法院发布了《闵行区区属国有企业涉诉情况审判白皮书》，提示国有企业要不断加强内部风险管控、规范人力资源管理、审慎考察合同相对人、建立案件信息沟通反馈平台等，不断提升规避经营风险的能力。公司律师在帮助企业防范和化解法律风险方面具有先天的优势，能够在公司治理层面监督企业合法合规地运行。

第二，法律服务主体的专业化需求。随着市场经济的不断发展，市场交易模式和公司运行体制不断创新，各种新型法律关系和复杂疑难法律问题也逐渐涌现，企业所需要的法律服务愈加专业化，需要更专业的法律服务主体。公司律师相较社会律师具有更强的专业性和时效性，[③] 公司律师作为企业的正式员工，既熟悉法律法规，又熟悉本企业各项管理、业务流程，也更加了解企业需求，能够站在企业战略发展的角度谋篇布局，同时能够及时解决企业运行过程中遇到的各类法律问题，防范化解法律风险，其工作内容覆盖出具法律意见、修订企业规章制度、合同审核、法治宣传、参与谈判、调解、仲裁、诉讼等方面，能够为企业提供更加专业的法律服务。

第三，法律服务方式的精细化需求。传统法律顾问参与企业法律事务的方式往往是静态的、孤立的、外部的，无论是为企业出具法律意见书、参与重大商务谈判，还是合同审查、代理诉讼等，都是从外部给予专业性建议，其意见和建议并不必然作为企业行为的依据。市场环境的复杂化和企业运行的高效化要求法律服务方式向精细化发展，要求律师能够全方位、全过程地参与到企业运行中去，对企业经营管理进行主动介入、审查监督和风险防范，深度参与企业的经营决策，撰写、审核经营决策法律文件，参加经营决策会议，对重大决策主动提出法律意见和方案，促进企业依法经营，提高企业的现代化管理水平。公司律师在深度参与企业运行方面被寄予厚望。

（四）公司律师的法律地位

公司律师是律师队伍的重要组成，在日常工作中，常常要预先考虑商业行为的法律

---

① 参见朱雪忠、徐晨倩：《大国竞争下的美国涉华 337 调查与中国应对之策》，载《科学学研究》2021 年第 5 期，第 807 页。

② 参见黄芸：《美国涉华 337 调查的现状及中国应对新策》，载《对外经贸实务》2021 年第 5 期，第 57 页。

③ 参见夏轶：《烟草企业公司律师制度建设路径》，载《商业经济》2020 年第 5 期，第 111 页。

问题及风险。另外，公司律师作为企业员工，"在处理法律问题时要直接考虑公司的业务和盈利，主动以法律思维考虑商业行为的可行性"①，要充分维护企业利益，降低经营成本，保护经营成果并为企业创造利润。相较其他企业员工，公司律师具有独立的职业身份，其职业行为还可超出公司内部事务，代表公司进行一些外部业务，如商业谈判、调解、诉讼等。在现实生活中，考虑到律师合规监管的权威性和企业市场竞争的良性发展，无论是企业还是政府，都愿意进一步明确公司律师的独立地位。

目前设立公司律师制度的主要依据是《关于推行法律顾问制度和公职律师公司律师制度的意见》与《公司律师管理办法》。由于部分企业法律顾问向公司律师转化的历史原因，现行《律师法》的调整对象为取得律师执业证书的社会律师，不包括取得公司律师证书而非律师执业证的公司律师。

（五）公司律师与其他类型律师的区别

1. 公司律师与社会律师

公司律师与社会律师身份和执业范围不同。公司律师是国有企业内部从事法律事务工作的员工，只能为本单位服务，代表本单位从事律师法律事务。社会律师的执业机构是律师事务所，依法为各类社会主体提供有偿法律服务。公司律师不得从事有偿法律服务，不得在律师事务所等法律服务机构兼职，不得以律师身份办理所在单位以外的诉讼或者非诉讼法律事务。但公司律师同社会律师一样，都需具备专业的法律知识，从事法律事务，两者在服务市场经济主体时优势互补、各有侧重。

公司律师和社会律师两者可以转化，公司律师可以直接申请成为社会律师，而社会律师可以通过成为国有企业员工并提出申请成为公司律师。

2. 公司律师与企业法律顾问

公司律师和企业法律顾问的职能具有较高的重合性，都参与企业的重大决策、监督并把关企业的经营活动、在企业内部纠纷中发挥仲裁职能、帮助企业防范化解法律风险、在企业内部进行法治宣传等。② 公司律师与企业法律顾问的区别主要体现在：

第一，从服务企业的方式上来说，公司律师属于纯粹的内部服务，企业法律顾问既可以从企业内部提供法律服务，又可以从企业外部提供法律服务。公司律师作为企业的内部工作人员，与企业存在劳动关系，由企业发放劳动报酬，在企业内部从事法律事务工作。企业法律顾问既可以是专职法律顾问，也可以由执业律师兼职担任法律顾问，兼职法律顾问不必参与企业的日常经营管理活动，与企业不存在劳动关系，而属于委托合同关系。

第二，从执业条件上来说，公司律师需要代表企业进行仲裁、诉讼等法律活动，是服务于企业的专业律师。公司律师须具有法律职业资格，而企业法律顾问则无此强制性要求。企业法律顾问没有统一的行业准入标准，这是由企业法律顾问制度的先天不足造

---

① 郭建军：《公司律师身份再定位》，载《法人》2014 年第 11 期，第 41 页。
② 参见高位：《国有企业法律顾问、公司律师的工作原则及职能作用》，载《人民法治》2017 年第 10 期，第 85 页。

成的，尤其是企业内部聘任的专职法律顾问，在企业内部从事法律事务，不需要获得法律职业资格，只要通过企业人事部有关法律顾问从业资格考试即可。《关于推行法律顾问制度和公职律师公司律师制度的意见》指出，在国有企业已担任法律顾问但未取得法律职业资格或者律师资格的人员，可以继续履行法律顾问职责；拟担任法律顾问的工作人员或者外聘的其他人员，应当具有法律职业资格或者律师资格，但外聘其他国有企业现任法律顾问的除外。可见，对企业法律顾问的执业条件，可继续沿用先前聘用法律顾问的做法。

第三，从服务的专属性上来说，公司律师仅服务于特定的企业，企业法律顾问可以在多个企业兼职。公司律师作为企业员工，只能单一地为其雇主企业提供法律服务，不得在其他企业或者律师事务所兼职，不得以律师身份办理该企业以外的诉讼业务和非诉讼业务。企业法律顾问则可以同时服务于多家企业，也可以加入律师事务所从事其他律师业务。

（六）公司律师的职称评审

《公司律师管理办法》第十八条规定了公司律师职称制度，"根据国有企业法律专业技术人才特点和成长规律，研究建立评价科学、管理规范的公司律师职称制度。有条件的国有企业可以先行探索符合本单位实际的公司律师职称制度"。现有的公司律师职称涵盖了工程、卫生、农业、经济、会计、统计、翻译、新闻出版广电、艺术、教师、科学研究等多个领域，实务中，对公司律师职称评审的探索从未中断。

二、公司律师的权利与义务

（一）公司律师的权利

公司律师的权利包括：会见、阅卷、调查取证和发问、质证、辩论、辩护；有权获得与履行职责相关的信息、文件、资料和必需的工作职权条件；享有律师协会会员权利等。

（二）公司律师的义务

公司律师的义务包括：接受所在单位的管理、监督，根据委托或者指派办理法律事务；不得从事有偿法律服务；不得在律师事务所等法律服务机构兼职；不得以律师身份办理所在单位以外的诉讼或者非诉讼法律事务；应当加入律师协会，履行会员义务。

（三）公司律师可以从事的法律事务

《公司律师管理办法》第十三条规定，公司律师可以受所在单位委托或者指派从事下列法律事务：（1）为企业改制重组、并购上市、产权转让、破产重整等重大经营决策提供法律意见；（2）参与企业章程、董事会运行规则等企业重要规章制度的制定、修改；（3）参与企业对外谈判、磋商，起草、审核企业对外签署的合同、协议、法律文书；（4）组织开展合规管理、风险管理、知识产权管理、法治宣传教育培训、法律咨询等工作；（5）办理各类诉讼和调解、仲裁等法律事务；（6）所在单位委托或者指派的其他法律事务。

三、我国公司律师制度规则

（一）公司律师的任职

1. 公司律师的任职条件

《公司律师管理办法》第五条规定，申请颁发公司律师证书，应当具备下列条件：（1）拥护《中华人民共和国宪法》；（2）依法取得法律职业资格或者律师资格；（3）与国有企业依法订立劳动合同；（4）从事法律事务工作二年以上，或者曾经担任法官、检察官、律师一年以上；（5）品行良好；（6）所在单位同意其担任公司律师。

2. 公司律师任职的禁止性条件

《公司律师管理办法》第六条规定，申请人有下列情形之一的，不予颁发公司律师证书：（1）无民事行为能力或者限制民事行为能力的；（2）受过刑事处罚的，但过失犯罪的除外；（3）曾被开除公职或者吊销律师、公证员执业证书的；（4）涉嫌犯罪、司法程序尚未终结的，或者涉嫌违纪违法、正在接受审查的；（5）正被列为失信联合惩戒对象的。

3. 终止继续担任公司律师的情形

《公司律师管理办法》第十条规定，公司律师有下列情形之一的，由原颁证机关收回、注销其公司律师证书：（1）本人不愿意继续担任公司律师，经所在单位同意后向司法行政机关申请注销的；（2）所在单位不同意其继续担任公司律师，向司法行政机关申请注销的；（3）因辞职、调任、转任、退休或者辞退、开除等原因，不再具备担任公司律师条件的；（4）连续两次公司律师年度考核被评定为不称职的；（5）以欺诈、隐瞒、伪造材料等不正当手段取得公司律师证书的；（6）其他不得继续担任公司律师的情形。

4. 申请公司律师需要的材料

《公司律师管理办法》第七条规定，申请颁发公司律师证书，应当由申请人所在单位向司法行政机关提交下列材料：（1）国家统一法律职业资格证书或者律师资格证书；（2）申请人的居民身份证明和企业员工身份证明；（3）申请人本人填写、经所在单位同意并签章的公司律师申请表；（4）申请人符合本办法第五条第四项规定条件的工作经历、执业经历证明。

（二）公司律师的管理

1. 公司律师的遴选和管理

《公司律师管理办法》第十八条规定，国有企业负责本单位公司律师遴选工作，可以设置公司律师岗位，招录或者选任具备公司律师任职条件的人员，发展公司律师队伍。公司律师主要从以下人员中遴选而来：第一，原在国有企业担任法律顾问，并具有法律职业资格或者律师资格的人员；第二，国家统一法律职业资格制度实施前已担任法律顾问、未取得法律职业资格或者律师资格，但在党政机关、国有企业担任法律顾问满15年的人员；第三，国家统一法律职业资格制度实施前已担任法律顾问、未取得法律职业资格或者律师资格，但具有高等学校法学类本科学历并获得学士及以上学位，或者高等学校非法学类本科及以上学历并获得法律硕士、法学硕士及以上学位或者获得其他相应学位的人员；第四，国家统一法律职业资格制度实施前已担任法律顾问、未取得法律职业资格或者律师资格，但具有高级职称或者同等专业水平的人员。

2．公司律师的资格授予

《公司律师管理办法》第九条规定，司法行政机关对收到的公司律师申请，应当进行审查。设区的市级或者直辖市的区（县）司法行政机关对收到的公司律师申请，应当提出初审意见后再报省、自治区、直辖市司法行政机关审查。经审查，申请人符合公司律师任职条件、申请材料齐全的，司法部或者省、自治区、直辖市司法行政机关应当向申请人颁发公司律师证书。

3．公司律师的监督指导

司法行政机关对公司律师业务活动进行监督、指导。

4．公司律师的日常管理

《公司律师管理办法》第十九条规定，公司律师所在单位承担法律事务工作职能的部门负责本单位公司律师日常业务管理，可以根据需要统筹调配和使用本单位公司律师，制定并完善法律事务指派、承办、反馈、评估、督办等工作流程。国有企业可以根据工作需要，加强对下属企业公司律师工作的统一指导和管理，在下属各企业之间统筹调配和使用公司律师。公司律师代表所在单位从事诉讼、仲裁等法律事务工作时，负责调配、使用的单位应当根据需要为其出具委托公函。

5．公司律师的行业自律

律师协会对公司律师实行行业自律。

6．公司律师的档案建立

《公司律师管理办法》第二十条规定，司法行政机关应当会同公司律师所在单位建立公司律师档案，将公司律师年度考核、表彰奖励、处罚惩戒、参加培训等情况记入档案。

7．公司律师的年度考核

《公司律师管理办法》第二十一条规定，公司律师所在单位应当对本单位公司律师进行年度考核，重点考核其遵守法律和职业道德、履行岗位职责、从事法律事务工作数量和质量等方面的情况，提出称职、基本称职或者不称职的考核等次意见，并报送司法行政机关备案。

8．公司律师的业务培训

《公司律师管理办法》第二十二条规定，公司律师所在单位、司法行政机关、律师协会应当建立公司律师业务培训制度，制订公司律师培训计划，对公司律师开展政策理论培训和法律实务技能培训。

9. 公司律师的表彰奖励

《公司律师管理办法》第二十三条规定，公司律师所在单位、司法行政机关、律师协会应当建立健全公司律师表彰奖励制度，对勤勉尽责、表现优异、贡献突出的公司律师给予表彰，在绩效考评、评先评优、人才推荐、干部选拔等方面予以激励。

（三）公司律师向社会律师转化的条件

建立公司律师向社会律师的转化机制，是公司律师职业激励的重要内容。《公司律师管理办法》第十一条规定，担任公司律师满三年并且最后一次公司律师年度考核被评定为称职的人员，脱离原单位后申请社会律师执业的，可以经律师协会考核合格后直接向设区的市级或者直辖市的区（县）司法行政机关申请颁发社会律师执业证书，其担任公司律师的经历计入社会律师执业年限。公司律师向社会律师转化，需要同时满足以下四个条件：（1）担任公司律师满三年；（2）最后一次公司律师年度考核被评定为称职；（3）脱离原单位；（4）律师协会考核合格。

（四）有关公司律师的其他规定

各地、各单位出台的《公司律师管理实施办法》在《公司律师管理办法》的基础上，还规定了更多公司律师管理、运行的细节，以切实推进各地法治社会建设，规范公司律师管理工作。例如：具备担任法律顾问的条件但未有法律职业资格的人员可以成为公司律师；公司律师具有职前培训制度；公司律师所在单位决策合法性审查、重大事项决定、制定企业章程、对外签署合同等需要参考公司律师意见，需要给予公司律师相应物质保障；国有企业员工可以申请担任公司律师；探索开展民营企业公司律师试点，民营企业可设公司律师。①

---

① 参见《内蒙古自治区公司律师管理实施办法》《山东省公司律师管理实施办法》《江苏省公司律师管理实施办法》《浙江省公职律师和公司律师管理办法》《云南省公司律师管理实施办法》等。

第十二章 律师法律援助与律师公益法律服务

第一节 律师法律援助

一、法律援助的内涵

我国《法律援助法》第二条规定，本法所称法律援助，是国家建立的为经济困难公民和符合法定条件的其他当事人无偿提供法律咨询、代理、刑事辩护等法律服务的制度，是公共法律服务体系的组成部分。该规定明确了法律援助的内涵和性质，法律援助，是律师、法律援助机构的工作人员和社会团体、事业单位等社会组织所属人员，为刑事被告人、被害人或者民事、行政诉讼原告提供法律帮助（资助、救助、扶助、救济、优惠）的活动。

二、法律援助的定位

在我国，法律援助既是政府责任，又是律师义务，这是由该法律服务的性质和律师的角色定位所决定的。一方面，法律援助旨在为经济困难或特殊案件中的社会个体提供无偿的法律服务，由政府设立的法律援助机构组织实施，是一种国家责任和政府行为。另一方面，在政府设立的法律援助机构的组织下，律师具有法律援助义务，为经济困难或特殊案件的社会个体给予无偿法律服务。人民法院、人民检察院、公安机关应当在各自职责范围内保障当事人依法获得法律援助，为法律援助人员开展工作提供便利。律师协会应当指导和支持律师事务所、律师参与法律援助工作。

三、律师参与法律援助的意义

律师参与法律援助，对于规范和促进法律援助工作，保障公民和有关当事人的合法权益，保障法律正确实施，维护社会公平正义都具有重要意义。

首先，有助于推动城乡基本公共法律服务资源的均衡配置。国家建立健全法律服务资源依法跨区域流动机制，鼓励和支持律师事务所、律师、法律援助志愿者等在法律服务资源相对短缺的地区提供法律援助。律师广泛参与法律援助，可以降低法律援助门槛，扩大法律援助范围，覆盖公共法律服务体系建设的薄弱环节，加强欠发达地区公共法律服务建设，改善公共法律服务体系的地区不平衡问题。

其次，律师广泛参与法律援助，是贯彻全面依法治国、有效发挥律师在建设社会主义法治国家中作用的必然要求，有利于促进司法公正和社会公平正义。律师广泛参与法律援助有助于加强和创新法律援助管理，建立完善以司法行政机关为主导、律师为主体、其他社会力量广泛参与的法律援助工作机制。

再次，律师广泛参与法律援助，是加大法律援助服务群众力度、提供优质高效法律援助服务的客观需要。律师作为专业的法律服务人员，能够充分发挥其专业特长，提高法律援助工作的质量，有效维护受援人的合法权益。

最后，律师广泛参与法律援助，是广大律师忠诚履行社会主义法律工作者职责使命、树立行业良好形象的重要体现。能够有效扩大法律援助的影响力和感召力，增强律师的社会责任意识和奉献精神，促进律师队伍建设，为法律援助工作提供良好的发展氛围和人才支持。

四、法律援助律师的义务

《法律援助法》规定的法律援助律师的义务主要包括：（1）法律援助人员应当依法履行职责，及时为受援人提供符合标准的法律援助服务，维护受援人的合法权益；（2）法律援助人员应当恪守职业道德和执业纪律，不得向受援人收取任何财物；（3）法律援助机构、法律援助人员对提供法律援助过程中知悉的国家秘密、商业秘密和个人隐私应当予以保密。

五、律师参与法律援助时应遵循的基本规范

律师承办法律援助案件时，应遵循以下基本规范：

第一，承办律师的资质。法律援助机构根据人员数量、资质、专业特长等因素确认机构人员，根据工作需要，可以安排本机构具有律师资格或者法律职业资格的工作人员提供法律援助。

第二，委托代理协议的签订。对诉讼事项的法律援助，由申请人向办案机关所在地的法律援助机构提出申请；对非诉讼事项的法律援助，由申请人向争议处理机关所在地或者事由发生地的法律援助机构提出申请。法律援助委托代理协议的签订，由法律援助机构完全主导，援助律师不参与。

第三，法律援助律师与法律援助机构的关系。法律援助律师一方面受到法律援助机构的监督，另一方面可以向法律援助机构寻求帮助。

第四，立卷材料的提交。法律援助人员应当自案件结案 30 日内向法律援助机构提交立卷材料。

第五，法律援助案件的终止。《法律援助法》第四十八条规定，有下列情形之一的，法律援助机构应当作出终止法律援助的决定：（1）受援人以欺骗或者其他不正当手段获得法律援助；（2）受援人故意隐瞒与案件有关的重要事实或者提供虚假证据；（3）受援人利用法律援助从事违法活动；（4）受援人的经济状况发生变化，不再符合法律援助条件；（5）案件终止审理或者已经被撤销；（6）受援人自行委托律师或者其他代理人；（7）受援人有正当理由要求终止法律援助；（8）法律法规规定的其他情形。法律援助人

员发现有前款规定情形的，应当及时向法律援助机构报告。

六、司法行政机关促进律师参与法律援助的积极举措

第一，组织律师积极开展法律援助工作。包括做好刑事法律援助指派工作，加大民生领域法律援助力度，广泛开展咨询服务，开展申诉案件代理工作，建立法律援助值班律师制度，推进法律援助参与刑事案件速裁程序、认罪认罚从宽等诉讼制度改革，积极参与刑事和解案件办理，发挥律师在死刑复核程序的作用，办理跨行政区划法律援助案件，推动律师广泛参与法律援助工作，推动律师提供公益法律服务等。

第二，切实提高律师法律援助服务质量。具体包括规范组织实施工作，加强服务标准建设，加强办案质量监管，做好投诉处理工作，加强律协对律所开展法律援助工作的指导，强化律师事务所法律援助案件管理责任等。

第三，创新律师开展法律援助工作机制。要积极推行政府购买法律援助服务工作机制，建立法律援助疑难复杂案件办理机制，加强法律援助异地协作，积极扶持律师资源短缺地区法律援助工作，健全沟通协作机制等。

第四，加强律师开展法律援助工作的保障。要加强律师执业权益保障，加强经费保障，加大办案支持力度，加强教育培训，加强政策引导，完善激励措施等。

第二节　律师公益法律服务

一、律师公益法律服务概述

（一）公益法律服务的内涵

根据司法部《关于促进律师参与公益法律服务的意见》，公益法律服务是指"律师事务所、律师为公民、法人和其他组织提供的无偿法律服务"。对于公益法律服务的内涵，理论界和实务界主要有四种观点。第一种，专业行为说。公益法律服务是在不特定多数人的民事权利受到侵害时，法律专业人士为纠正侵权行为，代表在经济地位上处弱势的受害方争取权利的专业行为。[1] 第二种，公共产品说。公益法律服务是以维护社会公共利益为宗旨，面向困难群众的非营利性法律服务，是有偿法律服务的重要补充。[2] 第三种，公共利益说。公益法律服务是法律专业人士满足不特定多数人整体利益的法律服务。[3] 第四种，法律服务说。公益法律服务是具备公益性的法律服务活动。

（二）公益法律服务与律师社会责任的区别

律师社会责任是指律师在追求自身利益之外为满足社会公众的期望或实现社会整体

---

①　参见吴健：《泉山区政协搭建公益法律服务平台》，载《江苏政协》2016年第6期，第35页。
②　参见佟丽华：《公益法律服务应该作为国家的一种制度安排》，载《中国司法》2012年第12期，第4页。
③　王进喜：《〈关于促进律师参与公益法律服务的意见〉解读》，载《中国律师》2019年第11期，第11页。

的公共利益而承担的法律上的、伦理上的或道义上的义务。律师社会责任相较公益法律服务具有更宽泛的责任范围，公益法律服务针对更明确的对象，主要是弱势群体、公益组织和需要法律援助的社会公众等。律师社会责任不能取代公益法律服务，因为律师社会责任存在很多不确定性问题，如标准太低、范围过宽、缺乏限定条件等，如用缺乏规范性标准的律师社会责任代替公益法律服务，则可能导致贫弱群体的法律服务需求无法得到实际解决。

（三）公益法律服务与法律援助的区别

中国公益法律服务实际上脱胎于法律援助制度，但两者有明显区别。法律援助具有一些关键特征：其一，法律援助的统筹机构是由国家建立的；其二，法律援助的申请条件是经济困难或特殊情况；其三，法律援助的方式是全免费或半免费；其四，法律援助的内容是法律服务。而公益法律服务是无组织的、自愿的，服务对象是广泛的，并且无特殊困难情况限制；公益法律服务并非一定是无偿的，各主体可以为公益法律服务活动提供赞助或者支持；公益法律服务的领域是广泛的，包括从事公益法律服务政策研究、立法论证、学术交流、人才培养等工作。

从法律援助制度与公益法律服务制度建设的长远价值来看，通过法律和行政手段强制性要求律师提供无偿法律援助服务的做法，避免不了社会观念、财产资金、社会参与度问题，而公益法律服务强调群体自愿利他行为，由职业主导，更能体现律师职业价值。

二、律师公益法律服务的实践

2016年5月，四川省司法厅、四川省律师协会印发了《关于推动律师积极参与公益法律服务的意见》，该意见为律师参与公益法律服务提供了指引，是律师参与公益法律实践经验的总结。2019年7月，中共中央办公厅、国务院办公厅印发了《关于加快推进公共法律服务体系建设的意见》，提出要"培养壮大擅长办理维护特殊群体合法权益及化解相关社会矛盾的专业公益法律服务机构和公益律师队伍"。2019年10月，司法部印发了《关于促进律师参与公益法律服务的意见》，就促进律师参与公益法律服务提出了具体意见，为公益法律服务制度建设提供了行动指南。

（一）律师参与公益法律服务的基本原则

《关于促进律师参与公益法律服务的意见》第二条规定，要坚持党建引领，发挥律师事务所党组织在公益法律服务中的战斗堡垒作用和党员律师的先锋模范作用；践行为民宗旨，着力服务和保障民生，满足人民群众日益增长的法律服务需求；鼓励志愿奉献，引导律师自觉履行社会责任，主动参与公益法律服务；加强组织领导，完善经费保障和工作激励措施，调动律师参与公益法律服务的积极性。具体而言，律师参与公益法律服务的基本原则包括党建引领、着力服务和保障民生、志愿奉献、便捷高效、加强组织领导五个方面。

（二）律师参与公益法律服务的组织领导

《关于促进律师参与公益法律服务的意见》第十条规定了强化组织领导的多种方式。各地司法行政机关、律师协会负责指导、推动本地区律师公益法律服务工作，协调解决工作中遇到的困难，促进律师公益法律服务深入开展。鼓励各地根据当地发展状况和群众实际需要，探索符合本地实际的公益法律服务工作模式、组织形式、运作方式。积极建立健全司法行政机关、律师协会与法院、检察院、公安机关、宣传部门、民政部门、工会、妇联、残联、工商联等有关单位和社会组织的沟通协调机制，搭建合作平台。完善跨区域协作和对口支援机制，组织、支持律师到欠发达地区和律师资源匮乏地区提供公益法律服务。

（三）律师参与公益法律服务的主要内容

《关于促进律师参与公益法律服务的意见》第四条规定了公益法律服务的服务领域，鼓励、引导律师为残疾人、农民工、老年人、妇女、未成年人等特殊群体提供公益法律服务；担任村（居）法律顾问，为城乡群众和基层群众性自治组织提供服务；参与公益性法治宣传活动，担任普法志愿者、法治辅导员等；在公共法律服务平台或者通过其他渠道提供免费法律咨询服务；参与法治扶贫活动，到边疆地区、欠发达地区和少数民族地区担任志愿律师；协助党政机关开展信访接待、涉法涉诉案件化解、重大突发事件处置、城市管理执法等工作；提供公益性律师调解服务，志愿参与人民调解、行政调解、司法调解和行业性、专业性调解；参与民营企业"法治体检"公益服务；从事公益法律服务政策研究、立法论证、学术交流、人才培养等工作；为公益法律服务活动提供赞助或者支持；从事其他形式的公益法律服务。

（四）律师参与公益法律服务的平台机制

《关于促进律师参与公益法律服务的意见》第七条提出，要鼓励各律师协会普遍设立公益法律服务专门委员会，鼓励设立未成年人保护等领域的公益法律服务专业委员会。积极开展形式多样的公益法律服务业务技能培训和研讨交流活动，加强公益法律服务政策理论研究。做优做强中国法律服务网、"援藏律师服务团"、"1+1"法律援助志愿者行动、"同心·律师服务团"等公益法律服务品牌。

实践中，除公益法律服务专业委员会之外，律师参与公益法律服务的平台还包括律师事务所公益法律服务联盟、专业化的公益性律师事务所、公益法律服务志愿者队伍、"12348"法律服务热线平台、公益法律服务工作站等。[①]

（五）律师参与公益法律服务的保障机制

鼓励律师参与公益法律服务，需要从强化组织领导、加强经费支持、完善激励措施、大力表彰宣传几方面进行系统性保障。

---

① 参见《浙江省律师协会律师参与公益法律服务实施办法》。

首先，各地司法行政机关、律师协会在负责指导、推动本地区律师公益法律服务工作时，要积极协调解决工作中遇到的困难，促进律师公益法律服务深入开展，并鼓励各地根据当地发展状况和群众实际需要，探索符合本地实际的公益法律服务工作模式、组织形式、运作方式。

其次，各地司法行政机关要主动向当地党委、政府汇报律师公益法律服务开展情况及成效，推动将符合条件的律师公益法律服务事项纳入各级基本公共服务体系，争取财政预算等资金支持，加大经费保障力度。

再次，各地推荐党代表、人大代表、政协委员和选举律师协会会长、副会长等负责人，以及选派律师参加国内外交流培训等活动时，应当在同等条件下优先考虑在公益法律服务中表现突出的律师。有条件的地方律师协会可以根据需要对在公益法律服务中表现突出的律师、律师事务所酌情减免个人会费、团体会费。

最后，对在公益法律服务中表现突出的律师和律师事务所，各地司法行政机关、律师协会要在本系统评先评优活动中优先考虑，并积极推荐其参加劳动模范、道德模范或者其他形式的评选表彰，增强律师参与公益法律服务的荣誉感、自豪感。

第十三章　检察官职业伦理

第一节　检察官职业概述

一、检察官的概念与角色定位

（一）检察官的概念

尽管"要寻找一个合适的法律定义像寻找圣杯一样难"[1]，但基于定义的基础性意义，在对检察官制度进行深入研究前，有必要厘清检察官的概念。对于检察官的概念，从不同角度出发有着不同的解读，其中，《检察官法》从检察院体系内检察官的范围角度对检察官的概念进行了明确，即"检察官是依法行使国家检察权的检察人员，包括最高人民检察院、地方各级人民检察院和军事检察院等专门人民检察院的检察长、副检察长、检察委员会委员和检察员"。

（二）检察官的角色定位

对于检察官的角色定位，学术界以"行政官或司法官"为讨论核心，主要形成了三种观点。

其一，主张检察官属于行政官。这一观点主要基于两方面的理由。第一，根据检察机关的组织体制和组织原则，检察机关上下形成一个整体。以检察机关"阶层式建构"和上级的"指令权"为例，各国检察机关普遍实行仿效行政机关的"阶层式建构"，上级机关对下级机关，上级检察官对下级检察官有指挥监督的"指令权"，而下级则有服从义务。这种纵向位阶制和上下领导关系，是典型的行政性关系。[2] 第二，基于权力划分，即立法、行政、司法的三权分立。在这一结构中，检察官是代表第二权（行政）对第三权（司法）实施监督制衡的机关。该观点认为这种类别划分实现了司法结构的合理性以及与国家基本结构的"同构性"。[3]

其二，主张检察官属于司法官。这一观点从检察官与法官的"近似性"及检察权与审判权的"接近度"出发，德国学者戈尔克便指出："检察官虽非法官，但'如同法官

---

[1] ［美］霍贝尔：《原始人的法——法律的动态比较研究》，严存生译，法律出版社2012年版，第6页。
[2] 参见龙宗智：《试论检察官的定位——兼评主诉检察官制度》，载《人民检察》1999年第7期，第6页
[3] 参见龙宗智：《试论检察官的定位——兼评主诉检察官制度》，载《人民检察》1999年第7期，第7页。

般'执行司法领域内的重要功能。"此外，将检察官视为司法官一列，有利于防范行政不当干预司法。

其三，主张检察官兼具司法和行政的双重属性。此处检察官的司法性主要体现在两点：一是检察官需依据证据和法律进行独立判断；二是检察官的公诉活动以正确适用法律为目的。此处检察官的行政性主要体现于检察官的上下领导关系，这一上命下从的纵向关系具有明显的行政性质。综合以上两点，检察官兼具了司法和行政的双重属性。

主张检察官属于行政官的观点抹杀了检察官在一定程度上的独立判断权和处置权，抹杀了检察官受法定原则的严格限制，应当将依法办事置于上命下从的组织关系之上这一要求。[1] 主张检察官属于司法官的观点没有回应检察机关内部上命下从的组织结构。综上，承认检察官兼具司法和行政的双重属性更具合理性，在这一观点的基本框架下，需要进一步考虑检察官行政特性与司法特性的协调问题，综合检察官职能内容、职业品格、检察实践，检察官的司法属性应占主导地位，以更好地进行法律监督，维护司法公正。

二、检察官的职业属性

（一）法律职业的共性

1. 受过系统的法律职业教育和训练

在我国，法律职业共同体是以法官、检察官、律师、法学家为核心的法律职业人员组成的特殊的社会群体，该群体经过专门的法律教育和职业训练，是具有统一的法律知识背景、模式化思维方式、共同法律语言的知识共同体。检察官作为法律职业共同体的组成之一，也须接受系统的法律职业教育和训练。

2. 有着以权利义务为中心概念的参照系

法是以权利义务为内容的一种社会规范，检察官有着以权利义务为中心概念的参照系。一方面，检察官享有宪法和法律赋予的权利，同时也须履行相应的法定义务；另一方面，检察官作为法律工作者，要维护更广泛意义上的权利，要依法保障当事人和其他诉讼参与人的诉讼权利，要自觉维护国家利益、社会公共利益、个人和组织的合法权益等。

3. 有以维护社会正义和自由、维护法律权威为价值追求的职业意识

正义、自由是法重要的价值追求，检察院承担着法律监督职能，当人民检察院发现同级人民法院已经发生法律效力的判决、裁定具有法律规定的应当再审情形的，或者发现调解书损害国家利益、社会公共利益的，可以向同级人民法院提出再审检察建议；当人民检察院发现人民法院审判人员在民事、行政审判活动中存在违法行为，或人民法院在执行生效民事、行政判决、裁定、决定或者调解书、支付令、仲裁裁决书、公证债权文书等法律文书过程中存在违法执行、不执行、怠于执行等行为，或公安机关、人民法

---

[1] 参见龙宗智：《试论检察官的定位——兼评主诉检察官制度》，载《人民检察》1999年第7期，第7页。

院、监狱、社区矫正机构、强制医疗执行机构等在刑事诉讼活动中或者执行人民法院生效刑事判决、裁定、决定等法律文书过程中存在普遍性、倾向性违法问题，可以向有关执法、司法机关提出纠正违法检察建议。

（二）区别于其他法律职业的特性

1. 主动性

法治社会要求通过法律实现公平正义、维持社会秩序，这一目标以法秩序的形成为前提。法官、检察官、律师等法律工作者都承担着维护法秩序的职责，但由于角色定位不同，其展现出的职业特性也各不相同。法官须遵守不告不理的原则；律师可以为当事人提供必要的法律帮助，但须以当事人的请求为基础。与法官、律师不同，检察官代表国家主动追诉犯罪行为、纠正诉讼中的其他违法行为，否则可能导致社会公共利益受到损害、社会秩序受到破坏。在这一意义上，检察官是法秩序的积极守护者。

2. 客观性

检察官在代表国家追诉犯罪、维护法律秩序之外，还承担着保护人权的重任，这就要求检察官在职业活动中忠于事实和法律，坚持"以事实为依据，以法律为准绳"，客观全面地调查案件事实，在调查对犯罪嫌疑人不利情况的惯性之下，也要关注对犯罪嫌疑人有利的情况，并注意被告人在诉讼上应有的程序权利，以使案件得到公正处理。

三、检察官的任免制度

（一）检察官任职的积极条件

检察官任职的积极条件从正面对成为检察官的必备条件作出了规定。根据我国《检察官法》的规定，担任检察官必须具备下列条件。（1）具有中华人民共和国国籍。（2）拥护《中华人民共和国宪法》，拥护中国共产党领导和社会主义制度。（3）具有良好的政治、业务素质和道德品行。（4）具有正常履行职责的身体条件。（5）具备普通高等学校法学类本科学历并获得学士及以上学位；或者普通高等学校非法学类本科及以上学历并获得法律硕士、法学硕士及以上学位；或者普通高等学校非法学类本科及以上学历，获得其他相应学位，并具有法律专业知识。对于这一条件，考虑到我国的实际情况，《检察官法》作出了一定的放宽规定，即：适用本项规定的学历条件确有困难的地方，经最高人民检察院审核确定，在一定期限内，可以将担任检察官的学历条件放宽为高等学校本科毕业。（6）从事法律工作满五年。其中获得法律硕士、法学硕士学位，或者获得法学博士学位的，从事法律工作的年限可以分别放宽至四年、三年。（7）初任检察官应当通过国家统一法律职业资格考试取得法律职业资格。

（二）检察官任职的消极条件

我国《检察官法》第十三条对检察官任职的消极条件作出了规定，主要包括因犯罪受过刑事处罚的；被开除公职的；被吊销律师、公证员执业证书或者被仲裁委员会除名的；有法律规定的其他情形的。以上情形或是违反法律法规，或是违反职业道德，抑或是危害国家、社会及他人的合法利益，均背离了检察官的职业要求，因此，具有上述情形的人员不得担任检察官。

（三）检察官的选拔

1. 检察官的选拔条件

检察官的选拔需满足两个条件：其一，取得法律职业资格；其二，具备法律规定的其他条件。此外，我国《检察官法》明确了公开选拔制度，并对公开选拔的条件作出规定，即"人民检察院可以根据检察工作需要，从律师或者法学教学、研究人员等从事法律职业的人员中公开选拔检察官。除应当具备检察官任职条件外，参加公开选拔的律师应当实际执业不少于五年，执业经验丰富，从业声誉良好，参加公开选拔的法学教学、研究人员应当具有中级以上职称，从事教学、研究工作五年以上，有突出研究能力和相应研究成果"。

2. 初任检察官的选拔

对于初任检察官的选拔，主要包括三个方面的内容。首先，初任检察官须经过考试、考核，即"初任检察官应当通过国家统一法律职业资格考试取得法律职业资格"。党的十八届四中全会通过的《中共中央关于推进全面依法治国若干重大问题的决定》，提出要"完善法律职业准入制度，健全国家统一法律职业资格考试制度，建立法律职业人员统一职前培训制度"，为了提高检察官队伍的职业素养和专业水平，推进检察官队伍的正规化、专业化、职业化，要求初任检察官取得法律职业资格具有积极意义。其次，选拔初任检察官要以德才兼备为标准，从具备检察官条件的人员中择优提出人选。这里提到的"具备检察官条件"既要满足检察官任职的积极条件，也不得出现检察官任职的消极情形。最后，我国《人民检察院组织法》规定："初任检察官应当由检察官遴选委员会进行专业能力审核。"这一规定吸收了司法体制改革的成果，与《检察官法》进行了衔接，根据《检察官法》的规定，省、自治区、直辖市设立检察官遴选委员会，负责初任检察官人选专业能力的审核。初任检察官须经过遴选委员会的专业审核，需要注意两方面的内容：一方面，要发挥遴选委员会的专业把关作用。遴选委员会通过面试、考察等方式，对入额检察官候选人的专业能力进行把关。遴选委员会委员对候选人入额资格提出异议，检察院未予说明或者说明未获认可的，经遴选委员会三分之二以上委员表决通过，可以否决相关候选人入额资格，并书面反馈相关检察院。另一方面，遴选委员会负责专业能力审核，不能代替组织决定程序。遴选委员会并不具有决定候选人入额的权力，入额检察官候选人应"由党委按照权限审批，本级人大依照法律程序任命"。[①]

3. 检察长、副检察长、检察委员会委员的选拔

我国《检察官法》规定："人民检察院的检察长应当具有法学专业知识和法律职业经历。副检察长、检察委员会委员应当从检察官、法官或者其他具备检察官条件的人员

---

① 参见杨吉高：《选任检察官的条件、方式与程序》，载《检察日报》2019 年 6 月 18 日，第 3 版。

中产生。"

检察长不但具有检察官的身份，还是检察院的行政负责人，统一领导检察院的工作，副检察长需协助检察长工作。因此，检察长、副检察长不仅需要具备法学专业知识与专业能力，还应当具备综合管理和组织领导能力。根据《人民检察院组织法》的规定，检察委员会的职能包括总结检察工作经验、讨论决定重大、疑难、复杂案件以及讨论决定其他有关检察工作的重大问题，这些职能对于检察委员会委员的专业素质与能力提出了较高的要求。

4. 检察官遴选委员会

（1）省、自治区、直辖市设立检察官遴选委员会，负责初任检察官人选专业能力的审核。省级检察官遴选委员会的组成人员应当包括地方各级人民检察院检察官代表、其他从事法律职业的人员和有关方面代表，其中检察官代表不少于三分之一。省级检察官遴选委员会的日常工作由省级人民检察院的内设职能部门承担。

（2）遴选最高人民检察院检察官应当设立最高人民检察院检察官遴选委员会，负责检察官人选专业能力的审核。

（四）检察官的免职情形

《中共中央关于全面推进依法治国若干重大问题的决定》中明确，要建立健全司法人员履行法定职责保护机制，非因法定事由，非经法定程序，不得将检察官调离、辞退或者作出免职、降级等处分。对于"法定事由"，我国《检察官法》明确规定了以下八种情形：

（1）丧失中华人民共和国国籍的。我国检察官任职的积极条件之一为"具有中华人民共和国国籍"，丧失中华人民共和国国籍的应当免除其检察官职务。根据我国《国籍法》的规定，中国国籍的丧失主要包括两种不同情形：自动丧失中国国籍与自愿申请退出中国国籍。

（2）调出所任职人民检察院的。对于调出所任职人民检察院的检察官，须依法免除其检察官的职务，对其是否在其他检察院继续担任检察官，则应根据宪法和有关法律的规定，由相应的人民代表大会和常务委员会依法决定。

（3）职务变动不需要保留检察官职务的，或者本人申请免除检察官职务经批准的，应当依法免除其检察官职务。

（4）经考核不能胜任检察官职务的。根据我国《检察官法》的规定，我国检察官年度考核结果分为优秀、称职、基本称职和不称职四个等次，考核结果作为调整检察官等级、工资以及检察官奖惩、免职、降职、辞退的依据。经考核不能胜任检察官职务，属于法定的免职事由。

（5）因健康原因长期不能履行职务的。我国检察官任职的积极条件之一为"具有正常履行职责的身体条件"，若检察官因健康原因长期不能履行职务的，则不满足检察官任职的条件，应考虑依法免除其检察官职务。

（6）退休的。我国《检察官法》规定："检察官的退休制度，根据检察工作特点，由国家另行规定。"

（7）辞职或者依法应当予以辞退的。对于检察官的辞职，我国《检察官法》规定："检察官申请辞职，应当由本人书面提出，经批准后，依照法律规定的程序免除其职务。"检察官作为国家公务员，我国《公务员法》对其辞职程序作出了相应规定，即"公务员辞去公职，应当向任免机关提出书面申请。任免机关应当自接到申请之日起三十日内予以审批，其中对领导成员辞去公职的申请，应当自接到申请之日起九十日内予以审批"。但是，若检察官具有下列情形之一，则不得辞去公职：①未满国家规定的最低服务年限的；②在涉及国家秘密等特殊职位任职或者离开上述职位不满国家规定的脱密期限的；③重要公务尚未处理完毕，且须由本人继续处理的；④正在接受审计、纪律审查、监察调查，或者涉嫌犯罪，司法程序尚未终结的；⑤法律、行政法规规定的其他不得辞去公职的情形。对于检察官的辞退，我国《检察官法》规定："辞退检察官应当依照法律规定的程序免除其职务。辞退检察官应当按照管理权限决定。辞退决定应当以书面形式通知被辞退的检察官，并列明作出决定的理由和依据。"

（8）因违纪违法不宜继续任职的。这里所说的违纪、违法包括违反党纪、政纪及违反法律的行为，如违反《检察官法》规定的对检察官的禁止性行为等。

（五）检察官的任免程序

检察官的任免，须依照宪法和法律规定的任免权限和程序办理。不同层级的检察院，其检察官的任免程序不同。

1. 最高人民检察院检察官的任免程序

最高人民检察院检察长由全国人民代表大会选举和罢免，副检察长、检察委员会委员和检察员，由检察长提请全国人民代表大会常务委员会任免。

2. 地方各级人民检察院检察官的任免程序

地方各级人民检察院检察长由本级人民代表大会选举和罢免，副检察长、检察委员会委员和检察员，由检察长提请本级人民代表大会常务委员会任免。且地方各级人民检察院检察长的任免，须报上一级人民检察院检察长提请本级人民代表大会常务委员会批准。

省、自治区、直辖市人民检察院分院检察长、副检察长、检察委员会委员和检察员，由省、自治区、直辖市人民检察院检察长提请本级人民代表大会常务委员会任免。

省级人民检察院和设区的市级人民检察院依法设立作为派出机构的人民检察院的检察长、副检察长、检察委员会委员和检察员，由派出的人民检察院检察长提请本级人民代表大会常务委员会任免。

新疆生产建设兵团各级人民检察院、专门人民检察院的检察长、副检察长、检察委员会委员和检察员，依照全国人民代表大会常务委员会的有关规定任免。

第二节　检察官职业伦理的概念与特征

一、检察官职业伦理的概念与特征

（一）检察官职业伦理的概念

检察官职业伦理是指检察官在职务内和职务外行为时需遵循的准则，具体包括内部伦理与外部伦理。外部伦理是检察官在职务行使过程中应当恪守的行为准则和检察官因为其特殊身份而在私人活动和社交活动中应当遵守的行为准则；内部伦理是约束检察官在检察机关内部的行为，包括检察官与上级检察首长的行为关系准则，以及检察官与同僚的行为关系准则。

理解检察官职业伦理需关注以下三个方面的内容：

其一，检察官职业与道德密不可分。检察院作为国家法律监督机关，以实现司法公正为价值追求；"检察官作为国家与公共利益代表的角色和准司法官的身份决定了其负有客观公正的义务"[①]。无论是从检察院自身职能出发，还是从检察官身份定位出发，"公正执法、加强监督、依法办案、从严治检、服务大局"是检察官职业的应有之义，而这一要求的践行与检察官自身的道德修养与道德约束密不可分、息息相关。

其二，检察官职业伦理适用于检察官履行职务的过程。检察官职业伦理对检察官这一群体具有普遍约束力，出于检察官的身份与职责，其需要遵守一定的道德规范和行为准则。检察官在检察机关内部及履行职务过程中，需要当然地遵守职业伦理，在进行部分职务外行为时，若需利用其职业身份，那么即使是私人活动也需受到职业伦理的约束。

其三，检察官职业伦理是检察人员必须遵循的道德规范和行为准则。我国检察官职业伦理的内涵主要包括以下三个方面的内容：第一，检察官需遵守的法律义务，由法律法规直接规定，主要是《检察官法》与《公务员法》的规定；第二，检察官的职业道德规范，主要体现在《检察官职业道德基本准则（试行）》中；第三，检察官的行为准则，主要体现在《检察官职业行为基本规范（试行）》中。

（二）检察官职业伦理的特征

检察官职业伦理针对检察官这一特定群体，指向检察官的职业行为及职业外行为，由法律法规及相关规定对其内容进行明确，呈现主体特定、对象特定、内容特定的特点。

1. 特定的主体

检察官职业伦理针对特定的主体。根据我国《检察官法》和《人民检察院组织法》

---

① 朱孝清：《检察官客观公正义务及其在中国的发展完善》，载《中国法学》2009 年第 2 期，第 164 页。

的规定，人民检察院的工作人员主要分为检察官、检察辅助人员和司法行政人员三类，其中检察官是依法行使国家检察权的检察人员，包括最高人民检察院、地方各级人民检察院和军事检察院等专门人民检察院的检察长、副检察长、检察委员会委员和检察员，须受到检察官职业伦理的约束。其他人员不属于检察官，但其职业伦理与规范可也应以适当参照职业检察官的职业伦理与规范，对此，最高人民检察院发布的《检察官职业行为基本规范（试行）》第五十一条规定："人民检察院的其他工作人员参照本规范执行。"

2. 特定的对象

检察官的行为包括职业行为及各种社会活动（即其职业外行为），检察官职业伦理同时调整这两方面的内容，以促进检察职能的正确履行，塑造良好的检察官职业群体形象。《检察官法》明确规定了检察官的法定职责：其一，对法律规定由人民检察院直接受理的刑事案件进行侦查；其二，对刑事案件进行审查逮捕、审查起诉，代表国家进行公诉；其三，开展公益诉讼工作；其四，开展对刑事、民事、行政诉讼活动的监督工作；其五，法律规定的其他职责。对于检察官的职业行为，检察官职业伦理要求检察官树立正确的执法理念、提升职业素养，依法履行职务行为，自觉接受监督；对于检察官的职业外行为，检察官职业伦理要求检察官慎重社会交往、谨慎发表言论、保持健康生活方式、严格约束近亲属以及离职后继续保持良好操守。

3. 特定的内容

检察官职业伦理在特定的主体与特定的对象之外，还有着特定的内容。1995年2月，第八届全国人民代表大会常务委员会第十二次会议通过了《中华人民共和国检察官法》，规定了检察官要"清正廉明，忠于职守，遵守纪律，恪守职业道德"，随后全国检察机关开展了以"秉公执法、清正廉明"为基本内容的检察官职业道德建设活动。之后我国《检察官法》经多次修正，仍保留了"恪守职业道德"的要求。2010年10月，最高人民检察院颁布了《检察官职业行为基本规范（试行）》，明确了检察官职业伦理"忠诚、公正、清廉、文明"的重要要求。2016年12月，最高人民检察院召开第十二届检察委员会第五十七次会议，会议通过了《检察官职业道德基本准则》，将检察官职业伦理的内容高度凝练为"忠诚、为民、担当、公正、廉洁"。

二、检察官职业伦理的各类规范

（一）忠诚规范

检察官要严格执法，监督法律切实得到遵行，要敢于纠正公安机关、人民法院和刑罚执行机关的不当行为，这要求检察官必须具备忠诚的品格。我国检察官职业伦理规范中也明确了"忠诚规范"，其包含三方面的内容：忠于党、忠于国家、忠于人民，忠于事实和法律，忠于检察事业。

1. 忠于党、忠于国家、忠于人民

中国共产党是中国特色社会主义事业的领导核心，检察机关要在党的领导下，监督法律实施、维护司法公正，坚决贯彻执行党的理论、路线、方针、政策和战略。此外，检察机关作为国家治理的重要组成部分，需在维护社会秩序、维护国家长治久安方面发挥积极作用，这要求检察官忠于国家，以爱国主义精神，依法履行职责，自觉维护国家利益。人民是国家的主人，国家的一切权力属于人民，检察官要秉持"立检为公、执法为民"的思想，坚持全心全意为人民服务。具体来说，检察官要做到"忠于党、忠于国家、忠于人民"，需要从以下几方面入手：首先，检察官要牢固树立依法治国、执法为民、公平正义、服务大局、党的领导的社会主义法治理念，做中国特色社会主义事业的建设者、捍卫者和社会公平正义的守护者；其次，检察官要坚持立检为公、执法为民的宗旨，维护最广大人民的根本利益，保障民生，服务群众，亲民、为民、利民、便民；再次，检察官要维护国家安全、荣誉和利益，维护国家统一和民族团结，严守国家秘密和检察工作秘密；最后，检察官要保持高度的政治警觉，严守政治纪律，不参加危害国家安全，带有封建迷信、邪教性质的非法组织及其活动。

2. 忠于事实和法律

"司法公正"是检察官职业的价值追求之一，要实现司法公正，需要检察官在工作中忠于事实和法律，做到"以事实为依据，以法律为准绳"。事实是检察官执行法律的重要依据，忠于客观事实，就要在检察工作中牢固树立证据意识，抵制主观化、片面化、表面化的错误思想，做到事实清楚、证据充分。宪法是国家的根本大法，法律是重要的行为规范，尊崇宪法和法律，就要在检察工作中严格执行宪法和法律的规定，切实依照法律的规定进行立案、侦查、审查逮捕、公诉、诉讼监督等一系列程序，自觉维护宪法和法律的尊严和权威。

3. 忠于检察事业

检察官是检察事业的主体，选择成为一名检察官，就要以负责任的态度对待检察工作，履行检察职责、忠于检察事业，当个人事务或爱好与检察职责发生冲突时，应将履行检察职责置于优先考虑的地位。具体而言，"忠于检察事业"从以下几个方面对检察官作出了要求：首先，要求检察官热爱人民检察事业，珍惜检察官荣誉，忠实履行法律监督职责，自觉接受监督制约，维护检察机关的形象和检察权的公信力；其次，要求检察院、检察官坚持"强化法律监督，维护公平正义"的检察工作主题，坚持检察工作政治性、人民性、法律性的统一，努力实现执法办案法律效果、社会效果和政治效果的有机统一；再次，在初任检察官、检察官晋升时，应当进行宣誓，牢记誓词，弘扬职业精神，践行从业誓言；最后，要求检察官能够勤勉敬业、尽心竭力，不因个人事务及其他非公事由而影响职责的正常履行。

（二）公正规范

对于职业检察官而言，公正无私是其职业最显著的特点。由检察工作的性质、工作主题所决定的"公正"是检察官履职的最基本要求，是检察官的法律义务。[①] 我国检察官职业伦理规范中明确了"公正规范"，要求检察官树立"公正司法"的理念，坚持

---

① 常艳：《论检察官职业道德基本准则——公正》，载《中国检察官》2010年第15期，第13页。

"公正执法"的行为。

1. 树立"公正司法"的理念

"公正"是司法的内在要求,"公正司法"是建设法治中国的重要保障,其基本内涵是要在司法活动的过程和结果中体现公平、平等、正当、正义的精神①。"法律必须被信仰,否则它将形同虚设。"检察官树立"公正司法"的理念,有利于强化检察队伍对法律的信仰,使法律规范逐渐内化,进而自发地落实到法律实施过程中。

树立"公正司法"的理念,我国《检察官职业道德基本准则(试行)》提出以下几方面的要求:第一,检察官要树立忠于职守、秉公办案的观念,坚守惩恶扬善、伸张正义的良知,保持客观公正、维护人权的立场,养成正直善良、谦抑平和的品格,培育刚正不阿、严谨细致的作风;第二,检察官要依法履行检察职责,不受行政机关、社会团体和个人的干涉,敢于监督,善于监督,不为金钱所诱惑,不为人情所动摇,不为权势所屈服;第三,检察官要自觉遵守法定回避制度,对法定回避事由以外可能引起公众对办案公正产生合理怀疑的,应当主动请求回避;第四,检察官要努力提高案件质量和办案水平,严守法定办案时限,提高办案效率,节约司法资源。

2. 坚持"公正执法"的行为

法律公正包括两方面的内容:一方面,法律在制定上要以"公正"为价值指引,良法是善治之前提,立法公正是法律公正的基础;另一方面,法律在实施过程中要实现公正,法律的生命力在于实施,法律的权威也在于实施。但是,法律制定上的公正并不会自然而然地转化为法律实施中的公正。在人类社会的发展进程中,法律公正的这两个方面经常会出现脱节的现象。要推进依法治国、实现法律公正,加强公正执法是当务之急,对此,我国《检察官职业道德基本准则(试行)》提出以下几方面的要求:

第一,检察官要以事实为根据,以法律为准绳,不偏不倚,不滥用职权和漠视法律,正确行使检察裁量权。第二,检察官要树立证据意识,依法客观全面地收集、审查证据,不伪造、隐瞒、毁损证据,不先入为主、主观臆断,严格把好事实关、证据关。第三,检察官要树立程序意识,坚持程序公正与实体公正并重,严格遵循法定程序,维护程序正义。第四,检察官要树立人权保护意识,尊重诉讼当事人、参与人及其他有关人员的人格,保障和维护其合法权益。第五,检察官要尊重其他法律从业人员。具体体现为:检察官应尊重律师的职业尊严,支持律师履行法定职责,依法保障和维护律师参与诉讼活动的权利;检察官应当尊重庭审法官,遵守法庭规则,维护法庭审判的严肃性和权威性。第六,检察官应严格遵守检察纪律,不违反规定过问、干预其他检察官、其他人民检察院或者其他司法机关正在办理的案件,不私自探询其他检察官、其他人民检察院或者其他司法机关正在办理的案件情况和有关信息,不泄露案件的办理情况及案件承办人的有关信息,不违反规定会见案件当事人、诉讼代理人、辩护人及其他与案件有利害关系的人员。第七,要严格执行检察人员执法过错责任追究制度,对于执法过错行为,要实事求是,敢于及时纠正,勇于承担责任。

---

① 何家弘:《司法公正论》,载《中国法学》1999年第2期,第11页。

（三）清廉规范

"吏不廉平，则治道衰"，检察官作为国家公务人员，清廉是最基本的职业伦理底线。清廉的职业伦理包含两方面的内容：一方面，检察官在业内活动中要受到约束，遵纪守法，杜绝以权谋私，正确处理"法律与人情""法律与权力"的关系，做到不专权、不越权、不弃权；另一方面，检察官在业外活动中要自觉进行自我约束，秉持清正廉洁的操守，严格自律，并教育近亲属或者其他关系密切的人员模范执行有关廉政规定。

1. 业内活动的自我约束

对于检察官业内活动的自我约束，我国《检察官职业道德基本准则（试行）》提出以下几方面的要求。第一，检察官不能以权谋私、以案谋利，不能借办案插手经济纠纷。第二，检察官要做到不利用职务便利或者检察官的身份、声誉及影响，为自己、家人或者他人谋取不正当利益；不从事、参与经商办企业、违法违规营利活动，以及其他可能有损检察官廉洁形象的商业、经营活动；不参加营利性或者可能借检察官影响力营利的社团组织。第三，检察官要做到不收受案件当事人及其亲友、案件利害关系人或者单位及其所委托的人以任何名义馈赠的礼品礼金、有价证券、购物凭证以及干股等；不参加其安排的宴请、娱乐休闲、旅游度假等可能影响公正办案的活动；不接受其提供的各种费用报销，出借的钱款、交通通信工具、贵重物品及其他利益。第四，检察官在任职期间，不兼任律师、法律顾问等职务，不私下为所办案件的当事人介绍辩护人或者诉讼代理人。

2. 业外活动的自我约束

对于检察官业外活动的自我约束，我国《检察官职业道德基本准则（试行）》提出以下几方面的要求。第一，检察官要以社会主义核心价值观为根本的职业价值取向，遵纪守法，严格自律，并教育近亲属或者其他关系密切的人员模范执行有关廉政规定，秉持清正廉洁的情操。第二，检察官在职务外活动中，不披露或者使用未公开的检察工作信息，以及在履职过程中获得的商业秘密、个人隐私等非公开的信息。第三，检察官应妥善处理个人事务，按照有关规定报告个人有关事项，如实申报收入；保持与合法收入、财产相当的生活水平和健康的生活情趣。第四，检察官退休后，仍应遵守职业伦理的要求。退休检察官应当继续保持良好操守，不再延用原检察官身份、职务，不利用原地位、身份形成的影响和便利条件，过问、干预执法办案活动，为承揽律师业务或者其他请托事宜打招呼、行便利，避免因不当言行给检察机关带来不良影响。

（四）文明规范

文明是职业伦理的外在表现形式，文明规范要求检察官在具有良好的政治素养、业务素养和文化素养之外，还要树立文明的执法理念、培养文明的执法作风、塑造文明的执法形象。文明执法是社会主义政治文明进步的表现，关系到人民群众对检察工作和检察队伍的整体印象。因此，检察官应恪守文明的职业伦理要求，以文明热情的工作态度、文明规范的工作语言和文明有礼的工作方式，塑造文明严肃的职业形象。

1. 文明礼仪

文明的职业伦理要求检察官遵守文明礼仪，自觉接受职业礼仪的约束，既要注重个人仪表、礼仪、举止等关系检察官职业形象的外部因素，也要注重职业信念、职业道德、职业作风等内在素质的培养。检察官应从以下几方面模范遵守文明礼仪：第一，检察官要注重学习，精研法律，精通检察业务，培养良好的政治素质、业务素质和文化素养，增强法律监督能力和做群众工作的本领；第二，检察官要坚持打击与保护并重、惩罚与教育并重、惩治与预防并重，宽严相济，以人为本；第三，检察官要遵守各项检察礼仪规范，注重职业礼仪约束，仪表庄重、举止大方、态度公允、用语文明，保持良好的职业操守和风范，维护检察官的良好形象；第四，检察官在执行公务、参加政务活动时，按照检察人员着装规定穿着检察制服，佩戴检察标识徽章，严格守时，遵守活动纪律；第五，检察官要热爱集体，团结协作，相互支持、相互配合、相互监督，力戒独断专行，共同营造健康、有序、和谐的工作环境；第六，检察官要明礼诚信，在社会交往中尊重、理解、关心他人，讲诚实、守信用、践承诺，树立良好社会形象。

2. 文明行为

文明的职业伦理要求检察官行为举止文明，其包含了执法行为文明和执法语言文明。执法行为文明要求检察官平等对待诉讼当事人，尊重其他法律从业者，举止文明、规范执法；执法语言文明要求检察官耐心、理性、平和、严谨，既体现法律的权威，也兼具一定的"人情味"，避免因言语不当而激化矛盾。对此，检察官应从以下几方面规范其行为与用语。第一，检察官要弘扬人文精神，体现人文关怀，做到执法理念文明、执法行为文明、执法作风文明、执法语言文明。第二，在公共场合及新闻媒体上，不发表有损法律严肃性、权威性，有损检察机关形象的言论；未经批准，不对正在办理的案件发表个人意见或者进行评论。第三，检察官要牢固树立社会主义荣辱观，恪守社会公德、家庭美德，慎独慎微，行为检点，培养高尚的道德操守。第四，检察官要进行自我约束，不穿着检察正装、佩戴检察标识到营业性娱乐场所进行娱乐、休闲活动或者在公共场所饮酒，不参与赌博、色情、封建迷信活动。第五，检察官不能要特权、逞威风、蛮横无理。本人或者亲属与他人发生矛盾、冲突，应当通过正当合法的途径解决，不应以检察官身份寻求特殊照顾，不要恶化事态酿成事端。第六，检察官在职务外活动中应当约束言行，避免公众对检察官公正执法和清正廉洁产生合理怀疑，避免对履行职责产生负面作用，避免对检察机关的公信力产生不良影响。

三、检察官职业伦理的基本要求

(一)《检察官法》中的基本要求

检察官作为国家检察机关的工作人员，在享有法律赋予的权利的同时，还应当履行法律规定的义务。我国《检察官法》第十条明确规定了检察官的法定义务：(1) 严格遵守宪法和法律；(2) 秉公办案，不得徇私枉法；(3) 依法保障当事人和其他诉讼参与人的诉讼权利；(4) 维护国家利益、社会公共利益，维护个人和组织的合法权益；(5) 保守国家秘密和检察工作秘密，对履行职责中知悉的商业秘密和个人隐私予以保密；

（6）依法接受法律监督和人民群众监督；（7）通过依法办理案件以案释法，增强全民法治观念，推进法治社会建设；（8）法律规定的其他义务。

（二）《检察官职业行为基本规范（试行）》中的基本要求

为规范检察官职业行为，保障和促进检察官严格、公正、文明、廉洁执法，最高人民检察院印发《检察官职业行为基本规范（试行）》，对检察官职业行为提出统一要求。该规范全文共五十三条，分职业信仰、履职行为、职业纪律、职业作风、职业礼仪、职务外行为和附则七部分。

1. 职业信仰

（1）检察官应坚定政治信念，坚持以马克思列宁主义、毛泽东思想、邓小平理论和"三个代表"重要思想为指导，认真学习中国特色社会主义理论体系，深入贯彻落实科学发展观，建设和捍卫中国特色社会主义事业。

（2）检察官应热爱祖国，维护国家安全、荣誉和利益，维护国家统一和民族团结，同一切危害国家的言行作斗争。

（3）身为检察官，应坚持中国共产党领导，坚持党的事业至上，始终与党中央保持高度一致，自觉维护党中央权威。

（4）检察官要坚持执法为民，坚持人民利益至上，密切联系群众，倾听群众呼声，妥善处理群众诉求，维护群众合法权益，全心全意为人民服务。

（5）检察官要坚持依法治国基本方略，坚持宪法法律至上，维护宪法和法律的统一、尊严和权威，致力于社会主义法治事业的发展进步。

（6）检察官要维护公平正义，忠实履行检察官职责，促进司法公正，提高检察机关执法公信力。

（7）检察官要坚持服务大局，围绕党和国家中心工作履行法律监督职责，为改革开放和经济社会科学发展营造良好法治环境。

（8）检察官要恪守职业道德，铸造忠诚品格，强化公正理念，树立清廉意识，提升文明素质。

2. 履职行为

（1）检察官要坚持依法履行职责，严格按照法定职责权限、标准和程序执法办案，不受行政机关、社会团体和个人干涉，自觉抵制权势、金钱、人情、关系等因素干扰。

（2）检察官要坚持客观公正，忠于事实真相，严格执法，秉公办案，不偏不倚，不枉不纵，使所办案件经得起法律和历史检验。

（3）检察官要坚持重证据，重调查研究，依法全面客观地收集、审查和使用证据，坚决杜绝非法取证，依法排除非法证据。

（4）检察官要坚持五个相统一：坚持打击与保护相统一，依法追诉犯罪，尊重和保护诉讼参与人和其他公民、法人及社会组织的合法权益，使无罪的人不受刑事追究；坚持实体与程序相统一，严格遵循法定程序，维护程序正义，以程序公正保障实体公正；坚持惩治与预防相统一，依法惩治犯罪，立足检察职能开展犯罪预防，积极参与社会治安综合治理，预防和减少犯罪；坚持执行法律与执行政策相统一，正确把握办案力度、质量、效率、效果的关系，实现执法办案法律效果、社会效果、政治效果的有机统一；坚持强化审判监督与维护裁判稳定相统一，依法监督纠正裁判错误和审判活动违法，维护生效裁判既判力，保障司法公正和司法权威。

（5）检察官要重视其执法行为，做到理性、平和、文明、规范，具体而言，检察官应坚持理性执法，把握执法规律，全面分析情况，辩证解决问题，理智处理案件；应坚持平和执法，平等对待诉讼参与人，和谐处理各类法律关系，稳慎处理每一起案件；应坚持文明执法，树立文明理念，改进办案方式，把文明办案要求体现在执法全过程；应坚持规范执法，严格依法办案，遵守办案规则和业务流程。

（6）检察官要重视群众工作，了解群众疾苦，熟悉群众工作方法，增进与群众的感情，善于用群众信服的方式执法办案；要重视化解矛盾纠纷，加强办案风险评估，妥善应对和处置突发事件，深入排查和有效调处矛盾纠纷，注重释法说理，努力做到案结、事了、人和，促进社会和谐稳定；要重视舆情应对引导，把握正确舆论导向，遵守舆情处置要求，避免和防止恶意炒作。

（7）检察官要自觉接受监督，接受其他政法机关的工作制约，执行检务公开规定，提高执法透明度。

（8）检察官要精研法律政策，充实办案所需知识，保持专业水准，秉持专业操守，维护职业信誉和职业尊严。

3. 职业纪律

（1）检察官要严守政治纪律，不发表、不散布不符合检察官身份的言论，不参加非法组织，不参加非法集会、游行、示威等活动。

（2）检察官要严守组织纪律，执行上级决定和命令，服从领导，听从指挥，令行禁止，确保检令畅通，反对自由主义。

（3）检察官要严守工作纪律，爱岗敬业，勤勉尽责，严谨细致，讲究工作质量和效率，不敷衍塞责。

（4）检察官要严守廉洁从检纪律，认真执行廉洁从政准则和廉洁从检规定，不取非分之财，不做非分之事，保持清廉本色。

（5）检察官要严守办案纪律，认真执行办案工作制度和规定，保证办案质量和办案安全，杜绝违规违纪办案。

（6）检察官要严守保密纪律，保守在工作中掌握的国家秘密、商业秘密和个人隐私，加强网络安全防范，妥善保管涉密文件或其他涉密载体，坚决防止失密泄密。

（7）检察官要严守枪支弹药和卷宗管理纪律，依照规定使用和保管枪支弹药，认真执行卷宗管理、使用、借阅、复制等规定，确保枪支弹药和卷宗安全。

（8）检察官要严守公务和警用车辆使用纪律，不私自使用公务和警用车辆，不违规借用、占用车辆。遵守道路交通法规，安全、文明、礼貌行车，杜绝无证驾车、酒后驾车。

（9）检察官要严格执行禁酒令，不在执法办案期间、工作时间和工作日中午饮酒，不着检察制服和佩戴检察徽标在公共场所饮酒，不酗酒。

4．职业作风

（1）检察官要保持和发扬良好思想作风，解放思想，实事求是，与时俱进，锐意进取，开拓创新，研究新情况，解决新问题，创造性地开展工作。

（2）检察官要保持和发扬良好学风，坚持理论联系实际，提高理论水平和解决实际问题的能力。

（3）检察官要保持和发扬良好工作作风，密切联系群众，遵循客观规律，注重调查研究，察实情，讲实话，办实事，求实效，不搞形式主义，不弄虚作假。

（4）检察官要保持和发扬良好领导作风，坚持民主集中制，充分发扬民主，维护集中统一，自觉开展批评与自我批评，坚持真理，修正错误，以身作则，率先垂范。

（5）检察官要保持和发扬良好生活作风，艰苦奋斗，勤俭节约，克己奉公，甘于奉献，反对奢侈浪费。

（6）检察官要保持和发扬良好执法作风，更新执法理念，注重团结协作，提高办案效率，不要特权、逞威风。

5．职业礼仪

（1）检察官要遵守工作礼仪，团结、关心和帮助同事，爱护工作环境，营造干事创业、宽松和谐、风清气正的工作氛围。

（2）检察官要遵守着装礼仪，按规定着检察制服、佩戴检察徽标。着便装大方得体。

（3）检察官要遵守接待和语言礼仪，对人热情周到，亲切和蔼，耐心细致，平等相待，一视同仁，举止庄重，精神振作，礼节规范。使用文明礼貌用语，表达准确，用语规范，不说粗话、脏话。

（4）检察官要遵守外事礼仪，遵守国际惯例，尊重国格人格和风俗习惯，平等交往，热情大方，不卑不亢，维护国家形象。

6．职务外行为

（1）检察官要慎重社会交往，约束自身行为，不参加与检察官身份不符的活动。从事教学、写作、科研或参加座谈、联谊等活动，不违反法律规定、不妨碍司法公正、不影响正常工作。

（2）检察官要谨慎发表言论，避免因不当言论对检察机关造成负面影响。遵守检察新闻采访纪律，就检察工作接受采访应当报经主管部门批准。

（3）检察官要遵守社会公德，明礼诚信，助人为乐，爱护公物，保护环境，见义勇为，积极参加社会公益活动。

（4）检察官要弘扬家庭美德，增进家庭和睦，勤俭持家，尊老爱幼，团结邻里，妥善处理家庭矛盾和与他人的纠纷。

（5）检察官要培养健康情趣，坚持终身学习，崇尚科学，反对迷信，追求高尚，抵制低俗。

7．附则

（1）检察官违反本规范，情节轻微的，予以批评教育；构成违纪的，依据检察人员纪律处分条例予以惩戒；构成犯罪的，依法追究刑事责任。

（2）人民检察院的其他工作人员参照本规范执行。

（三）《检察官职业道德基本准则》中的基本要求

2016年12月，最高人民检察院召开第十二届检察委员会第五十七次会议，通过了《中华人民共和国检察官职业道德基本准则》，通过以下五条内容对检察官的职业道德准则作出规定：

（1）坚持忠诚品格，永葆政治本色；

（2）坚持为民宗旨，保障人民权益；

（3）坚持担当精神，强化法律监督；

（4）坚持公正理念，维护法制统一；

（5）坚持廉洁操守，自觉接受监督。

第三节 检察官职业责任与惩戒

一、检察官职业责任

检察官职业责任，是指检察官因为违反检察官职业伦理而违反了国家公务员管理纪律或者法律法规规定，从而应承担的不利后果。检察官职业责任有以下几方面的特征：

其一，特定的客体。检察官职业责任有着特定的客体，主要包括两方面的内容：一方面是由业务水平、能力经验局限造成的工作失误，另一方面是违反道德、伦理的行为。

其二，特定的主体。检察官职业责任针对检察官这一特定主体，在我国，检察官是依法行使国家检察权的检察人员，包括最高人民检察院、地方各级人民检察院和军事检察院等专门人民检察院的检察长、副检察长、检察委员会委员和检察员。

其三，特定的程序。我国《检察官法》多次强调"程序"的重要性，通过程序保障检察官的合法权利。如我国《检察官法》第十一条规定了检察官享有的权利，其第二项规定，"非因法定事由、非经法定程序，不被调离、免职、降职、辞退或者处分"；第十八条对检察官的任免作出规定，其第一款规定，"检察官的任免，依照宪法和法律规定的任免权限和程序办理"；第四十八条规定，"检察官涉嫌违纪违法，已经被立案调查、侦查，不宜继续履行职责的，按照管理权限和规定的程序暂时停止其履行职务"。

二、检察官惩戒制度

（一）检察官惩戒的事由

根据我国《检察人员纪律处分条例》，检察官的纪律处分事由主要有以下七类。

1. 违反政治纪律的行为

政治纪律是各级党组织和全体党员在政治方向、政治立场、政治言论、政治行为方面必须遵守的规矩，严明党的纪律，首要的就是严明政治纪律。检察官违反政治纪律的行为主要有以下几类。（1）通过信息网络、广播、电视、报刊、书籍、讲座、论坛、报告会、座谈会等方式，公开发表坚持资产阶级自由化立场、反对四项基本原则，反对党的改革开放决策的文章、演说、宣言、声明等。（2）组织、参加反对党的基本理论、基本路线、基本纲领、基本经验、基本要求或者重大方针政策的集会、游行、示威等活动，或者以组织讲座、论坛、报告会、座谈会等方式，反对党的基本理论、基本路线、基本纲领、基本经验、基本要求或者重大方针政策。（3）组织、参加旨在反对党的领导、反对社会主义制度或者敌视政府等组织。（4）搞团团伙伙、结党营私、拉帮结派、培植私人势力或者通过搞利益交换、为自己营造声势等活动捞取政治资本。（5）拒不执行党和国家的方针政策以及决策部署，故意作出与党和国家的方针政策以及决策部署相违背的决定，擅自对应当由中央决定的重大政策问题作出决定和对外发表主张。（6）组织、利用宗教活动反对党的路线、方针、政策和决议，破坏民族团结。（7）组织、利用宗族势力对抗党和政府，妨碍党和国家的方针政策以及决策部署的实施，或者破坏党的基层组织建设。（8）对抗组织调查。（9）组织迷信活动。（10）在涉外活动中，其言行在政治上造成恶劣影响，损害党和国家尊严、利益；等等。

2. 违反组织纪律的行为

组织纪律，是指党的组织和党员必须遵守和维护党在组织上团结统一的行为准则，是处理党组织之间和党组织与党员之间关系的纪律。检察官违反组织纪律的行为主要有以下几类：（1）违反民主集中制原则，拒不执行或者擅自改变组织作出的重大决定，或者违反议事规则，个人或者少数人决定重大问题。（2）下级检察机关拒不执行或者擅自改变上级检察机关决定。（3）拒不执行组织的分配、调动、交流等决定。（4）离任、辞职或者被辞退时，拒不办理公务交接手续或者拒不接受审计。（5）不按照有关规定或者工作要求，向组织请示报告重大问题、重要事项。（6）违反个人有关事项报告规定，不报告、不如实报告；在组织进行谈话、函询时，不如实向组织说明问题；不如实填报个人档案资料。（7）诬告陷害他人意在使他人受纪律追究。（8）对检察人员的批评、检举、控告进行阻挠、压制，或者将批评、检举、控告材料私自扣压、销毁，或者故意将其泄露给他人的；对检察人员的申辩、辩护、作证等进行压制，造成不良后果的；压制检察人员申诉，造成不良后果的，或者不按照有关规定处理检察人员申诉等侵犯检察人员权利的行为。（9）违反有关规定在人员录用、考评考核、职务晋升和职称评定等工作中，隐瞒、歪曲事实真相，或者利用职权、职务上的影响为本人或者他人谋取利益；等等。

3. 违反办案纪律的行为

办案纪律是检察人员在履职过程中应当遵守的职业规范。检察官违反办案纪律的行为包括：（1）故意伪造、隐匿、损毁举报、控告、申诉材料，包庇被举报人、被控告人，或者对举报人、控告人、申诉人、批评人打击报复；（2）泄露案件秘密，或者为案件当事人及其近亲属、辩护人、诉讼代理人、利害关系人等打探案情、通风报信；（3）擅自处置案件线索、随意初查或者在初查中对被调查对象采取限制人身自由强制性措施；（4）违反有关规定搜查他人身体、住宅，或者侵入他人住宅；（5）违反有关规定采取、变更、解除、撤销强制措施；（6）违反有关规定限制、剥夺诉讼参与人人身自由、诉讼权利；（7）采用刑讯逼供等非法方法收集犯罪嫌疑人、被告人供述，或者采用暴力、威胁等非法方法收集证人证言、被害人陈述；（8）违反有关规定阻碍律师依法行使会见权、阅卷权、申请收集调取证据等执业权利；（9）私自会见案件当事人及其近亲属、辩护人、诉讼代理人、利害关系人、中介组织，或者接受上述人员提供的礼品、礼金、消费卡等财物，以及宴请、娱乐、健身、旅游等活动；（10）违反有关规定干预司法办案活动；等等。

4. 违反廉洁纪律的行为

廉洁纪律要求检察官在从事公务活动或其他与行使职权有关的活动中，应当遵守廉洁用权的行为准则。检察官违反廉洁纪律的行为包括：（1）利用职权或者职务上的影响为他人谋取利益，本人的配偶、子女及其配偶等亲属和其他特定关系人收受对方财物；（2）相互利用职权或者职务上的影响为对方及其配偶、子女及其配偶等亲属、身边工作人员和其他特定关系人谋取利益搞权权交易；（3）纵容、默许配偶、子女及其配偶等亲属和身边工作人员利用本人职权或者职务上的影响谋取私利；（4）收受可能影响公正执行公务的礼品、礼金、消费卡等；（5）违反有关规定从事营利活动；（6）利用职权或者职务上的影响，侵占非本人经管的公私财物，或者以象征性地支付钱款等方式侵占公私财物，或者无偿、象征性地支付报酬接受服务、使用劳务；（7）违反有关规定滥发津贴、补贴、奖金等；（8）违反有关规定配备、购买、更换、装饰、使用公务用车或者有其他违反公务用车管理规定的行为；（9）违反会议活动管理规定；（10）违反办公用房管理规定；等等。

5. 违反群众纪律的行为

群众纪律是检察官在贯彻执行党的群众路线中必须遵循的行为规则。检察官违反群众纪律的行为包括：（1）在检察工作中违反有关规定向群众收取、摊派费用；（2）在从事涉及群众事务的工作中，刁难群众、吃拿卡要；（3）对群众合法诉求消极应付、推诿扯皮，损害检察机关形象；（4）对待群众态度恶劣、简单粗暴；（5）遇到国家财产和人民群众生命财产受到严重威胁时，能救而不救；（6）不按照规定公开检察事务，侵犯群众知情权。

6. 违反工作纪律的行为

工作纪律是检察官在具体工作中应当遵守的行为规范。检察官违反工作纪律的行为包括：（1）在工作中不负责任或者疏于管理，不传达贯彻、不检查督促落实党和国家，以及最高人民检察院的方针政策和决策部署，或者作出违背党和国家，以及最高人民检察院方针政策和决策部署的错误决策；本系统和本单位发生公开反对党的基本理论、基本路线、基本纲领、基本经验、基本要求或者党和国家，以及最高人民检察院方针政策和决策部署行为；不正确履行职责或者严重不负责任，致使发生重大责任事故，给国家、集体利益和人民群众生命财产造成较大损失；（2）不履行全面从严治检主体责任或者履行全面从严治检主体责任不力；（3）检察人员违反纪律或者法律、法规规定，应当给予纪律处分而不处分；纪律处分决定或者申诉复查决定作出后，不按照规定落实决定中关于受处分人职务、职级、待遇等事项；不按照干部管理权限对受处分人开展日常教育、管理和监督工作；（4）因工作不负责任致使所管理的人员叛逃；（5）违反有关规定干预和插手市场经济活动；（6）违反有关规定干预和插手执纪执法活动，向有关地方或者部门打招呼、说情，或者以其他方式对执纪执法活动施加影响；（7）泄露、扩散、窃取关于干部选拔任用、纪律审查等尚未公开事项或者其他应当保密的信息；（8）违反有关规定使用、管理警械、警具、警车；等等。

7. 违反生活纪律的行为

生活纪律对检察官的日常行为和社会交往进行了规范。检察官违反生活纪律的行为包括：（1）生活奢靡、贪图享乐、追求低级趣味；（2）与他人发生不正当性关系；（3）违背社会公序良俗；（4）实施、参与或者支持卖淫、嫖娼、色情淫乱活动或吸食、注射毒品；（5）组织、参与赌博，或者为赌博活动提供场所或者其他方便条件；（6）其他严重违反职业道德、社会公德、家庭美德的行为；等等。

（二）检察官应当受到处分或可能构成犯罪的情形

我国《检察官法》对检察官应当受到处分或可能构成犯罪的情形作出明确规定，主要包括：（1）贪污受贿、徇私枉法、刑讯逼供的；（2）隐瞒、伪造、变造、故意损毁证据、案件材料的；（3）泄露国家秘密、检察工作秘密、商业秘密或者个人隐私的；（4）故意违反法律法规办理案件的；（5）因重大过失导致案件错误并造成严重后果的；（6）拖延办案，贻误工作的；（7）利用职权为自己或者他人谋取私利的；（8）接受当事人及其代理人利益输送，或者违反有关会见当事人及其代理人的；（9）违反有关规定从事或者参与营利性活动，在企业或者其他营利性组织中兼任职务的；（10）有其他违纪违法行为的。

（三）检察官惩戒的主要形式

1. 纪律责任

检察官违反职业伦理，其行为尚未构成违纪，情节较轻且没有危害后果的，要给予诫勉谈话和批评教育；构成违纪的，根据人民检察院有关纪律处分的规定进行处理。在我国，纪律处分的种类分为：警告、记过、记大过、降级、撤职、开除。检察官受纪律处分，其处分期限规定如下：

纪律处分期限	
处分	处分期
警告	6 个月
记过	12 个月
记大过	18 个月
降级	24 个月
撤职	24 个月
开除	

检察官受纪律处分期间不得晋职、晋级；受警告以外纪律处分的，不得晋升工资档次；受开除处分的，不得被行政机关重新录用或聘用。

2. 刑事责任

检察官触犯刑法要被依法追究刑事责任，除普通自然人均能成为犯罪主体的罪名外，我国《刑法》还规定了部分具有检察官这一特殊身份才能构成的犯罪。

（1）刑讯逼供、暴力取证。

我国《刑法》第二百四十七条规定："司法工作人员对犯罪嫌疑人、被告人实行刑讯逼供或者使用暴力逼取证人证言的，处三年以下有期徒刑或者拘役。致人伤残、死亡的，依照本法第二百三十四条、第二百三十二条的规定定罪从重处罚。"

（2）徇私枉法。

我国《刑法》第三百九十九条第一款规定："司法工作人员徇私枉法、徇情枉法，对明知是无罪的人而使他受追诉、对明知是有罪的人而故意包庇不使他受追诉，或者在刑事审判活动中故意违背事实和法律作枉法裁判的，处五年以下有期徒刑或者拘役；情节严重的，处五年以上十年以下有期徒刑；情节特别严重的，处十年以上有期徒刑。"

（3）收受贿赂。

我国《刑法》第三百九十九条第四款规定："司法工作人员收受贿赂，有前三款行为的，同时又构成本法第三百八十五条规定之罪的，依照处罚较重的规定定罪处罚。"

（4）私放在押人员、失职致使在押人员脱逃。

我国《刑法》第四百条规定："司法工作人员私放在押的犯罪嫌疑人、被告人或者罪犯的，处五年以下有期徒刑或者拘役；情节严重的，处五年以上十年以下有期徒刑；情节特别严重的，处十年以上有期徒刑。司法工作人员由于严重不负责任，致使在押的犯罪嫌疑人、被告人或者罪犯脱逃，造成严重后果的，处三年以下有期徒刑或者拘役；造成特别严重后果的，处三年以上十年以下有期徒刑。"

（5）徇私舞弊。

我国《刑法》第四百零一条规定："司法工作人员徇私舞弊，对不符合减刑、假释、暂予监外执行条件的罪犯，予以减刑、假释或者暂予监外执行的，处三年以下有期徒刑或者拘役；情节严重的，处三年以上七年以下有期徒刑。"

《刑法》惩罚违法犯罪，是维护社会公平正义的重要防线，《刑法》通过独立条文或具体条款规定了司法工作人员的有关罪名和加重条款，提醒司法工作人员须以职业道德、法律法规来规范自身行为，时刻注意自己的言行举止，成为敬畏法律、遵守法律的典范。

第四节 检察官职业伦理的培养

一、检察官职业伦理的意义

（一）落实"以德治国"方略的要求

"以德治国"植根于中华民族五千多年的优秀传统道德土壤，又能够与时俱进，体现时代特征，充分体现了时代性与历史继承性的统一。"以德治国"方略的实施对社会具有积极的规范、教育、导向作用，能够维护社会秩序、规范民众行为。所谓"法安天下、德润人心"，法治与德治虽属不同的范畴，但都是社会治理的重要手段。检察官践行职业伦理与道德有利于通过法律的力量强化道德作用，进而促进全社会道德水平和素质的提升。公平正义属于道德涵摄的领域，同时也是法治所追求的重要价值目标，基于此，作为法律工作者的检察官应当以公平正义为指引，实事求是、秉公执法，充分彰显检察院在维护公平正义中的重要作用。

（二）履行检察职能的要求

所谓"得其人而不得其法，则事必不能行；得其法而不得其人，则法必不能济。人法兼资，而天下之治成"。建设法治国家、法治政府、法治社会，实现科学立法、严格执法、公正司法、全民守法，都离不开一支德才兼备的高素质法治工作队伍。遵守职业道德对于提升其职业素质、建设高素质的检察官队伍有着重要意义。进一步而言，履行检察职能既是检察官履行法定职责的需要，更是依法办事、维护法律权威的需要，我国检察官职业伦理要求检察官树立"公正司法"的理念、坚持"公正执法"的行为，这对于检察官正确履行检察职能具有积极的指导意义。

（三）保证法律正确统一实施的需要

保证法律正确统一实施事关当事人合法权益保障和社会公平正义的实现，是人民检察院履行宪法法律职责、维护国家法制统一尊严权威的必然要求。检察院充分发挥法律监督职能作用、全面提升法律监督质量和效果，"综合运用抗诉、纠正意见、检察建议等监督手段，及时纠正定罪量刑明显不当、审判程序严重违法等问题"[1]，是促进法律统一正确实施的重要保证。对此，需要通过强调检察官职业伦理，加强检察队伍建设，使其牢固树立忠于宪法和法律的信念，全面提升检察人员专业知识、专业能力、专业作

---

[1] 载《中共中央关于加强新时代检察机关法律监督工作的意见》。

风、专业精神，促使检察官正确履行法律监督职责，保证法律正确统一实施，实现对社会公平正义的维护。

（四）保证国家长治久安的需要

依法治国是中国共产党领导人民治理国家的基本方略，是国家长治久安的必要保障。全面推进依法治国、建设社会主义法治国家要求加强法律监督和制约机制，需要司法机关公正司法，依法打击违法犯罪行为；需要充分发挥检察院的法律监督职能作用，做到为大局服务、为人民司法；需要全面提升法律监督质量和效果，维护司法公正。对此，检察官职业伦理要求检察官忠于事实和法律，自觉维护宪法和法律的统一；要求检察官忠于检察事业，做到"强化法律监督，维护公平正义"；要求检察官忠于党、忠于国家、忠于人民，在维护社会秩序、维护国家长治久安方面发挥积极作用。

二、检察官职业伦理的培养

（一）加强检察官职业伦理培训

检察官职业伦理是全体检察官从事检察事业时所应承认和遵从的道德准则与行为规范，培养检察官的职业伦理意识，加强检察官职业伦理培训至关重要。通过检察官职业伦理培训，可以促使检察官深刻、全面地认识到其职业伦理规范的内涵及重要性，进而规范其职业行为及职业外行为，使其遵守纪律、公正司法，塑造良好的检察官形象。

（二）加强检察官职业共同体建设

职业共同体是基于职业的特定内涵和特定要求而逐步形成的。王利明教授曾指出，法律职业者是一个拥有共同专业的法律知识结构、独特的法律思维方式，具有强烈的社会正义感和公正信仰的整体，由于他们以为公众服务为宗旨，所以不同于虽有一定技巧但完全追逐私利的工匠。在现代社会，他们不仅实际操作法律机器，保障社会机制的有效运作，而且被当作法律秩序和社会正义的守护神。[①] 随着依法治国的推进，建设检察官职业共同体逐渐成为我国法治社会生活的内在要求，对培养检察官职业伦理有着深刻而重要的现实意义。

（三）检察官加强自我修养

培养检察官职业伦理，除了从外部着手，加强检察官职业伦理培训、促进检察官职业共同体建设外，还需要从检察官自身出发，促使检察官加强自我修养，激发其内在的自律意识，使其自觉地遵守并践行检察官职业伦理。

检察官加强自我修养，可以从以下三个方面着手。其一，检察官要提高其政治素质。检察官作为国家公务员，要牢固树立依法治国、执法为民、公平正义、服务大局的

---

① 王利明：《法律职业专业化与司法改革》，载苏泽林主编：《法官职业化建设指导与研究》第1辑，人民法院出版社2003年版，第25页。

理念，秉持"立检为公、执法为民"的思想，忠于党、忠于国家、忠于人民，依法履行职责，自觉维护国家安全、荣誉和利益。其二，检察官要提高其业务素质。检察官业务素质的高低直接关系到其职业行为的外在表现。对此，检察官须经过专门法律教育和职业训练，避免主观化、片面化、表面化，做到忠于事实、忠于法律。其三，检察官要提高其个人品行。康德曾说："有两种东西，我对它们的思考越是深沉和持久，它们在我心灵中唤起的惊奇和敬畏就会越来越历久弥新。一个是我们头顶浩瀚的星空，另一个就是我们心中的道德律。"[①] 个人品行潜移默化地指引着人的言行举止，加强自我修养、提高个人品行，能够促使检察官认同并遵守职业伦理规范。

---

① ［德］康德：《实践理性批判》，韩水法译，商务印书馆 1999 年版，第 59 页。